国际服务贸易形势与热点 2019

主 编◎李 俊　　副主编◎王 拓／孙铭壕

时事出版社
北京

编委会

主　　　编：李　俊
副 主 编：王　拓　孙铭壕
编委会成员：俞　华　崔艳新　聂平香　李西林
　　　　　　高宝华　朱福林　张　琼

本书汇集了商务部研究院国际服务贸易研究所
2018年代表性科研成果,请各位领导和同行指正!

商务部研究院
国际服务贸易研究所简介

一、商务部研究院简介

商务部国际贸易经济合作研究院（以下简称研究院）作为商务部直属事业单位，是首批 25 家国家高端智库建设试点单位之一，是集研究、信息咨询、新闻出版、教育培训等功能为一体的综合性社会科学研究与咨询机构。研究院拥有一支高职称、高学历、专业化、年轻化的研究咨询队伍，还拥有国内商贸系统最大的图书资料库，现有各类高级专业技术职称人员 110 多人，30 多人获国务院颁发的政府特殊津贴，派驻我国驻外经商机构、国际机构工作人员数十人。在 60 多年的历程中，研究院为中国对外经济贸易事业的发展，特别是在对外贸易、国际经济合作的理论与政策研究、咨询和信息服务等方面，充分发挥积极作用，在国内外享有较高声誉。近 10 年来，研究院以建设"国内一流、国际知名的研究机构"为目标，锐意进取、开拓创新，已成为我国商务领域功能齐全、实力雄厚、成果丰硕的权威科研机构之一。

适应经济全球化新形势，把握全球服务业、服务贸易和服务外包发展新机遇，商务部研究院立足国情院情，有效整合配置资源，于 2012 年 3 月成立了国际服务贸易研究所（IITS），成为全国首个以服务贸易命名的国家级研究机构，下设战略与政策、服务产业、服务外包三个研究部。

服务贸易战略与政策研究部。主要从事服务贸易理论、战略与政策研究，跟踪全球和我国服务贸易发展态势，在技术贸易、文化贸易、国际航运服务、专业服务等领域开展针对性研究，为政府决策提供咨询服务；为地方服务贸易发展提供咨询、规划、决策服务；为服务贸易行业和企业提供咨询服务。

服务产业研究部。主要从事住宿餐饮业、会展业、家政服务业、沐浴业、美容美发业、洗染业、家电服务业、人像摄影业等商贸服务业乃至流通领域理论、政策和实务方面的研究；举办相关展会、研讨会、培训班等。

服务外包研究部。从事服务外包理论和应用研究工作。把握服务外包理论和产业发展最新动态，探索服务外包产业发展规律；构建与管理产业标准化体系信息平台；为国家、地方政府、园区、企业等提供产业发展战略规划和咨询；开展服务外包领域专业培训；开展服务外包领域国内外交流与合作；开展与其他智库和媒体交流与合作。

二、研究成果

近年来，国际服务贸易研究所在服务贸易领域的研究取得了丰硕成果。针对世界发展重要趋势、国际发生重大事件、国家发展重大战略进行前瞻性、趋势性、规律性研究；重点围绕服务贸易和服务产业政策，将国际理论发展前沿、国家政策方针与各地具体发展实践相结合，形成了"理论、政策、实践"三位一体的研究体系，在一定程度上弥补了国内服务业开放和服务贸易发展理论、政策的研究空白，对服务国家决策、推动服务贸易发展和理论宣传方面做出了重要贡献。

获得国家领导高度认可。作为国家高端智库成员单位，商务部研究院国际服务贸易研究所多次承担了国家领导指派的关于服务贸易和服务产业领域的重大问题及前沿动态的研究工作，并出色完成了任务，研究成果先后获得习近平、李克强、汪洋、曾培炎等中央领导同志的重要批示，得到众多国家领导的高度认可。

成果转变为国家政策。服贸所成果《我国服务贸易十三五规划纲要研究》直接转化成为我国服务贸易"十三五"文件。《服务出口重点领域指导目录》《服务进口指导目录》《服务贸易创新试点建设效果评估》等课题项目，均直接转化成为相关政策文件，服务于我国服务贸易政策制定和发展实践。

参与部级课题近百项。服贸所与各国家部委密切合作，承接商务部《经贸强国建设的理论基础与战略路径》《迈向贸易强国的战略路径研究》《我国服务业开放度评估及进一步扩大开放的思路》《国际经济合作竞争新优势研究》等多项部级重大课题；先后承接中宣部、中联部、商务部、发改委、知识产权局、国务院发展研究中心等多国家部委课题近百项。

切实推动政策落实、助力地方发展。服贸所与各级地方政府密切合作，围绕"一带一路"倡议、粤港澳大湾区、长江经济带、京津冀一体化、自由贸易试验区（港）等国家重大战略，以及服务贸易创新发展试点、服务外包示范城市、商贸服务业试点建设等，奔赴全国多个省市地区进行调研。并先后为北京、重庆、新疆、南京、武汉、杭州、成都、西安、哈尔滨、合肥、珠海、威海等多省市服务贸易及产业制订发展规划和绩效评估，为推动地方发展建言献策。

学术研究成果丰硕。国际服务贸易研究所始终致力于服务贸易和产业政策研究，所内形成《中国服务贸易理论、政策与实践》《新时期中国服务业开放战略及路径》《会展学原理》相关专著十余部；形成《全球服务贸易发展指数报告》《中国服务贸易发展报告》《中国外包品牌发展报告》等多种品牌系列报告；获得国家社科基金支持、商务发展成果奖项十余次；在《国际贸易问题》《改革》《国际贸易》等核心学术期刊发表文章上百篇。

受到中央媒体广泛报道。国际服务贸易研究所为我国服务贸易知识传播推广，营造全社会了解服务贸易、发展服务贸易的氛围做出了贡献。近年来，就服务业开放和服务贸易话题接受中央电视台（新闻联播节目）、人民日报、经济日报、新华社等媒体采访数十次；在数十个国际会议、论坛及地方政府培训班上讲解服务贸易和服务产业相关理论、形势与政策。

推动政策和理论宣传。国际服务贸易研究所已连续十余年举办"全球服务外包大会"大会，并于近年创办了"全球服务贸易大会"，从而形成国内独具特色、具有广泛影响力的品牌大会。大会的举办，为产、学、研各领域交流搭建了广阔平台，大会承办所在地在服务贸易和服务外包领域促进政策宣传、中外合作、学术交流、强化地方招商引资等方面产生了持久效力。同时，服贸所成员奔赴全国多个省市地区进行服务贸易发展前沿、理论与政策的宣讲，对服务国家决策、促进政策落地、推动服务贸易发展等方面做出了重要贡献。

目录

目录

第一部分 服务贸易类

第一篇　建设服务贸易强国的战略思考 …………………… 李　俊 / 003
第二篇　澄清扩大服务进口的四个认识误区 ………………… 李　俊 / 013
第三篇　高标准开放引领服务贸易高质量发展 …… 李　俊　王　拓 / 017
第四篇　高质量快速发展需政策持续发力 …………………… 李　俊 / 021
第五篇　从封闭走向开放　我国服务贸易在创新中
　　　　快速成长 ……………………………………… 李　俊　王　拓 / 025
第六篇　扩大服务进口　促进高质量发展 ………… 李　俊　潘　敏 / 029
第七篇　"一带一路"服务贸易合作新亮点 ………………… 张　琼 / 034
第八篇　服务贸易与服务产业协调发展规律与启示 ………… 王　拓 / 040
第九篇　自主开放　扩大进口　为服务贸易发展注入
　　　　强劲动力 …………………………………………… 王　拓 / 052

第二部分 服务产业类

第一篇　日美市场化养老经验对我国的启示 ………………… 俞　华 / 057
第二篇　中华传统服务"走出去"的困难与
　　　　对策 ………………………………… 俞　华　武　芳　高宝华 / 064

第三篇 我国养老工作应加速转向
市场化 ………………………… 俞 华 高宝华 夏星星 / 069
第四篇 我国服务业利用外资新趋势及对策建议 …………… 聂平香 / 074
第五篇 推动生活性服务业提档升级 打造高品质
和谐宜居的生活城市 ………………………… 高宝华 / 088
第六篇 构建具有国际竞争力的现代产业生态圈 ………… 高宝华 / 097
第七篇 建设国际消费中心城市 助推成都服务
经济"六化"发展 ………………………… 高宝华 / 103

第三部分 重点领域类

第一篇 供给侧结构性改革视角下我国发展技术贸易的
战略思考 ………………………… 崔艳新 / 113
第二篇 数字贸易规则的最新发展趋势及我国应对
策略 ………………………… 崔艳新 王 拓 / 127
第三篇 美国游戏动漫文化产业发展经验与
启示 ………………………… 崔艳新 孙铭壕 / 140
第四篇 韩国影视文化贸易发展经验与启示 ……… 崔艳新 孙铭壕 / 151
第五篇 培育"中国服务"国家品牌：功能、路径
和对策 ………………………… 李西林 / 163
第六篇 我国承接"一带一路"服务外包助推服务业开放
新格局 ………………………… 朱福林 / 173

第四部分 热点专题类

第一篇 抢抓"一带一路"建设机遇 高水平打造西部
国际门户枢纽城市 ………………………… 李 俊 / 193
第二篇 建立自由贸易港推进形成全面开放新格局 ……… 朱福林 / 198

第三篇	世界自由贸易港演化特征与规律及对我国自由贸易港建设的借鉴 …………………… 朱福林 / 213
第四篇	新形势下稳外资需破解四个"不稳" ………… 聂平香 / 227
第五篇	外商融资租赁发展现状、问题及对策 ………… 聂平香 / 235
第六篇	特朗普减税对全球 FDI 影响及我国的应对 ………… 聂平香 / 244
第七篇	制度质量、国际 R&D 溢出与服务出口技术复杂度 …………………… 朱福林 张绍全 / 257
第八篇	我国如何构建全面开放新格局 ……………… 孙铭壕 / 280

第一部分

服务贸易类

第一篇　建设服务贸易强国的战略思考[*]

李　俊

"服务因素"是我国与世界贸易强国的主要差距。我们必须充分认识服务贸易在建设贸易强国中的核心地位与关键作用。要建设以创新为主要驱动力的服务贸易强国，带动提升我国现代服务业核心竞争力，支撑制造业强国和货物贸易强国建设，实现货物贸易强国和服务贸易强国共同支撑贸易强国建设的总体格局。

一、服务贸易与货物贸易是贸易强国建设的两大支柱

现代意义上的对外贸易不仅包括货物贸易，也包括服务贸易。服务贸易的发展水平逐渐成为衡量贸易强国的关键指标。货物贸易是贸易强国建设的基础和重点。当前世界跨境贸易仍然以货物贸易为主，货物贸易约占世界跨境贸易的3/4，而服务贸易仅占世界跨境贸易的约1/4。虽然制造业在各国GDP中的份额普遍低于30%，美国等部分发达国家制造业份额甚至不足15%，但制造业和货物贸易在国家经济和贸易体系中仍处于核心地位。仅仅依赖服务业和服务贸易支撑的产业和贸易体系不可能完成贸易强国建设这一历史使命。因此，必须充分认识货物贸易在贸易强国建设中的基础性地位。

---

[*] 此文发表于《国际贸易》2018年6月。

服务贸易是贸易强国建设的关键与核心。服务贸易逐渐成为贸易强国的本质特征与核心衡量指标。放眼全球，世界主要贸易强国无一例外都是服务贸易强国。例如，美国服务业占全球服务经济规模的25%，服务出口占世界服务总出口的15%，美国的霸权建立在强大的金融、文化、技术等服务业和服务贸易竞争力基础上。德国和日本强大的制造业背后是强大的现代服务业，两国服务业占GDP比重约70%，其中生产性服务业占服务业比重近70%，金融、研发设计、会展、航运、营销与品牌管理、大型设备的嵌入式软件和信息系统等对提升德国和日本制造业的核心竞争力起到至关重要的作用。

二、服务贸易是我国建设贸易强国的主要差距

总结美国、德国、日本三大公认的世界贸易强国发展历程，可以发现世界贸易强国在经济规模、跨境贸易、国际投资、创新能力、国际货币金融、营商环境、国际经贸规则等方面的综合实力较强。我国与贸易强国的差距主要体现在七个方面，这七个方面的指标中，既有制造因素，也有服务因素。总体来看，服务因素是我国与贸易强国的主要差距。

从经济规模看，我国制造业规模已经超过美国，但服务经济规模与美国差距较大。按照现价美元统计，2017年我国服务经济规模为6.8万亿美元，而美国服务经济规模超过15万亿美元，我国服务经济规模仅为美国的45%。从跨境贸易看，2017年中国货物贸易达4.1万亿美元，我国再次超过美国成为世界第一大货物贸易国，但服务贸易仅为6861亿美元，美国服务贸易达13190亿美元，我国服务贸易规模仅为美国的52%，同时我国为世界第一大服务贸易逆差国，而美国为世界第一大服务贸易顺差国。

从国际投资看，我国服务业跨国投资的质量较低，服务型跨国公司数量很少。目前，我国在运输、旅游、金融、知识产权、分销零售、咨询等领域的服务贸易企业在全球竞争中并不具备优势，与世界一流服务贸易跨国公司相比有较大差距。从创新能力看，知识产权使用费（技术贸易）是衡量一国创新能力的重要指标。2016年美国知识产权使用费出口高达1222.2亿美元，占世界总出口的36.7%，几乎垄断了全球的知识产权输出贸易。2017年中国知识产权使用费出口仅为47.6亿美元，逆差高达238.1亿美元。从国际货币

金融看，2016 年人民币在新货币篮子中的权重为 10.92%，但与美元（41.73%）、欧元（30.93%）相比差距巨大。人民币国际化指数大幅提高至 2.68，接近日元，但与美元（54.92）、欧元（22.95）相比差距巨大。2016 年我国金融服务贸易额仅为 11 亿美元，是美国的 1.6%、德国的 10.4%、日本的 21%。

从营商环境看，据世界银行发布的《2018 年营商环境报告》显示，2017 年中国营商环境排名第 78 位，而美国排名第 6 位，德国排名第 20 位，日本排名第 34 位。我国服务行业的国内规制和服务贸易的市场准入是影响营商环境的重要因素。2017 年 OCED 发布的服务贸易限制性指数（STRI）显示，中国分行业指数的算数平均数为 0.395，而美国、德国、日本的这一数值分别为 0.232、0.175、0.205。从国际经贸规则制定看，我国在服务贸易国际规则制定方面与发达国家差距较大。

目前，我国内地与香港地区、澳门地区签署的两个 CEPA 框架下的服务贸易协定具有较先进的开放模式和较高的开放程度，与其他国家签署的 FTA 框架下的服务贸易开放条款并未在 GATS 承诺基础上有重大突破。

三、服务贸易强国的内涵与建设理念、目标步骤

（一）服务贸易强国标准应考虑的因素

首先需要明确，服务贸易强国中的强国是名词概念，而不是动词。作为名词的强国，反映的是一种状态，这种状态不是绝对的概念，而是相对的、动态的概念。具体来说，定义服务贸易强国的内涵和标准应明确以下三个方面。一是相对性。服务贸易强国是在与其他国家比较中得出的一个相对概念。二是动态性。即不同时期服务贸易强国的内涵和标准并不一样。当前的服务贸易强国标准与 2035 年服务贸易强国标准显然不同。三是协同性。经济强国、产业强国、创新强国、货物贸易强国与服务贸易强国具有相互关联性和协同互促性，因此衡量服务贸易强国的一个重要标准就是服务贸易对国家经济贸易产业整体的带动性、支撑性要强。

（二）服务贸易强国的内涵与特征

服务贸易强国是一个相对概念。不同时期服务贸易强国的内涵和标准并不一样。概括来说，服务贸易强国是指一个国家的服务产业、跨境服务贸易和投资高度繁荣，服务贸易规模、竞争力以及在国家经济和世界服务贸易中的地位大幅提升，拥有一批世界知名服务品牌和服务型跨国公司，在支撑国家经济和贸易强国战略中发挥关键和核心作用，具有优越的促进服务贸易发展的制度和政策环境，具备引领国际服务贸易规则走向的强大软实力。

总体来看，服务贸易强国具有以下六个方面的特征：一是服务贸易规模大。服务贸易大国是服务贸易强国的基础。我国已经是位居世界第二位的服务贸易大国，具备成为服务贸易强国的大国基础。二是服务贸易绩效优。服务贸易发展绩效主要指服务贸易在国际分工中的地位较高，服务贸易出口的技术、知识和文化含量高、附加值高。三是服务贸易竞争力强。一般来说，服务贸易若是顺差，则表明有竞争力；若是逆差，则表明不具有竞争力。通常用服务贸易差额与服务贸易总额之比来表示服务贸易竞争力指数。四是服务贸易带动性好。带动性包括对外贸发展的带动和对服务产业的拉动两方面，这可分别用服务贸易占对外贸易总额的比重，以及服务贸易与国内服务产业增加值的比重来表示。五是服务贸易开放程度高。服务贸易强国必定是高度开放的，即在开放自由公平竞争的贸易环境中形成服务贸易竞争优势，一般可用服务贸易限制性指数（STRI）来表示。六是掌握国际规则制定权。服务贸易强国必定掌握一定的国际规则制定权，能够引领服务贸易国际规则向符合本国利益的方向演进。从另一个角度考虑，服务贸易是各个省市和各个领域组成的一个整体。若分解来看，服务贸易强国也就是旅游服务贸易强国、文化服务贸易强国、运输服务贸易强国等，以及众多服务贸易强省（市）组成的统一整体。因此，建设服务贸易强国要求各领域服务贸易及各省市服务贸易发展都要实现由大到强的转变。

（三）我国建设服务贸易的理念

一是开放共享。一方面，要进一步扩大服务业市场准入，扩大服务进口，让世界服务供应商共享中国市场。另一方面，要积极推进中国服务走出去，让世界消费者共享中国优质服务。要在引进来与走出去的双向开放合作中提升中国服务竞争力和品牌影响力。

二是创新驱动。创新是建设服务贸易强国的第一动力。要积极发展服务贸易领域的创新创业，大力发展符合产业和技术变革方向的服务贸易，要利用数字技术、人工智能、虚拟现实、区块链等新技术。

三是融入国家大战略。服务贸易强国建设要融入国家总体战略，要与制造业强国、区域发展战略、自由贸易港等国家战略以及"一带一路"倡议等紧密结合起来，使服务贸易强国与其他领域的强国建设实现协同互促，共同支撑中国经济强国进程。

（四）我国建设服务贸易强国的目标与步骤

根据党的"十九大"报告提出的建设我国社会主义现代化强国的目标与步骤，以及我国建设贸易强国的目标与步骤，建议服务贸易强国建设分三步走。

第一步：从目前到2025年。随着我国服务业加快开放步伐，服务贸易规模将保持快速增长，到2020年，我国服务贸易规模接近0.9万亿美元，其中服务出口占世界比重超过5%；到2025年服务贸易规模约1.4万亿美元，其中服务出口占世界比重超过6%，同时到2025年前后我国服务贸易逆差达历史高点。

第二步：从2025年到2035年。这期间服务贸易规模快速增长，到2035年服务贸易规模约2.5万亿美元，超过美国成为世界第一大服务贸易国，其中服务出口占世界比重将保持在7%—10%；服务贸易逆差逐步减少，到2035年基本实现进出口平衡发展，服务出口竞争力明显提升，新兴服务贸易占比大幅提升，一批中国服务型跨国公司和中国服务品牌获得世界认可。基本实现由服务贸易大国向服务贸易强国转变目标。

第三步：从2035年到2050年。这期间服务贸易由逆差转为顺差，我国不仅是世界第一大服务贸易国，也是第一大服务贸易顺差国。到2050年，我国社会主义现代化强国全面建成之时，服务贸易规模超过美国，服务贸易占世界份额接近20%，基本掌握服务贸易国际规则的走向，全面实现建成服务贸易强国目标。

四、我国建设服务贸易强国的战略任务

要根据"十九大"提出的战略目标,按步骤、分阶段积极推进贸易强国建设,进一步认清服务贸易在贸易强国建设中的核心与关键地位,把服务贸易与货物贸易统一起来,纳入对外贸易强国总体战略的工作体系,许多货物贸易强国建设的工作思路和举措也适用于服务贸易。

(一) 对标"六大标准"补齐服务贸易强国短板

要从服务贸易规模、绩效、竞争力、带动性、开放度、国际规则制定权等方面对标服务贸易强国标准,有针对性地补课建设服务贸易强国的短板弱项。

一是进一步扩大服务贸易规模。要营造服务贸易发展的良好政策环境,力争实现服务贸易以快于货物贸易的发展速度加快发展,扩大服务进出口规模,不断巩固服务贸易大国地位。

二是进一步提升服务贸易发展绩效。要提高服务贸易发展质量,提升我国服务贸易在国际服务产业分工中的地位,提升中国服务出口的附加值和技术文化含量。积极培育打造中国服务品牌,不断增强中国服务贸易企业和机构的盈利能力。

三是进一步提升服务贸易竞争力。重点促进服务出口增长,力争服务出口增长速度持续快于服务进口增长速度,缩小服务贸易逆差规模,力争最终实现服务贸易顺差。同时,要着力培育服务贸易各领域跨国公司,增强我国服务贸易主体国际竞争力。

四是进一步提升服务贸易对我国经济产业的带动能力。要增强服务贸易与国内经济产业的关联性和带动力。一方面,通过提升生产性服务贸易竞争力支撑制造强国建设;另一方面,通过服务贸易提升国内服务业实际开放水平,并带动国内服务业消费和投资。

五是进一步提高服务业开放度。要实施更加积极主动的服务业开放战略。一方面,要进一步降低服务贸易市场准入,实施更加彻底的准入前国民待遇加负面清单管理制度;另一方面,要改革国内服务业体制机制和政策体系,

营造更加开放、透明、自由、公平的营商环境,更彻底地打破服务业开放中的"玻璃门"和"弹簧门"。

六是掌握国际规则制定权。要积极参与多边、区域和双边服务贸易国际规则的制定,引导国际服务贸易规则向有利于我国优势的方向发展,重点在电子商务、中医药服务等我国具有优势的服务贸易领域推广国际规则的中国方案。

(二)持续推进"五个优化",助力服务贸易强国建设

货物贸易强国建设中的"五个优化"同样适用于服务贸易。要持续推进服务贸易领域的"五个优化",助力服务贸易强国建设。

一是优化行业结构。稳定发展旅游、运输、建筑等传统大宗服务贸易,同时努力提升旅游、运输服务出口竞争力,减少贸易逆差。创新发展数字服务、文化服务、医疗健康服务、金融服务等新兴的高附加值、高技术和高文化含量的服务贸易,提升新兴服务贸易占比。

二是优化贸易主体。要进一步改革公立服务贸易机构体制机制和运作模式,激发医疗健康、教育培训、文化宣传等机构发展服务贸易的动力与活力。要大幅放松对民营企业进入服务业的限制与管制,大力培育民营服务贸易企业,打造中国服务贸易跨国公司。要以服务业扩大开放为契机,大力引进外资服务贸易企业,发展外资总部经济。

三是优化市场结构。继续巩固与欧美服务贸易合作,唱响"中国市场、全球共享"理念,扩大对欧美技术先进型服务贸易进口。同时,加大"一带一路"服务贸易市场开拓力度,秉持"中国服务、全球共享"理念,扩大中国优质服务"走出去"力度,吸引国外消费者来华消费中国优质品牌服务,增强中国服务在相关市场的认可度和影响力。加大服务贸易国别合作机制建设,推进中央政府、地方政府、企业主体、行业协会和国家智库等机构建立不同级别、不同形式的服务贸易合作机制。

四是优化区域布局。要发挥京津冀、长江经济带、粤港澳大湾区三大经济区(带)服务产业和开放基础优势,形成我国服务贸易三大核心区,打造世界级的服务贸易集聚区。要依托服务贸易创新发展试点地区、服务外包示范城市和各中心城市,形成服务贸易发展的战略支点,带动全国服务贸易全面发展。

五是优化贸易方式。要全面发展跨境服务贸易、商业存在和自然人流动服务贸易，提升服务贸易与国内服务产业的融合度。要抓住国际服务外包增长较快的优势，加大我国承接国际服务外包的力度；同时要推进服务外包向数字服务贸易转型升级，推动服务外包与行业发展深度融合。要离岸与在岸并举，接包与发包兼顾，推动我国从服务外包大国向服务外包强国转变。

（三）重点加强"三项建设"，推进服务贸易强国载体建设

一是建设服务贸易创新试点。要继续深入推进服务贸易创新发展试点建设，进一步探索服务贸易创新发展的体制机制和政策体系。要把试点地区打造成为服务贸易创新发展高地和服务贸易强国建设的先行区。要通过试点建设，营造各级政府重视服务贸易发展的政策环境和社会氛围。要建立服务贸易创新试点的动态评估机制，探索建立以试点绩效为依据的激励机制和淘汰机制，调动地方政府发展服务贸易的积极性、主动性。

二是建设服务外包示范城市。要进一步完善服务外包示范城市评估评价机制，积极推进服务外包示范城市的转型升级，打造数字服务贸易示范城市。要推动服务外包示范城市向服务贸易示范城市转变，以服务外包为先导，带动不同领域、不同提供模式的服务贸易全面发展。

三是建设特色服务贸易基地。要在全国范围内选择有基础、有积极性的地方先行建设数字服务贸易基地、共享服务贸易基地、文化服务贸易基地、中医药服务贸易基地，待条件成熟时进一步建立旅游、运输、建筑、国际营销等服务贸易基地，形成我国服务贸易强国的重要支撑。

五、推进我国服务贸易强国建设的举措建议

服务贸易强国建设涉及"五大主体"，要针对不同主体的职能与使命，形成任务分工明确、各司其职、共同推进的服务贸易强国建设机制。

（一）中央政府：顶层设计、政策协调、统计考核

中央政府是建设服务贸易强国的核心主体，应着力加强三个方面工作。

一是制定服务贸易强国的顶层规划，包括时间表与路线图，瞄准世界服务贸易强国标准，有针对性地出台重大服务贸易开放政策与促进政策。二是服务贸易涉及众多部门，要在服务贸易联席会议之下推动文化服务贸易强国、旅游服务贸易强国、金融服务贸易强国、运输服务贸易强国、建筑服务贸易强国、知识产权服务贸易强国等具体领域的强国进程。三是加强服务贸易的统计与考核。针对目前各省市与国家服务贸易统计口径不一致，国家服务贸易统计数据在地方基本不采用、不宣传、不考核的现状，要真正落实全国服务贸易统计只有一个口径、一个发布渠道，并以此为依据加以考核，增强服务贸易统计数据发布的科学性、严肃性和统一性。

（二）地方政府：以城市为单位开展服务贸易强市试点

中国区域辽阔，各地区发展水平差异较大。从当前来看，真正有条件推进服务贸易由大到强转变的，仅限于部分发达地区及中心城市，而大部分地区和城市仍处于服务贸易发展初级阶段。因此，建议根据城市不同发展水平，给予其更加合理的定位。可选择沿海发达城市及内陆中心城市（省会城市和副省级城市）先行一步，开展服务贸易强国试点建设，探索建设服务贸易强国的标准体系、政策体系、统计考核体系等。

（三）企业主体：打造中国服务贸易跨国公司

企业竞争力是服务贸易强国建设成效的微观体现。服务贸易企业的竞争力、发展效益及对服务业国际价值链分工的掌控是衡量服务贸易强国建设成效的重要指标。要着力培育打造一批综合性的中国服务品牌企业，同时选择在旅游、运输、建筑、金融、互联网、中医药等领域培育一批专业型品牌企业，推动中国服务企业在引进来与走出去双向开放中锻造国际竞争力。

（四）行业协会：建立中国服务国家品牌推广机制

行业协会是服务贸易强国建设的重要主体。德国、日本等国的行业协会和公共机构在推动产品和服务走出去，宣传推广优质产品和服务，树立良好的国家品牌形象等方面做了大量工作，发挥了不可替代的重要作用。建议我国服务贸易行业协会以市场化机制推广中国服务国家品牌，凝聚服务贸易企业力量，开展行业自我管理、信息交流，代表中国服务贸易企业参与各类国际贸易投资推广活动，同时为行业发展提供综合服务。要借鉴国际相关协会经验，加大协会人才引进和培育力度，加强协会能力建设。

（五）国家智库：发挥智库作用建立综合评价体系

国家高端智库试点单位汇聚了我国社会科学领域的宝贵人才资源，作为第三方独立智库，其在开展经济社会发展评价、政策咨询和国际智库，交流合作等方面拥有丰富的经验。在服务贸易强国建设中，要善于发挥国家高端智库的独特作用，加强我国高端智库在服务贸易强国内涵标准和评价指标体系等方面的研究。需要指出的是，服务贸易强国标准和评价体系应是引导性的，即软约束，而不应是刚性指标、硬约束，不宜将服务贸易强国标准和评价指标作为考核各级政府工作绩效的指标。因此，应由国家高端智库而不是政府机关来主导服务贸易强国标准和评价体系的制定。

第二篇　澄清扩大服务进口的四个认识误区[*]

李　俊

与货物贸易较强的竞争力和长期大量顺差不同，我国服务贸易一直存在较大逆差，服务出口竞争力较弱。2017年，我国服务进口高达4676亿美元，占全球份额的9.15%，居世界第二位；服务贸易逆差高达2395亿美元，居世界第一位。因此，与扩大商品进口容易为大家理解和接受不同，扩大服务业开放和扩大服务进口的战略举措并不容易被社会理解和接受。本次中国国际进口博览会专门开辟了服务贸易专区，表明我国对外开放不仅局限在制造业，也将坚定不移地推进服务业对外开放，不仅要扩大商品进口，也要扩大服务进口。关于服务进口，以下几个问题需要进一步加深认识和予以澄清。

一、要不要扩大服务进口

一些人认为，我国服务进口规模已经很大，并产生了大量服务贸易逆差，这与货物贸易有大量顺差完全不同。传统观念认为，出口可以拉动经济增长、扩大就业，而进口对增长和就业有负面影响，货物贸易如此，服务贸易亦如此。因此，在要不要扩大服务进口的问题上，有观点认为总体上不宜扩大进口，应抑制服务进口。对此种观点，我认为有失偏颇。

---

[*] 此文发表于《国际商报》2018年11月。

首先，服务进口与服务出口一样，都是我国基于国内经济要素和产业发展情况，以市场化方式参与国际分工的一种选择。服务进口与服务出口一样，是连接国际国内两个市场、利用国际国内两种资源的途径，有利于企业在全球范围配置资源、提高效率。

其次，服务进口本质上是开放服务业市场，让更多的全球优质服务进入中国市场，从而繁荣中国国内服务消费，加强国内服务产业竞争，使中国企业在公平竞争中提升效率。同时，国内消费者也可从服务市场开放和扩大服务进口中提升消费福利。

再次，服务贸易逆差是我国服务产业在与国际分工和国际竞争中形成的，逆差的扩大并不能简单地与我国服务贸易竞争力画上等号。过去十多年，我国服务贸易逆差一直在扩大，但我们不能据此认为我国服务贸易竞争力没有提升而在降低。评估服务贸易竞争力要全面客观，笔者认为我国服务贸易总体竞争力是在开放中不断提升的。

二、什么服务需要扩大进口

一些人认为，虽然总体可以扩大服务进口，但应该扩大进口的是研发设计、技术和知识产权等生产性服务，而不应扩大进口旅游、文化、医疗、教育等生活性服务。因前者是服务于生产的，可以提升制造业竞争力，而后者是消费性服务，不能形成有效的产业竞争力，反而会带来国内消费外流，不利于经济发展。我认为上述观点存在一定偏颇。

首先，生活性服务进口有利于提升老百姓的消费福利。人民对美好生活的向往就是政府制定政策的目标追求。老百姓对国外高品质的医疗、旅游、文化服务有需求，政府当然要创造条件满足。其次，对国外消费性服务进口可以培育一批有鉴别力的国内消费者，这些挑剔的消费者可以起到引导国内服务消费升级的作用。中国服务的品质提升需要一批挑剔的高端消费者，使消费、投资、产业发展形成良好互动。最后，从长远看，一些消费性服务也具有生产性，如海外留学属于教育服务消费进口，当前的教育服务消费实际上是长期的人力资源投资，中国当前大量的海外留学归国人员就是过去我国大量海外留学教育服务进口的结果。又如旅游服务看似属于消费性服务进口，但大量公务出行、商务考察、会展交流等实质上也是服务于生产，有利于经济发展的。

三、如何扩大服务进口

一些人认为，扩大服务进口可以，但应通过商业存在方式来扩大服务进口，这样可以增加服务业利用外资，外资企业在华提供服务，可以为国内企业形成技术外溢和示范效应，而跨境交付、自然人流动，尤其是境外消费则没有商业存在进口模式类似的效应。我认为，这样的认识存在明显误区。事实上，服务进口的模式是由服务交易的本身特性决定的，跨境交付、商业存在、境外消费、自然人流动等四种服务进口模式并无优劣之分。选择什么模式的服务进口，是根据当时的政策环境、经济因素、要素禀赋等因素由企业和消费者自主做出的选择，政府不应人为干预市场和消费者的自由公平交易。商业存在形式的服务进口可以形成投资、扩大就业，但自然人流动途径的服务进口可以改进国内人力资源供给结构。例如，外籍教师、医生、工程师、设计师等表面上看挤压了国内就业市场空间，但他们提供的专业服务是国内专业人士替代不了的，可以对国内专业人才形成示范机制，有利于提升专业服务的国际化水平和国际竞争力。另外，跨境贸易和境外消费途径的服务进口表面上对国内投资、就业、增长作用不直接，但它对服务业市场开放、提升居民消费福利的意义同样重要。因此，不能剥夺消费者消费途径的选择权，要公平、全面开放国内服务市场，对四种服务进口提供模式同等对待。最近上海自由贸易试验区出台（海南自贸试验区也将出台）的服务贸易负面清单，就是中国政府对这一问题给出的最好答案。服务贸易负面清单是在之前外商投资负面清单（涵盖商业存在形式的服务贸易进口）基础之上，对跨境交付、境外消费和自然人流动服务进口模式的进一步开放。

四、向谁扩大服务进口

一种观点认为，我国可以向美、欧、日等发达国家进口技术先进、品质优良而国内有巨大需求的服务，但对于发展中国家，似乎进口它们的服务对中方意义不大。此种观点似乎有一定道理。但要知道，我国开放服务业市场是要营造一个开放、自由、公平的服务贸易环境。在扩大服务进口问题上是由市场规律和经济规律决定的，而不应有过多的人为干预。进口博览会是习近平主席在北京举行的"一带一路"国际合作高峰论坛上宣布的，考虑到这一背景，我国扩大服务进口当然不应仅针对美、欧、日发达国家，也要针对"一带一路"相关国家和地区。高精尖、高品质的美国服务、欧盟服务、日本服务当然需要进口，同时"一带一路"等发展中国家小而美的适合中国企业和居民消费的服务同样需要进口，这是我国实施互利共赢开放战略、构建人类命运共同体的必然要求。服务进口要与货物进口一样，形成"中国市场，全球分享"的共识与氛围，全球先进而高品质的商品、技术和服务都可以在中国市场自由公平竞争。而就在世界各国企业开拓中国市场、分享中国蛋糕的同时，中国企业和百姓也会从中获得实实在在的好处。

第三篇　高标准开放引领服务贸易高质量发展[*]

李　俊　王　拓

2018年6月1日，国务院正式批复商务部提出的《深化服务贸易创新发展试点总体方案》（以下简称《深化方案》）。这是在《服务贸易创新发展试点方案》（以下简称《方案》）颁布施行两年后，对服务贸易创新发展试点的进一步深化。《深化方案》围绕服务贸易创新发展试点深化改革，提出了未来两年试点的发展任务，是今后两年我国服务贸易试点地区发展的指导性文件。

一、创新探索还需加力

2016年，我国发布《服务贸易创新发展试点方案》，由此开启了服务贸易创新发展试点工作。两年来，试点工作成果丰硕，共形成五个方面29条可复制可推广经验，初步探索出新时代服务贸易发展的模式和路径。同时，试点创新探索也暴露出一些在政策落实中的具体问题。

首先，协调难度大。服务贸易涉及领域广、模式多，需要商务主管部门和行业主管部门共同推进，跨部门协调难度大。同时，国务院《关于同意开展服务贸易创新发展试点的批复》的任务分工落实主体主要在中央各部委，但各项政策落地与配套执行则需要地方政府具体操作。从各部门、各地区具

---

[*] 此文发表于《国际商报》2018年6月。

体落实反馈情况来看,在中央和各地方间均存在部门协调难度大、沟通不畅等问题,协调有待加强。

其次,制度创新难。虽然各部门、各地区相关文件和措施出台较多,但财政、金融、税收等核心政策创新不足,且对政策手段的有效性、可操作性和长效机制建设探索创新不足。此外,作为我国服务贸易发展的短板,服务贸易统计制度建设等相关基础性工作有待加强。

最后,政策见效慢。由于服务贸易创新试点政策属于开创性政策探索,在几乎空白的基础上建立服务贸易管理、促进、保障等政策体系,客观上存在一定难度,需要大量的调研、沟通、协调过程,部分政策落地较慢。

二、构建服贸开放新格局

2018年是改革开放40年,《深化方案》通过总结问题、吸取经验,将在新时期构建服务贸易开放新格局,促进服务贸易高质量发展。

一是进一步扩大服务贸易对外开放。以开放推动服务业改革、以开放带动服务贸易发展是发展我国服务贸易的重要举措,也是新一版试点方案的突出特点。《深化方案》提出,借鉴自贸试验区和北京市服务业扩大开放综合试点等开放经验,推动服务领域对外开放,尤其是在金融、旅游、文化教育、医疗健康、信息服务等领域放宽外资准入限制;探索对外商投资旅游类项目实行分级下放核准事权等措施;并通过对重点领域和新兴领域的服务业扩大开放,增强市场活力。

二是进一步壮大服务贸易市场主体。服务贸易市场主体是服务贸易发展的载体,是服务贸易竞争力的直接体现,壮大服务贸易市场主体,可以有效扩大服务贸易规模,提高市场竞争力。《深化方案》提出,通过政府在全国建设公共服务平台和境外促进中心,加强对现有服务平台的整合,提高服务出口效率,并鼓励金融机构在风险可控、商业可持续的前提下创新适应服务贸易特点的金融服务,增强金融服务的有效支撑力度。

三是进一步创新服务贸易发展模式。创新服务贸易发展模式,根据我国实际情况,通过新技术、新形式贸易方式的引入,打造属于我国特色的服务贸易发展模式,是构建新时期我国服务贸易开放新格局的重要内容。《深化方案》指出，要建设一批特色服务贸易出口基地，重点建设数字产品与服务、维修、研发设计等特色服务出口基地；推动以数字技术为支撑、高端服务为先导的"服务＋"整体出口；积极拓展新兴服务贸易，重点推进服务外包、技术贸易、文化贸易等发展。这些举措突出了技术知识密集型服务贸易的模式创新。

四是进一步提升便利化水平。《深化方案》提出，通过深化改革通关监管制度和模式，为与展览、维修、研发设计等服务贸易相关的货物、物品进出口提供通关便利；提升跨境交付、自然人移动等方面的便利化水平；健全境外专业人才流动机制，畅通外籍高层次人才来华创新创业渠道，推动职业资格互认，提升移动支付、消费服务等方面的便利化水平，积极发展入境游。这一版便利化举措突出了人的跨境移动，也是服务贸易便利化的突出特点。

三、夯实基础性工作

《深化方案》以供给侧结构性改革为主线，重点强调在构建服务开放新格局下服务贸易的发展机制改革与创新，以及政策体系的完善。针对上一版服务贸易创新试点在相关促进政策落实难、见效慢等方面的问题，新一版服务贸易试点方案进一步强化了这方面的政策试验。例如，税收政策方面，对服务出口实行免税，鼓励扩大服务出口。发挥服务贸易创新发展引导基金作用，建立项目信息征集协调机制，推动基金管理机构加强项目库建设和项目渠道管理。加大出口信用保险和出口信贷对服务的支持力度，拓宽服务贸易企业融资渠道，完善外汇管理措施，加快推进人民币在服务贸易领域的使用等。

服务贸易统计是促进服务贸易发展的基础性工作，在服务决策、政策制定、舆论引导、绩效考核等方面发挥着重要作用。《深化方案》中指出，要建立重点联系企业统计数据直报系统和试点地区外国附属机构服务贸易统计，完善服务贸易统计监测、运行和分析体系。建立政府部门信息共享和数据交换机制，实现服务贸易发展协调成员单位相关数据共享。新版方案强化了重点联系企业的数据直报工作，必将推动我国服务贸易数据向基层延伸。监管体系的建立，可以保证我国服务贸易健康发展，是推动服务业有序开放、构建良好营商环境的重要举措，但也是我国服务贸易发展的薄弱环节。《深化方案》特别提出,要建立服务贸易重点联系企业运行监测机制,创新事中事后监管举措,全面建立服务贸易市场主体信用记录,探索创新技术贸易管理模式,逐步将有关服务贸易管理事项纳入国际贸易"单一窗口",这将是我国服务贸易监管的一大创新。

《深化方案》是在过去两年服务贸易创新发展试点经验总结基础上做出的系统谋划,是新一版服务贸易创新发展试点的基本思路。未来两年,新版方案必将推动我国服务贸易高质量发展,为我国迈向服务强国贡献力量。

第四篇　高质量快速发展需政策持续发力[*]

李　俊

服务贸易是建设贸易强国的重点，也是构建现代经济体系、加快发展新经济、着力培育新动能新优势的主要领域。服务贸易数据指标不仅仅关系服务贸易本身发展成效，也直接反映国民经济发展的质量和水平。2017年，我国服务进出口平稳增长、结构持续优化，高质量发展特征逐步显现，呈现诸多亮点和可喜的一面。但同时，服贸数据表现出来的问题也应引起关注，并应成为下一步政策发力的重点。

一、服务贸易发展亮点突出

2017年服务贸易数据亮点较多，突出表现在以下四个方面：

一是全口径服务贸易总规模超过15万亿元人民币，服务贸易在国民经济和对外贸易中的地位不可小觑。根据商务部发布的数据，2017年我国服务进出口总额为4.7万亿元人民币（外汇收支口径），而2016年我国附属机构服务贸易额为10.25万亿元人民币，两者相加，我国服务贸易全口径数据约达15万亿元人民币，占GDP比重约19%，占对外贸易（货物+服务）总额的35%。可以说，服务贸易已经成为推动我国经济贸易保持较快增长的核心引

---

[*] 此文发表于《国际商报》2018年2月。

擎之一。

二是出口增速首次超过进口增速，扭转了逆差扩大趋势。截至目前，我国服务贸易进口增速连续7年超过出口增速，而2017年首次扭转了这一态势，服务贸易出口增速达到10.6%，进口增速为5.1%。尽管由于出口规模基数较小，未能减少逆差，但是却有效地扭转了逆差扩大趋势。这一指标的变化对我国服务贸易发展具有标志性意义，或许能成为我国服务出口与进口增速变化的一个转折点，并有望在近几年内成功实现缩小服务贸易逆差。

三是以数字贸易为代表的新兴服务贸易增长迅速，优化了贸易结构，提高了发展质量。虽然传统服务行业依旧占比较大，但新兴服务行业增速远超传统服务业。根据商务部数据，新兴服务进出口1.46万亿元，增长11.1%，高于整体增速4.3个百分点。服务外包作为数字贸易的重要领域增长速度也相对较快，2017年我国离岸服务外包执行额5369.8亿元人民币，增长14.7%，占新兴服务出口的比重达到73.3%。数据分析、电子商务平台和互联网营销推广等服务新业态新模式快速发展，分别增长55.4%、44%和40.6%。上述数据表明，我国数字贸易、数字产业和数字经济具有比较优势，未来发展潜力较大。

四是境外附属机构销售收入增长较快，推动服务业对外开放深入发展。根据商务部统计数据，2016年我国附属机构服务贸易额为10.25万亿元人民币，增长10.5%，规模居全球第二位。其中，内向服务业附属机构销售收入为5.66万亿元，增长3.2%；外向服务业附属机构的销售收入为4.59万亿元，增长21%。内向高于外向1.1万亿元，表明我国的服务业开放达到了新的水平，外资服务业进入国内市场的程度相对更高。

除了上述四点外，服务贸易数据还呈现出其他亮点，如区域布局更趋优化，"一带一路"服务贸易合作成效显著，与制造业结合紧密的生产性服务贸易推动实体经济转型发展，在培育发展新优势新动能中发挥了重要作用。

二、服务贸易发展的隐忧不容忽视

同时，我们还应当看到，在这些成效与亮点背后，也有一些问题与隐忧。主要体现为服务贸易发展与我国建设贸易强国、推动贸易结构进一步优化，实现更高质量更快速度发展的要求还有不小的差距。

一是增长速度低于货物贸易，与我们期望的进一步优化对外贸易结构，提高服务贸易在对外贸易总额中的地位并不完全一致。2017年货物贸易27.8万亿元人民币，增幅超过14%，明显高于服务贸易6.8%的增长速度。

二是贸易逆差仍未有效改善，出口竞争力仍不足，高端服务消费外流较大。2017年我国服务贸易逆差1.6万亿元人民币，与上年持平。同时，旅行服务逆差最大。在我国旅行服务逆差中，相当一部分是海外留学和海外就医的服务贸易逆差。近年来，我国医疗健康服务需求巨大，但国内优质的高端医疗健康服务仍然匮乏，导致高端医疗美容服务消费需求外流较为严重。

三是服务贸易发展仍然缺乏开放动力。服务业开放可有效推动服务贸易发展，而服务业开放不足、国内规则障碍等因素又导致服务贸易发展的潜力未能充分释放。服务业开放既包括对外资企业的开放，也包括对国内民营企业的开放。要形成我国服务贸易的竞争力，必须更多借助民营资本参与服务产业的国际竞争，以此推动我国服务产业市场化和国际化。

三、政策还需持续发力

促进服务贸易高质量快速发展，还需要政策层面持续发力，为服务贸易发展再添一把柴。

一是加大服务贸易发展考核力度。要进一步强化服务贸易在国家和地区发展大局中的地位，在高质量发展和构建现代化经济体系中，进一步突出服务贸易的相关考核指标和权重。利用考核指标这个指挥棒，提升各级领导对服务贸易发展的重视程度。

二是继续推动服务贸易创新发展深化试点，以及服务外包示范城市建设，同时建设一批特色服务贸易基地，如文化、医疗、数字贸易等。

三是推动各级财政加大对服务贸易的支持力度，同时推动税收、金融等领域支持服务贸易发展的政策措施落地见效，形成长效机制。

四是促进服务出口和进口协调发展，不应刻意抑制进口，要推动服务进口高质量发展。要以举办中国国际进口博览会为契机，适度扩大高质量、高品质的服务进口。

五是打造中国服务品牌。利用多种手段整体塑造中国服务的国际品牌形象，加强国际宣传推广，让世界各国消费者认识了解中国服务，提升中国旅游、中国文化、中医药、中国软件、中国服务外包等重点服务领域的品牌知名度和美誉度。

六是做好深化服务贸易创新发展试点工作。要做好试点示范成果的总结与经验的复制推广工作，推动在有条件的地区开展深化试点工作。

第五篇　从封闭走向开放　我国服务贸易在创新中快速成长[*]

李　俊　　王　拓

2018年是我国改革开放40周年，也是持续推进我国服务业开放和服务贸易发展的40年。过去40年来，我国服务业开放力度不断加大，服务贸易快速发展，取得的辉煌成就令世界瞩目。

一、历史性转折：十一届三中全会开启了我国服务业和服务贸易开放发展新征程（1978—1991）

伴随着改革开放的春风，我国服务业从封闭走向开放。航空运输和酒店行业成为我国首批对外开放的服务产业。1980年中国民航北京管理局与香港中国航空食品公司合资成立了北京航空食品公司，成为当时我国最早的三家合资企业之一。1982年中华人民共和国成立后的第一家中外合资饭店——位于北京建国门外的建国饭店正式营业。航空和酒店行业的开放，为当时华人华侨来华投资办厂、探亲旅行提供了便利。经济特区建立后，特区城市的服务业开放进一步拓展到了银行、交通、融资租赁等领域。此阶段，我国服务业增加值从1982年的463.3亿美元增长至1991年的1321.8亿美元，服务业

---

[*] 此文发表于《国际商报》2018年8月。

占 GDP 的比重从 1979 年的 22.3% 上升至 1991 年的 34.5%。在这一阶段，我国服务贸易主要体现在技术引进、劳务输出和旅游等少数领域，甚至在国际收支中并未有"服务贸易收支"这一概念。根据历史追溯的数据，1982 年我国服务贸易总额为 47 亿美元；到 1991 年，服务贸易规模已经扩大至 137 亿美元，增长了近 3 倍。此阶段，由于我国服务业开放度仍然不够，服务进口受到限制，我国服务贸易总体呈现顺差，顺差规模由 1982 年的 6 亿美元扩大至 1991 年的 54 亿美元。

二、拥抱全球化：在复关和加入 WTO 进程中持续推进服务业开放和服务贸易发展（1992—2001）

20 世纪 90 年代以来，为了更好地融入经济全球化并与国际规则接轨，我国加快了复关和加入 WTO 谈判进程，这在客观上又进一步提高了服务业开放水平。在此期间，我国积极参与乌拉圭回合谈判，在《服务贸易总协定》框架下，在服务业开放众多领域做出了较高承诺。1994 年《对外贸易法》第一次明确了技术进出口和国际服务贸易，与货物贸易并列，作为对外贸易的三大基本内容。1997 年，我国国际收支平衡表根据国际通行标准，专门针对国际服务贸易收支进行统计。至此，"服务贸易"这一概念正式诞生，并为服务贸易统计数据提供了基本来源。在此阶段，我国服务业在 GDP 中的比重从 1992 年的 35.6% 上升至 2001 年的 41.2%。服务业成为吸收外资的重要来源，截至 2001 年底，全国累计批准设立的外商投资企业和合同外资中，服务产业比重达 24.1%。1991 年—2001 年，我国服务贸易总额从 108 亿美元增加至 719 亿美元，年均增长 21%，占世界贸易的份额也从 0.6% 升至 2.4%。其中出口额从 69 亿美元增加至 329 亿美元，年均增长 17%；进口额从 39 亿美元增长为 390 亿美元，年均增长 26%。旅游是我国最主要的服务出口领域，2001 年旅游出口额为 177.9 亿美元，占当年我国服务出口总额的 54.1%。

三、历史性跨越：加入 WTO 后我国服务业和服务贸易发展成就举世瞩目（2002—2012）

2001 年 12 月，我国成功加入世界贸易组织，服务业开放进一步扩大。加入 WTO 后，我国对服务贸易总协定 12 大类中的 9 大类、近 100 个小类进行了渐进的开放承诺，其中金融、通信、旅游、运输和分销服务业成为开放重点。这一阶段，服务产业和服务贸易发展成就令世界瞩目。一是服务业成为吸收外资的主导产业。2002—2007 年，我国服务业吸收外资实际金额从 121 亿美元增长至 306.9 亿美元，服务吸收外资水平有了较大提升。2007—2012 年，我国服务业实际吸收外资金额从 306.9 亿美元增长至 538.4 亿美元。二是确立了服务贸易大国地位。2003 年我国服务贸易突破千亿美元关口，2007 年突破 2000 亿美元，达到 2059 亿美元。此时，我国服务贸易总额在世界排名从第 13 位上升至第 6 位，出口排名从第 12 位上升至第 7 位，进口排名从第 10 位上升至第 5 位。2007—2012 年，我国服务贸易总额从 2509 亿美元增至 4706 亿美元。2012 年我国成为世界第三大贸易国，仅次于美国和德国。其中出口 1904 亿美元，居世界第五位；进口 2801 亿美元，居世界第三位。

四、迈向新时代：全面推进服务业和服务贸易改革创新（2012 年至今）

党的十八届三中全会通过了《中共中央关于全面深化改革若干重大问题的决定》，提出构建开放型经济新体制。党的"十九大"报告指出，"推动形成全面开放新格局""推进贸易强国建设""扩大服务业对外开放"。党的"十八大"以来，我国通过北京服务业开放试点、上海等自贸试验区、商签 CEPA 协议等途径加大了服务业开放力度，服务业开放领域进一步向金融、教育、文化、医疗、育幼养老、建筑设计、会计审计、商贸物流、电子商务等领域深化，并引入"准入前国民待遇＋负面清单"的新型开放模式。这一时期，我国服务产业和服务贸易的改革创新发展不断取得新成果。一是服务业加快发展。2015年，服务业增加值占GDP的比重超过50%，2017年进一步提升至51.6%。信息传输、软件和信息技术等高技术服务业增长速度明显高于传统服务产业。二是服务贸易成为对外贸易发展的新动力。2017年，我国服务贸易总额6957亿美元，世界排名第二，仅次于美国。服务贸易创新发展试点深入推进，并形成29条可复制可推广的政策经验。2018年国务院发布深化服务贸易创新发展试点方案，并新增北京、雄安新区两个试点地区。三是在国际合作方面，服务贸易成为深化"一带一路"国际经贸合作的新动能。2017年，中国与"一带一路"沿线国家服务贸易总额达977.6亿美元，同比增长18.4%，占中国当年服务贸易总额的14.1%。与沿线国家服务贸易额及占比稳步提升，运输和旅游是主要领域。服务贸易在"一带一路"国际价值链中起到关节点和黏合剂的作用，是打造中国主导的国际价值链的关键。

在建设经贸强国的新时代，"中国制造"和"中国服务"是建设经贸强国的两大支柱。展望未来，要着力培育"中国服务"品牌的国际竞争力，弥补中国制造的"服务短板"。可以相信，服务产业和服务贸易必将继续涌立改革开放的潮头，同时也必将受益于新一轮改革开放，并在推动形成全面开放新格局、实现高质量发展的伟大历史进程中做出新的更大的贡献。

第六篇 扩大服务进口 促进高质量发展[*]

李俊 潘敏

2018年11月5—10日，首届中国国际进口博览会在国家会展中心（上海）举行，这是中国主动向世界开放市场的重大举措。中国扩大开放市场，也包括对中国服务市场的开放。作为世界第二大服务进口国和第一大服务贸易逆差国，中国服务进口惠及全球，为贸易伙伴创造了就业岗位，增加了财富价值，拓宽了全球服务市场，促进了全球贸易需求。

一、扩大服务进口是新时代我国实现高质量发展的战略选择

与货物贸易较强的竞争力和长期大量顺差不同，我国服务贸易一直存在较大逆差，服务出口竞争力较弱。2017年，我国服务进口高达4676亿美元，占全球份额的9.15%，居世界第二位；服务贸易逆差高达2395亿美元，居世界第一位，因此扩大服务业开放和扩大服务进口的战略举措并不容易被社会理解和接受。实际上，在新的时代条件下，扩大服务进口、推动服务业市场开放，是进一步优化资源配置，提升国民福利，实现高质量发展的战略选择。

首先，服务进口与服务出口一样，都是我国基于国内经济要素和产业发

---

[*] 此文发表于《中国远洋海运》2018年12月。

展情况，以市场化方式参与国际分工的一种选择。服务进口与服务出口一样，是连接国际国内两个市场、利用国际国内两种资源的途径，有利于企业在全球范围配置资源、提高效率。

其次，服务进口本质上是开放服务业市场，让更多的全球优质服务进入中国市场，从而繁荣中国国内服务消费，加强国内服务产业竞争，使中国企业在公平竞争中提升效率。同时，国内消费者也可从服务市场开放和扩大服务进口中提升消费福利。

再次，服务贸易逆差是我国服务产业竞争力和参与国际分工阶段形成的，逆差的扩大并不能简单地与我国服务贸易竞争力画上等号。过去十多年，我国服务贸易逆差一直在扩大，但我们不能据此认为我国服务贸易竞争力没有提升而在降低。

二、我国服务进口及海运服务贸易发展现状与特点

（一）我国服务进口总体特点

近年来，我国服务贸易规模快速扩大。"十三五"以来，服务贸易占我国外贸（货物和服务进出口之和）的比重和我国服务出口、服务进口全球占比实现"三提升"。2017年，中国服务贸易进口总额4675.9亿人民币，同比增长3.4%，比1982年增长了230倍。加入世贸组织以来，中国积极融入世界经济体系，主动进口优质服务，2001—2017年，中国服务进口增长11倍，年均增长16.7%，增速居世界主要经济体首位。服务贸易大国地位进一步巩固，服务贸易强国建设加快。

从服务进口规模的角度看，我国服务进口规模位列全球第二。2017年，全球服务进口前五名的国家依次是美国（5381.1亿美元）、中国（4675.9亿美元）、德国（3236.5亿美元）、法国（2404.7亿美元）、英国（2149.5亿美元）。但中国服务进口规模远大于出口，2001年中国服务贸易逆差为1.0亿美元，2012年扩大至797.2亿美元，增长了近800倍，年均增长83.6%。2017年，中国服务贸易逆差进一步扩大至2395.0亿美元，是2012年的3倍。

从服务进口的角度看，我国的服务进口结构不断优化。改革开放以来，

中国居民对境外旅游、消费、留学、就医的服务需求持续增加。过去30多年来，旅行一直是中国服务进口的第一大领域，2005—2017年，旅行服务进口从217.6亿美元增长至2547.9亿美元，年均增长达22.8%。随着供给侧改革和经济转型升级的推进，以技术、质量为核心的新兴服务进口持续增长。

（二）我国海运服务贸易现状

海洋运输是国际物流中最主要的运输方式，它是指使用船舶通过海上航道在不同国家和地区的港口之间运送货物的一种方式。海洋运输占国际贸易总运量中的2/3以上，中国进出口货运总量的约90%是利用海上运输。进入21世纪以来，中国海运事业保持快速增长势头，港口吞吐量和集装箱吞吐量分别以年均16.5%和30%以上的速度增长。

在GDP和外贸进出口稳定增长的带动下，2017年我国沿海运输需求达到21.6亿吨，需求增长7.6%，外贸海运需求增长6.6%，推动中国海运市场走出持续6年的低迷状态。在经贸增长以及运输组织转运需求的推动下，沿海集装箱实现了约10%的增长；沿海运输第二大类金属矿石进口实现了稳定增长；矿建材料的进口需求也有明显增长。

此外，石油、液化气进口实现了高速增长。受国内原油加工增长、国内产量下降以及储备增长共同推动影响，2017年海运外贸原油进口同比增长10.7%，海运进口液化天然气同比增长25%。

三、未来扩大服务进口的展望与建议

（一）未来服务进口形势预测

当前，中国经济已由高速增长阶段转向高质量发展阶段，发展前景光明。中国市场为全球经济增长创造了巨大的空间，中国服务进口既满足了中国人民美好生活的需要，促进了国内产业结构转型升级，也为全球贸易增长带来了新的机遇。

预计未来5年，中国服务进口规模累计超过2.5万亿美元，占全球服务进口的比重超过10%，对全球服务进口增长的贡献率在20%以上。其中，出境旅游将达到 7 亿人次，旅行服务进口有望突破 1.4 万亿美元，知识产权使用费、电信计算机和信息服务、金融服务、保险服务、个人文化和娱乐服务等新兴服务进口累计将超过 7000 亿美元。

（二）进一步扩大服务进口的建议

优先发展服务贸易是推动中国经济转型升级和向高质量发展的重要举措，服务贸易已成为中国对外贸易发展的新动力和对外开放深化的新引擎。未来，对于中国按照既定方针和节奏，推动更高水平、更广领域、更大范围的服务业对外开放，有以下几点建议：

首先，我国应深化服务业对外开放。进一步放宽市场准入限制，探索完善跨境交付、境外消费、自然人移动等模式下服务贸易市场准入制度，逐步放宽或取消限制措施，有序推进对外开放。推动区域协调发展，把服务进口作为"一带一路"建设的重要内容，拓宽国际服务合作新空间。

其次，应扩大高质量服务进口。扩大服务进口有利于推动经济高质量发展，满足人民对美好生活的向往，提高幸福感和获得感。因此，尽管我国有较大服务贸易逆差，但对于国内老百姓有较大需求的旅游、教育培训、医疗健康、文化娱乐等高知识含量、高品质的服务需求，应给予满足。同时，进口研发设计、技术服务、环境服务等，有利于推动国内产业改造升级，推动高质量发展。

第三，以"中国服务"带动中国经济结构升级，实现高质量发展。要进一步提高服务贸易占我国对外贸易的比重和地位，通过加快服务业和服务贸易发展，来促进制造业转型升级，实现经济结构战略性调整。

（三）我国海运服务业发展的趋势与建议

目前，大数据、智能化、互联网+航运、区块链、供应链与产业链整合、跨界融合等新技术、新业态、新趋势，正给航运业传统的经营模式带来巨大冲击。同时，经济和对外贸易的稳定增长，国际航线集装箱的海运需求将有所增长。此外，经济发展和人民生活水平的提高，使石油消费需求得到持续增长，原油进口加工量和原油进口量持续增加，石油液化气进口将延续高速增长态势。海运矿石进口将受多重因素的影响，其中包括粗钢产量、废钢供给、国内矿与国际矿价博弈等，且铁矿石金融属性和贸易商推高的库存规模已经过大，库存难以推动需求增长。

综合判断，未来的海运进口将保持稳定增长。进入21世纪以来，我国海运发展取得了很大成就，海运保障性、竞争性和引领性显著提高，世界海运大国进一步巩固，为了更好地发展海运贸易，形成海运强国的实力，有以下几点建议：

首先，要建立强大的海运船队。中国港航业缺少大型油船和大型油船码头泊位，使中国石油进口运输中国轮承运率只占10%，不得不大量租用外轮运输。不仅需要支付大量外汇，也失去了中国海运业发展和增加就业的良好机遇。海运业是资金密集型行业，发展中国家因缺少资金，大多数进出口货物运输不得不受控于发达国家的船队，一只强大的海运船队有利于更好地完成海上运输。

其次，要建立现代化的港口体系。一个吞吐能力适度超前、结构合理、功能完善、信息畅通、安全高效的港口群具有更强的国际竞争力，可以与其他运输方式有效衔接，形成专业化运输系统，成为现代物流的重要节点。

最后，要合理调控运力。我国海运市场存在的主要问题是航线运力过剩、运价低迷、竞争激烈。此外，海运市场开放后，全国各地竞相开办航运企业，添置船舶（运力），由于未考虑到国际海运市场的实际需求和周期变化，海运运力过剩，运价难以回升，航运陷入被动，削弱了其发展后劲。

第七篇 "一带一路"服务贸易合作新亮点[*]

张 琼

服务贸易涵盖运输、金融、建筑、旅游、科技、教育、文化、医疗等众多领域,发展"一带一路"服务贸易合作,不仅可以支撑货物贸易和投资合作,还可以为沿线国家人民提供更多直接交往的机会,促进不同国家人与人之间的交流交往,为"一带一路"国际合作营造更好的社会环境和民意基础。

因此,服务贸易是"一带一路"国际合作的重要内容,可以促进"五通"合作贯通发展、经贸合作与人文交流融合一体发展,这对于推动"一带一路"国际合作迈向更高层次、实现更好效果具有重要作用。

作为"一带一路"贸易发展新增长点,从行业来看,服务贸易仍以传统的旅行服务、运输服务、建筑服务三大类为主,占比一直保持在75%左右,以中医药服务、服务外包等高附加值服务为代表的新兴服务领域发展稳定,逐渐成为服务贸易发展的新亮点。

一、旅行服务

旅行业作为开放型、综合型产业,在"一带一路"倡议中具有先联先通的独特优势。近年来,旅行服务贸易所占比重不断增大,旅行服务在我国与

---

[*] 此文发表于《服务外包》2018年第9期。

"一带一路"国家服务贸易总额一直占据重要地位。2015 年,旅行服务贸易额 245.66 亿美元,在全部服务贸易中占比达 30.48%;2016 年旅行服务贸易额达 271 亿美元,该比例上升至 32.69%;2017 年上半年旅行服务贸易额高达 151.01 亿美元,占比进一步提升至 34.04%。

在旅行服务领域,丝绸之路汇集了 80% 的世界文化遗产,涉及 60 多个国家,44 亿人口,与沿线国家开放旅行服务贸易潜力巨大。据估算,2015—2017 年中国与"一带一路"沿线国家和地区双向交流游客量将达 1.1 亿人次,输出游客 5500 万人次,双向旅游服务贸易总额接近 1000 亿美元。据国家旅游局预计,"十三五"时期,中国将为"一带一路"国家输送 1.5 亿人次中国游客、2000 亿美元中国游客旅游消费,同时我们还将吸引沿线国家 8500 万人次游客来华旅游,拉动旅游消费约 1100 亿美元,沿线国家和地区来华留学人数大幅增加。2016 年,沿线 64 国在华留学生共 20.8 万人,同比增幅达 13.6%,高于各国平均增速。前 10 位生源国中,"一带一路"沿线国家占据 7 席,分别为泰国、巴基斯坦、印度、俄罗斯、印度尼西亚、哈萨克斯坦、越南。

近年来,国家旅游局正加大境外宣传推广力度,主动作为,努力实现"互联互通,旅游先通"。在世界各国的知名国际旅游交易会上,全力塑造中国旅游新形象,力争吸引更多的国际游客前来体会我国丰富的旅游资源,体验丝路战略带来的全新旅游产品。多个省市的旅游部门正在打造一批"一带一路"国际经典旅游线路和旅游产品,融合观光旅游、商务会展、康体养生、文化体验、休闲地产等功能于一体的复合型国际旅游精品,大力发展文化体验、探险旅游、商务旅游等旅游新业态,稳步推进邮轮母港、游艇码头和海洋主题公园建设。例如,新疆作为丝绸之路经济带核心区,正朝着中亚、南亚、西亚及欧洲开放,塑造丝绸之路品牌效益,打造丝绸之路旅游经济带概念。海南作为"一带一路"建设的主力军,正加大海南国际旅游岛的开放力度,加强和各国的旅游线路合作,加快打造海南旅游岛的升级建设。陕西作为古丝绸之路的起点,地位优势突显,正着力打造"丝绸之路起点旅游""红色旅游"品牌,加快构建陕西旅游发展新局面。

二、运输服务

运输服务贸易是"一带一路"合作的重点和核心内容。在运输服务领域，2015年运输服务贸易达271.75亿美元，在全部服务贸易中占比达33.72%；2016年运输服务贸易总额265.1亿美元，在全部服务贸易中占比达32.69%；2017年上半年该比例为33.15%。总体看来，运输服务在"一带一路"区域发展趋于平稳。

"一带一路"沿线铁路、公路、航空和海运等交通运输业基础设施较为完善，西欧、南欧、中东、东南亚和东亚等沿海地区交通运输业设施指数明显优于内陆地区，跨洲际货物运输以海运为主，人员交流以航空运输为主。其中，西欧、南欧、东亚、南亚地区的铁路、公路交通网已具规模，东亚—东南亚—南亚—西亚—中东—南欧一线的海运交通网极为发达，西欧、南欧、东亚、东南亚地区的民用航空基础密度明显高于其他地区。

我国依托西伯利亚大陆桥和新亚欧大陆桥，已初步形成东中西三条"中欧班列"运输通道，该通道将成为沿途国家促进互联互通、提升经贸合作水平的重要平台。目前，中欧班列已累计开行3000多列，覆盖21个省区市，到达欧洲11个国家的28个城市，成为"一带一路"上的一张名片。"空中丝路"已渐显雏形，我国与43个国家已经正式通航。2016年南航、国航等国内航空公司新开辟航线240条。我国与毗邻11个国家的70对边境口岸开通客货运输线路，线路总长度4万公里左右，基本建成以重点城市为中心、边境口岸为节点、覆盖沿边地区并向周边国家辐射的国际道路运输网络。随着互联互通和通关便利化的推进，运输服务贸易积极发展，"一带一路"沿线国家市场正不断开拓。

三、建筑服务

建筑服务作为"一带一路"的服务贸易合作重点领域之一，2014—2016年，中国企业在沿线国家新签对外承包工程合同额3049亿美元。其中，2016年中国企业对"一带一路"沿线国家对外承包工程新签合同额1260.3亿美元，同比增长近40%，占同期我国对外承包工程新签合同额的51.6%。2017年1—10月沿线国家新签对外承包工程业务合同额达1020.7亿美元，同比增长21%。相关领域基础设施建筑服务为货物贸易和投资合作提供了重要支撑。

在"一带一路"建设过程中，涌现出一批重点企业和标志性工程。这些重点企业和重点工程的质量及施工效率赢得了各国政府和人民的广泛赞誉，有效提升了"中国服务"和企业品牌的美誉度，引领中国建筑行业全球化市场发展。例如，中国海外港口控股有限公司在瓜达尔自由区的建设开发中，已投入近2.5亿美元，目前已有酒店、银行、保险公司、金融租赁、物流、海外仓、粮油加工、渔业加工、家电组装等30多家中、巴企业入驻园区，直接投资额超过30亿人民币，年产值将超过50亿人民币，项目创造了大量就业机会，将有效拉动当地经济增长，也为中巴两国合作提供了更多机遇。中国建筑工程总公司是我国对外工程承包的龙头企业，也在"一带一路"项目推进过程中取得了显著成绩。由中国建筑工程总公司承建的埃及新首都建设项目、巴基斯坦白沙瓦至卡拉奇高速公路项目等成为我国"一带一路"建设中的标志性工程。目前中国建筑工程总公司已设立9个营销中心和30个国别组，初步形成了覆盖非洲、东盟及周边、中亚、中东欧、拉美地区重点和热点国家市场的营销网络，有效提升了中国建筑服务的国际品牌影响力。

四、中医药服务

自古以来，中医药就是古丝绸之路沿线国家交流合作的重要内容，并伴随商贸活动在沿线国家落地。近年来，中医药在预防常见病、多发病、慢性病及重大疾病中的疗效得到国际社会的广泛认可。截至目前，中国的中医药已传播到183个国家和地区。在35个沿线国家建立了中医药海外中心，建设了43个中医药国际合作基地，包括俄罗斯、吉尔吉斯斯坦、匈牙利、捷克、马来西亚、澳大利亚和卢森堡等国，效果显著。

现阶段，中国已同外国政府、地区主管机构和国际组织签署了86个中医药合作协议，并进一步深化与世界卫生组织、国际标准化组织、上海合作组织、中东欧、欧盟、东盟等多边合作，积极参与国际组织发展战略、运行规则、政策动态和标准规范的制定与研究，营造有利于中医药在"一带一路"

沿线国家发展的国际环境，充分发挥中医药的资源优势，推动中医药与沿线各国深度合作。中医针灸被列入联合国教科文组织"人类非物质文化遗产代表作名录"，《本草纲目》和《黄帝内经》被列入"世界记忆名录"。国际标准话组织（ISO）成立中医药技术委员会（ISO/TC249），陆续制定颁布了10余项中医药国际标准，并首次纳入世界卫生组织国际疾病分类代码（ICD-11），中医药作为国际医学体系的重要组成部分，正在发挥积极作用。

中国与沿线国家坚持"引进来"与"走出去"并举方针开展中医药合作，推动中国的中医药机构、产品、服务、标准和人员"走出去"，持续支持成熟的中药产品进入沿线国家医疗卫生体系，扩大市场消费份额；同时还积极谋划在国内建设一批中医药国际医疗合作基地，吸引沿线国家消费者来华接受医疗保健服务。预计到2020年，中医药"一带一路"全方位合作新格局将逐步形成，与沿线国家合作建设30个中医药海外中心，颁布20项中医药国际标准，注册100种中药产品，建设50家中医药对外交流合作示范基地，充分利用现有政府间的合作机制，加强传统医学相关方面的交流沟通和经验分享，实现中医药与沿线国家更大范围、更高水平、更深层次的合作与交流。

五、服务外包

服务外包是建设"数字丝绸之路"的重要内容。与"一带一路"沿线国家服务外包合作，可有效提升沿线国家的信息化水平，缩小与发达国家的数字鸿沟。

中国有与沿线国家开展服务外包合作的产业基础和独特优势。自2006年实施服务外包"千百十工程"以来，经过十年的快速发展，我国服务外包产业从无到有、从小到大，取得了重要进展，现已跃居为全球第二大服务外包业务承接国。业务范围已覆盖全球200多个国家，产业规模仅次于印度，稳居全球第二大承接国。服务外包成为对外经贸的新亮点和国民经济社会发展的新动力，对于吸纳中高水平就业、促进新兴贸易增长和经济结构转型做出了重要贡献。国际经验和我国既有实践表明，国际化是服务外包产业可持续发展的重要动力来源。

目前,"一带一路"市场已经成为中国服务外包的重要增长点。在服务外包领域,我国的服务外包领军企业如华为、中兴、中软国际、软通动力等在沿线国家设立研发中心、交付中心、共享中心和服务中心,带动设计、研发、专业咨询、电信计算机和信息服务出口迅速增长。2016 年中东欧 16 国服务外包合同执行额增长 26.3%,东南亚 11 国服务外包合同执行额 65.7 亿美元,成为服务外包领域增长最快和规模最大的两个区域。

第八篇 服务贸易与服务产业协调发展规律与启示[*]

王 拓

进入21世纪,世界经济服务化趋势明显,服务贸易快速发展,各国出现了不同服务产业与服务贸易发展模式。2015年后,我国服务产业占国民经济比重超过50%,服务贸易也得到快速发展,但是国内对于服务产业与服务贸易两者如何协调发展的认识还存在分歧。在此背景下,分析世界范围内服务产业与服务贸易协调发展的一般规律,认识当前我国经济发展阶段下两者之间的关系与趋势,对于打造我国经济发展新动能,提高整体服务国际竞争力具有重要意义。

一、当前中国服务贸易与服务产业协调发展的现状

(一) 从发展阶段看,我国处于服务产业支撑发展向贸易与产业协调发展转变阶段

当前,我国处于增长动力转化阶段,在服务产业发展壮大的同时,服务贸易出口开始快速发展。由服务业推动经济增长,向服务产业和服务贸易协调发展转变。根据WTO和世界银行数据库显示,2005年后,中国服务产业快

---

[*] 此文发表于《国际贸易》2018年12月。

速发展，平均增长率达到 17.4%，高于 GDP 增长水平，成为我国经济增长的主要动力。在此期间，我国经济从投资驱动型增长向消费驱动型增长转变，并且实行产业升级导向的政策，推动服务产业发展提质增效。而 2005 至 2017 年间，我国服务出口平均增速为 9.9%，低于人均 GDP 平均增速 14.9% 和服务产业增速。这说明当此阶段，服务产业为我国经济增长主要动力，产业基础不断夯实，但国际竞争力相对较弱。如下表所示：

2005—2017 年我国服务出口、服务产业和人均 GDP 增长率

年份	服务出口增长率	服务业增长率	人均 GDP 增长率
2005 年	16.3%	17.3%	16.2%
2006 年	22.2%	21.8%	19.7%
2007 年	31.4%	32.3%	28.4%
2008 年	20.7%	29.3%	28.8%
2009 年	-12.1%	15.1%	10.6%
2010 年	24.2%	18.7%	18.8%
2011 年	12.7%	24.4%	23.5%
2012 年	0.3%	16.0%	12.5%
2013 年	2.7%	15.7%	11.7%
2014 年	5.8%	11.8%	8.6%
2015 年	-0.2%	10.8%	5.0%
2016 年	-4.2%	3.8%	0.6%
2017 年	8.9%	9.5%	8.7%
平均增长率	9.9%	17.4%	14.9%

数据来源：WTO 数据库；世界银行数据库。

进入 2017 年，服务贸易出口开始快速发展。根据商务部最新公布数据显示，2017 年我国服务贸易出口高于进口 5.5 个百分点；2018 年 1—8 月，我国服务出口开始提速，出口增速达到 14.4%，快于进口 8.7% 的增速。服务贸易逆差开始缩小，新兴服务贸易占比不断上升。其中电信计算机和信息服务领域、个人文化和娱乐服务、保险服务，增速分别达到 61.1%、38.8% 和 26.5%，实现了高速发展。经过过去五年，服务产业基础不断夯实，我国服务贸易进入快速发展的阶段，表现为服务产业和服务贸易同步快速增长。

服务贸易竞争优势尚未完全形成。一方面是我国高级人力资本积累不够，另一方面是创新的市场机制尚未完善。从高级人力资本来看，我国与发达国家之间存在明显差距。以国家接受高等教育人口的比例来看，根据第六次人口普查数据，我国受过高等教育人口在全国人口中占比不足10%。而根据联合国数据库显示，OECD国家高等教育人口比重在21.08%，我国与发达国家差距十分明显。从创新角度来看，培养创新发展的体制机制尚待完善。根据世界经济论坛发布的《全球竞争力报告2018》显示，中国竞争力全球排名第28位，其中人力资本的技术水平世界排名第47位，而研发能力排名第91位。知识产权保护位居世界第49位，与服务贸易密切相关的ICT技术应用位居26位。

（二）从产业与贸易结构看，我国产业结构与贸易结构矛盾凸显

一是服务产业占比与服务贸易占比不协调。根据2017年国民经济和社会发展统计公报显示，2017年我国服务产业增速达到8%，服务业占GDP比重的51.6%，我国已经进入服务化发展阶段。然而，2017年我国服务贸易规模虽然位居世界第二，但占外贸比重仅为14.5%，远低于发达国家20%比重，与服务贸易带动性发达国家60%以上的占比更是相差巨大。服务贸易占比与服务产业占比的巨大差距，说明我国服务贸易发展水平不足，对经济带动作用尚不明显，未来仍有较大发展空间。

二是服务产业结构与服务贸易结构不协调。从服务贸易结构来看，以旅行、运输和建筑服务为主的传统服务贸易仍占据较大比重。2017年，三大传统服务贸易总额占比仍达65.6%；其中出口占比为43.8%，低于50%；而进口占比高达76.2%。这说明传统服务贸易虽然规模巨大，但是服务产业国际竞争力较差。新兴服务贸易出口增长11.5%，其中知识产权使用费和金融服务出口增速较快，分别达到316.6%和30%，但是其在服务贸易中的比重较低，仅为2.1%和1.6%。这说明我国新兴服务贸易规模小而发展快，属于发展起步阶段。从外商直接投资来看，2017年我国实际使用外资8776亿元，其中信息传输、计算机服务和软件业为吸收外资最大服务领域，占比为15.8%；租赁和商务服务业吸收外资1125亿元，占比12.8%，位列服务领域第三。而

批发零售、交通运输、仓储和邮政业则吸收外资均在10%以上。我国服务产业发展与服务贸易发展结构上存在错配，旅行、知识产权服务等贸易存在较大逆差，说明我国对于教育、医疗、旅游等需求不断提高，而国内产业发展存在滞后。生活性服务业有效供给不足，与大众日益增长的消费需求存在较大差距。生产性服务业发展水平不高，尚未形成对产业结构优化升级的有效支撑，整体表现为新兴服务产业发展较弱，国际竞争力不足。

（三）从政策协调看，服务产业政策与服务贸易政策协调性有待加强

从政策角度看，我国属于以服务业开放带动服务产业和服务贸易发展的政策类型。加入WTO后，我国不断履行入世承诺，对服务业进行开放，放松管制，大力吸引外资并鼓励企业"走出去"。我国构建全面开放新格局，对外发展"一带一路"倡议，打造人类命运共同体；对内形成了粤港澳大湾区、京津冀一体化和长江经济带的发展布局；上海和海南建立自贸区，重点探索服务领域开放发展；北京推动服务业开放试点建设；与之相应的服务贸易领域在2016年国务院批复了全国15个服务贸易创新发展试点地区，并在2018年通过了深化服务贸易创新发展试点等政策，将试点地区扩大了17个。应该说，我国服务贸易政策和服务产业政策正在建立和完善之中，但依然存在一些不足，政策协调有待进一步优化。

一是市场机制与贸易促进政策尚待完善。第一，我国发挥市场在资源配置中的决定作用机制尚待完善。许多地方政府为做出政绩工程，过多介入产业发展，又没有配套扶持政策，束缚了企业竞争机制，造成资源配置低下，阻碍企业提升生存率。第二，激励机制尚未完全形成。知识产权保护制度需要完善，无论是外资企业还是中资企业，在缺乏有效知识产权保护的市场环境中很难做到正常的技术交流，不利于吸引外资进入和激励企业创新。许多企业为避免核心技术泄露，将非核心技术申请专利，而对关键技术严格控制保密，由此导致我国知识产权服务大量进口而出口不足。第三，我国市场主体待遇差异性较大。国有企业因为有国家支持，享受优先待遇；而民营企业受到较多束缚。比如在融资方面，我国金融机构对民企放贷往往只看其所拥有的房产资源作为抵押，而高新研发企业的重点在人力资本积累，并不具有丰富的土地和资本，其短期融资成本过高对企业发展造成严重阻碍。第四，政策落实有待加强。国家为鼓励服务出口，制定了包括引导基金和出口退税等政策，而许多企业不了解政策，不知道申请；或者由于申报政策成本过高，需要面临较多手续和审计检查，宁愿选择不享受扶持政策。

二是服务业整体开放不足，重点领域监管缺失。从整体来看，我国服务业开放水平较低，成为制约服务产业和服务贸易发展的制度因素。从服务部门来看，我国对 GATS 中 12 个服务业大类中的 9 个进行了开放承诺，依然有三个部门还没有做出开放承诺。在已经开放的部门中，我国电信、金融、教育和医疗等领域的开放与发达国家相比存在较大差距。这种开放不足限制了我国服务领域竞争力的提升，限制了我国国民福利的提升，也不利于我国获得国际先进的技术。此外，我国某些服务业开放水平与监督管理机制相脱节，缺乏规范的法律约束。比如商业服务类，外资企业凭借品牌优势占据了主要市场，而我国自主品牌却被锁定在全球产业链中低端，成为国际大企业的代工基地。外资企业享受"超国民待遇"而相应的国内企业却受到诸多限制，从而影响了我国产业竞争力的提升。服务业与制造业相比，一直缺乏有效的监管手段和监管措施。总体上看，我国服务业开放不足，存在严重的贸易与产业发展扭曲，制约了服务贸易与服务产业的协调发展。

三是服务贸易政策与国际经贸规制间存在差距。由于世界贸易组织框架下多边服务贸易谈判僵持不下，以美国为首的发达国家 TPP 和 TISA 谈判，从传统的商贸、旅行等领域到新兴的信息、金融、保险、跨境电子商务和知识产权等领域制定高标准服务贸易规则，推动全球服务贸易进一步开放发展。同时，全球数字技术和数字贸易的蓬勃发展，美国、欧盟等发达国家和经济体推动数字贸易规则建设，在数字跨境自由流动、数据本地化、个人隐私保护等方面交换意见；并以此为基础探索建立数字贸易统计规则，对数字贸易与货物贸易和服务贸易关系进行探讨，试图占领数字贸易规则高地。而我国目前尚未形成具有自身特色的产业和贸易促进政策体系，与国际之间存在一定差距。

二、世界服务业与服务贸易协调发展的规律

服务贸易与服务产业两者之间的协调发展是一个相对概念，并不存在绝

对的协调发展。经济体处于不同的发展阶段，因而会根据自身国情采取不同的发展模式，由此决定了服务贸易与服务产业的相对发展关系。所谓的服务贸易与服务产业协调发展，是以推动经济发展为目标，协调发展的核心是为了提高服务产业国际化的竞争力。两者的协调发展，是一个服务产业国际化问题，也是一个国家在经济全球化和经济服务化过程中的发展路径问题，这受本国的科技创新水平、人力资本禀赋、产业国际化政策、服务贸易自由化水平等因素影响。

（一）服务产业与贸易协调发展是经济服务化与产业国际化的协调过程

从产业演进规律来看，根据佩第克拉克发展规律，产业结构逐渐从以第一产业为主向以第二产业为主演变，最终形成以服务业的第三产业为主的产业结构，也就是经济会逐步出现服务化的趋势。同时，从产业与贸易的发展关系来看，产业是贸易的基础，贸易是产业的国际化表现。当产业发展具备一定基础时，市场会逐步开放，与国际进行要素交换，推动国内产业升级，提高自身的国际竞争力，产业由此从封闭走向开放，出现产业国际化趋势。因此，服务产业与贸易的协调发展，表现为经济结构中服务产业占比逐步上升与服务贸易的快速发展，其实质是经济发展的服务化过程与产业国际化过程的协调。

从全球发展来看，第二次世界大战后世界经济服务化趋势明显，服务业增加值占全球GDP比重已经超过60%，世界主要发达国家该比重甚至达到70%以上，已经形成以服务产业为主的产业结构。同时，在ICT技术的推动下，服务的可贸易性大大提高，服务贸易也在世界范围内快速发展。根据世界银行数据库资料显示，1998年至2016年间，世界服务产业平均增长率为4.5%，世界服务贸易出口增长率为7.0%，高于世界人均GDP增长率3.4%，服务贸易和服务产业成为世界经济增长的重要动力。但是，每个国家所处的发展阶段不同，经济服务化程度和服务产业国际化程度差异较大，导致各个发展阶段服务产业与服务贸易之间不同的发展路径，从而形成各具特色的服务产业和贸易政策。

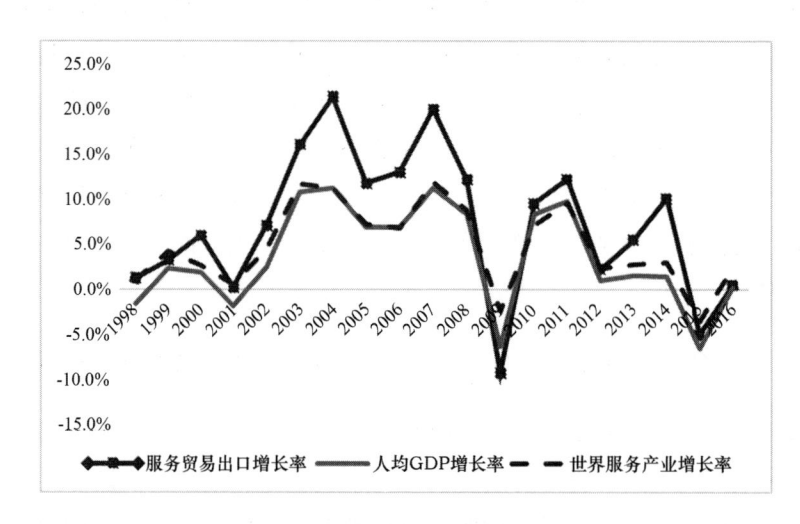

1998—2016 年世界服务出口、服务产业和人均 GDP 增长率趋势图

数据来源：WTO 数据库；世界银行数据库。

（二）经济发展阶段的不同，服务产业与服务贸易协调发展的路径不同

服务产业与服务贸易协调性与各个国家发展阶段有关。由于国家间发展阶段不同，表现为经济服务化程度不同，服务产业基础各异，服务贸易的发展程度也出现不同。以人均收入作为衡量发展阶段的指标，将世界各国划分为三种类型。第一种是人均收入较低的国家，往往缺少服务产业基础，产业国际化和服务贸易发展水平较低。第二种是中等收入和中上等收入国家，其服务产业发展水平也存在差异，但大体上来看都处于加强服务产业基础，提高服务产业国际竞争力阶段。此阶段的重要表现是，这些国家服务产业在国民收入的占比不断提高，服务贸易以旅行、建筑和运输等传统贸易为主，中国属于这个发展阶段的代表。第三种是高收入国家，服务产业普遍较为发达，服务贸易结构以新兴服务贸易为主。但发达国家的发展路径各不相同。比如，美国属于世界超级大国，其科技实力雄厚，资本充裕，制造业和服务产业发达，是世界服务贸易规模最大的国家，也是世界服务产业国际化和服务贸易发展的推动者。而日本、韩国、德国等国家的发展路径是先发展制造业，20

世纪 90 年借助 ICT 技术的普遍应用，服务产业和服务贸易才开始快速发展，并推动服务贸易快速发展。

以韩国为例，其服务产业和服务贸易发展阶段特征明显。从 1986 年到 1995 年的十年期间，其人均 GDP 从 2803 美元提升至 12332 美元，成功跨越"中等收入陷阱"，跻身发达国家经济行列。此阶段，其服务产业增速平均增速达到 20.1%，高于人均 GDP 增速 2.4 个百分点，服务产业成为推动经济增长的主要动力。1990 年至 1995 年，韩国服务贸易快速增长，年均增速达到 17.3%，高于服务产业增长 1.3 个百分点，高于人均 GDP 增速 3.6 个百分点。在 1986 年至 1990 年期间，韩国服务产业增速快于服务贸易和人均 GDP 增速，为服务产业发展阶段；1990 年至 1995 年期间，其服务贸易增速快速服务产业和人均 GDP 增速，为服务产业国际化阶段。前五年以发展服务产业为主，为其后五年奠定了国际化的产业基础；后五年服务贸易快速发展是其服务产业国际化的表现，形成贸易与产业相互促进的局面，得益于之前五年的产业发展基础。韩国跨越中等收入陷阱时期的经济情况，表现为从服务产业发展向服务产业国际化发展趋势明显。

（三）基础禀赋的改变需要与国际要素流动相协调

根据林毅夫提出的新结构经济学理论，一个国家的禀赋结构决定了其最优产业结构和贸易结构。动态比较优势理论阐释了各国之间的贸易通过促进生产要素的交换，改进本国的要素禀赋，最终达到产业升级和提高国际竞争力的目的。因此，服务产业和服务贸易的协调发展中，需要保持基础禀赋与国际要素流动相协调。

为推动本国产业升级，需要改善本国禀赋基础，因此需要提高要素的国际流动。一国具有自身特征的要素禀赋，提高要素国际流动，尤其是知识和信息等要素的流动，可以促进发展中国家积累高级要素，逐渐改变国内禀赋结构，提高要素利用效率，优化资源配置，进而推动产业升级。

教育是促进国内禀赋改变和国际要素流动相协调的重要因素。对于服务产业和服务贸易来说，人力资本积累是服务发展的禀赋基础。舒尔茨认为人力资本是以劳动力为载体，并用于后天积累知识和技能构成的资本。人力、知识以及技能构成了服务贸易和服务产业最基本的发展要素。人力资本综合了以上几种要素，所以具有高级技能的人员在全部就业人员中的占比成为国家中基础禀赋的结构，直接影响了知识密集型服务产业和服务贸易的占比。教育作为提升本国人力资本技能和知识水平的直接途径，对于本国人力资本吸收国际知识和技能具有极大的推动作用，是促进高级要素流动与本国人力资本禀赋相协调的重要手段。服务贸易通过自然人的流动以及通信技术的作用，推动了信息和知识等要素的跨国流动。教育改变了一国的禀赋结构，进而影响服务产业和服务贸易。

以爱尔兰为例，它是一个农牧业为主的国家，但却完成了向现代工业和现代服务业的转型发展，形成了以电信、计算和信息服务以及生物工程等具有国际一流水准的服务产业。在商务部研究院发布的《全球服务贸易发展指数报告》中，爱尔兰服务贸易发展综合得分排名第二位，仅次于美国，其服务贸易发展结构和人均规模均名列前茅，这主要得益于其丰富的人力资本基础和宽松的市场环境。爱尔兰十分重视教育，首都都柏林从中世纪起就被称为"大学城"，拥有国际一流的教育水平，境内60%的国民接受过高等教育。同时，爱尔兰具有极低的企业税率和国际一流的营商环境，吸引了大量外国投资。大量的要素流动和本国高水平的教育，形成了其高知识密集型的人力资本禀赋和国际要素流动良性互动的良好局面，造就了其现代化的服务产业和贸易结构，成为其国际竞争力的基础。

（四）服务贸易政策需要与服务产业政策相匹配

服务产业与服务贸易的协调发展需要基础禀赋与国际要素的相互促进、相互协调，但这种促进和协调机制需要配套的服务贸易和服务产业政策得以发挥。而贸易和产业政策的协调需要以促进经济增长为目标，符合本国的实际发展阶段。因此，不同国家处于不同的发展阶段下，采用的政策也不一样。一般来说，在国内产业国际竞争力较弱阶段，往往采取相对保守的政策。整体产业开放度不高，服务贸易壁垒较大，国内要么尚未形成产业体系，要么极易形成垄断市场，服务产业政策和贸易政策基本无关或政策协调性较弱。当国内产业逐渐发展壮大以后，市场逐渐开放，内外资企业并存，与国际贸易往来加强，会根据不同产业发展情况采取差异化的开放措施，服务产业和贸易政策逐渐协调，但仍会存在较多政策扭曲，市场配置资源能力较低。当国内服务产业极为发达，国际竞争力较强时，服务贸易自由化达到较高水平，服务业开放程度高，贸易自由化、便利化程度高，与之相应的国内规制完善，市场在资源配置中发挥决定性作用，贸易与产业政策协调性强，并逐步将符合本国产业发展的规则在国际推广，形成新型国际贸易规则。

美国积极推动新型服务规则。美国是目前服务贸易规模最大的国家，也是服务贸易顺差最大的国家。其发达的科技水平、繁荣的服务产业和高水平的规则规制造就了服务贸易强国地位。美国除了在涉及国防安全的敏感行业禁止开放外，其余行业均具有较高开放水平。并且美国不断推动新型服务领域规则建立，推动了 TPP 和 TISA 等新型国际贸易规则。

德国以开放促发展，同时强化监管。通过开放，德国打破了电信等产业的行业垄断。开放引入的竞争机制促使企业加大在技术研发、市场开拓、营销管理等方面的投入，服务水平和国际竞争力不断提高。同时，德国还建立了较为完善的法律体系，对外资企业，尤其是对保险和银行业实行严格的管理，必须按照相关法律规定及行业标准开展业务。

20 世纪 90 年代，东南亚各国加快金融自由化改革，推行金融自由化改革，取消了外资银行资本要求限制，允许外国证券公司进入韩国市场，逐步取消投资和金融业中直接投资的壁垒。但是，韩国和泰国等国家对自身市场扭曲问题认识不足，监管制度改革滞后，市场纪律和透明度不足，使得海外借款急剧增多。在亚洲金融危机的外部冲击下，最终没有逃过金融危机。

三、对中国服务业与服务贸易协调发展的启示与建议

当前，我国正迈向服务产业和服务贸易高速发展阶段，产业与贸易的协调需要政策的保证。根据服务业与服务贸易发展的关系，针对我国服务业与服务贸易协调发展中存在的问题，提出如下建议：

第一，促进服务产业和服务贸易结构协调发展。我国正处于服务贸易和服务产业双增长时期，贸易与产业的协调发展对于推动服务产业国际化，形成经济新的增长点十分重要。一方面要促进服务贸易与服务产业结构协调发展，对于服务贸易呈现逆差的主要领域，比如旅行、知识产权等，需要加强国内产业培育，培养产业主体，形成公有、集体、私营等企业集群。二是针

对我国服务贸易结构中占比相对较小的领域，比如金融、个人文化娱乐等，应推动国际化进程，促进国内产业与国际进行贸易，出台重点领域服务出口指导目录，从国家层面进行推动。三是树立国际化品牌，通过大型展览、博览会等平台，促进项目和投资的集中合作，向世界展示中国具有特色的中医药、中国文化等领域，拓宽贸易渠道。

第二，以服务业开放为统领，促进服务产业和服务贸易政策协调。建立协调的服务产业和服务贸易政策，是充分发挥市场在经济中的决定性作用、国际要素与国内禀赋相互协调的重要保障。一是要扩大服务业开放，提高服务贸易的自由化水平，针对我国在WTO承诺中尚未开放的三个领域制定有序的开放策略。二是形成促进服务贸易发展的体制机制。在上海、海南等自由贸易试验区和北京服务业开放试点探索新领域开放及相关制度和政策体系，对政策进行压力测试。降低外资准入门槛，消除外资开放的隐形阻碍，打破"玻璃门"和"弹簧门"。对应该开放而未开放的领域进行开放，对开放会造成冲击的领域加强监管。三是保证内外资企业在享受国民待遇的同时，防范开放风险，确保本国服务产业和贸易的健康发展。要建立公平透明可预期的制度体系，凡是在国内合法经营的企业主体，无论是国有还是私有，不分内资和外资，都应该得到相同的竞争待遇和支持。

第三，破除贸易壁垒，促进国内外要素有序流动。产业和贸易的协调发展需要生产要素的跨境流动与内在禀赋的协调。国际生产要素的流动畅通构成了服务产业的发展基础，因此我国需要对内加强人力资本积累，对外破除人才和信息等要素流动壁垒。一是针对服务业和服务贸易人力资本集聚的特点和我国目前发展存在短板的金融、医疗、通信和信息领域，加强国家教育体系对这些领域人才的培养机制。二是扩大国际人才交流，促进国内重点发展领域相关人才的流动。对于研究院所、高校等人才集聚的研究型机构，应适度放松国际交流限制，不应以体制内公务员标准进行束缚；应加大对国际人才的引进，针对国内重点需求型人才应加大政策倾斜，吸引国际人才来华。三是打破信息和技术跨境流动限制，促进国内外交流合作，拓宽交流渠道，促进国内人力资本与国际高级要素结合，增强国内人力资本积累。

第四，构建国际一流营商环境，激发主体市场活力。一方面要建立市场化的激励机制，另一方面要完善对民营企业的扶持力度。一是以完善产权制度和要素配置为重点，对盗版、盗用、剽窃等行为进行严厉打击，切实保护市场主体利益不受非法侵害，建立市场良性竞争机制。二是切实加强服务贸易促进政策落地，建立政策落实问题反馈机制。针对服务贸易创新发展试点地区的政策探索，应以切实落地，企业可以切实享受作为执行标准之一。针对政策落实过程中，企业性质难以区分，企业享受政策成本过高等现象，应由政府部门建立联合协调部门，加强市场调研，对服务贸易企业进行判别，对政策落实过程中遇到的问题及时进行反馈和调整。应建立从中央到地方的政策落实反馈机制，地方政府遇到的共性问题，应及时上报商务部汇总由部级联席机制解决；地方遇到的特殊问题，应在商务部的指导下，各省市监督落实解决。做到服务业开放机制与服务贸易试点政策相互协调，相互促进。

第五，积极推动数字技术发展，探索建立与之相适应的管理规则。针对当前快速发展的数字技术，如大数据、云计算、物联网、区块链、5G技术和人工智能等技术，应推广其在各个产业中深入应用，鼓励新技术新业态新模式，比如大数据下的精准营销、个性化服务和个人信用体系。研究建立与之相适应的规则体系，积极探索数字技术在金融、通信、数字产品等领域的相关规则，在保证技术顺利应用推广的同时，注重风险防范，建立与之相对应的数字银行、数字海关机制，推行数据本地化机制，保护国内数据隐私。

第九篇　自主开放　扩大进口　为服务贸易发展注入强劲动力[*]

王　拓

2018年上半年，国际形势错综复杂，美国对世界多国实行单边贸易制裁。在这种情况下，中国贸易规模不断扩大，进口快速增长。这得益于中国坚持实行自主改革方针，通过创新试点等举措实现进一步开放，推动贸易持续发展。

一、贸易规模持续扩大

2018年上半年，中国贸易规模快速增长。根据外汇管理局发布的数据，上半年，中国货物和服务贸易总额为24971.0亿美元，同比增长29.3%。其中，货物贸易总额为21176.85亿元，同比增长15.2%，占贸易总额的84.8%；服务贸易总额为3794.15亿美元，同比增长14.1%，占贸易总额的15.2%。货物贸易与服务贸易比重与2017年基本持平。

从进出口角度来看，货物贸易出口额达到11374.06亿美元，同比增长10.8%；进口额为9802.79，同比增长20.8%，货物贸易进口实现大幅增长。服务贸易出口额为1151.11亿美元，同比增长14.3%；进口额为2643.03亿美元，同比增长14.1%。

---

[*] 此文发表于《国际商报》2018年8月。

二、多项服务领域进口快速增长

从贸易差额角度来看，2018 年上半年，服务贸易为逆差，差额为 1491.92 亿美元，与 2017 年同期相比，逆差额扩大至 181.84 亿美元。

服务贸易规模快速增长。从细分领域来看，除加工服务以外，其余领域规模均实现扩大。其中，保险和养老金服务、知识产权使用费两项服务贸易增速均达到 30%。同时，维护和维修服务、运输服务、建设服务、金融服务等领域的贸易规模增速分别达 29.6%、19.6%、19.9% 和 23.7%，实现快速增长。

多项服务领域进口快速扩大。2018 年上半年，中国服务贸易进口扩大趋势明显。其中，知识产权使用费服务进口扩大 48.11 亿美元，增幅达 33.6%；运输服务、保险和养老金服务、金融服务进口增长分别达 21.3%、25.8%、29.8%；知识密集型生产性服务贸易进口增幅明显。

旅行服务成逆差的主要来源。2018 年上半年，旅行服务逆差达 1216.34 亿美元，占服务贸易总逆差的 81.5%。其次是运输服务和知识产权使用费服务，逆差分别为 328.08 亿美元和 163.68 亿美元。

三、积极应对复杂形势

国际环境错综复杂。随着主要发达国家经济持续复苏，全球服务贸易逐步走出衰退阴影，呈现增长态势。根据世界贸易组织（WTO）2018 年 4 月 12 日发布的数据，全球服务贸易在经历了 2015 年的微弱增长和 2016 年的负增长后，2017 年恢复增长势头，全球服务出口增长 7.4%，服务进口增长 6.5%。其中，运输服务出口大幅增长 8.3%，其他商务服务出口增长 7.4%，旅行服务出口增长 7.2%。根据有关国际机构的预测，2018 年世界经济增长将进一步提速，贸易增长将保持在较高水平，中国服务贸易发展面临的外部环境总体向好。但一些发达国家贸易保护主义抬头，贸易政策呈现单边主义倾向，全球贸易摩擦风险急剧上升。美国向多个贸易伙伴施行单边制裁，欧盟、中国、加拿大、日本等国家先后被美国实行贸易制裁，影响全球商品、服务以及要素流动，对中国服务贸易发展带来新的变数。

中国消费规模持续扩大成为内在动力。2018年上半年，全国餐饮、旅游等国内消费规模的持续扩大增加了对高端货物和服务的需求，促进了贸易进口，成为中国贸易规模持续扩大的内在动力。

中国进口扩大政策效果开始显现。2018年4月，国家主席习近平在博鳌亚洲论坛发表主旨演讲时强调，中国将继续推出扩大开放创新的重大举措，并实行主动扩大进口。目前，中国消费结构升级，对进口商品的需求不断增大。扩大进口可以增加对高品质商品和服务的供给。同时，扩大知识密集型服务的进口，尤其是服务贸易中的知识产权使用费服务、金融服务、保险服务等的进口，可以有效弥补国内生产过程中急需的技术和知识支撑，提供更多服务和产品选择，对于提高中国产业竞争力，打造良好的营商环境具有积极作用。2018年11月，中国举办了首届中国国际进口博览会。以此为契机，中国将进一步扩大货物和服务进口，在为全球提供广阔服务市场的同时，推进服务领域供给侧结构性改革，满足企业技术升级和居民消费升级的需要。

对外开放试点试验将打造服务贸易发展高地。中国将推进上海等11个自由贸易试验区之间的制度对接、产业协同与平台共建，放宽服务业市场准入，开展对外开放压力测试。2018年6月，国务院同意《深化服务贸易创新发展试点》，在服务贸易创新发展试点基础上延续两年，并将原来的15个试点扩大至17个，借鉴北京市服务业扩大开放综合试点中积累的各种开放政策和经验，积极探索更多服务领域的深度开放，进一步探索适应服务贸易创新发展的体制机制，搭建平台，创新模式，提升服务贸易便利化水平，促进服务贸易高质量发展。海南自由贸易试验区探索高标准高质量发展，并在此基础上探索建设中国特色自由贸易港，围绕医疗、教育、体育、电信、互联网、文化、维修、金融、航运等重点领域，深化现代服务业对外开放，推动服务贸易加快发展。在此推动下，相关地区制度环境将持续改善，为服务贸易发展注入强劲动力。

第二部分

服务产业类

第一篇 日美市场化养老经验对我国的启示[*]

俞 华

一、日本居家养老市场化发展经验

日本于1970年进入老龄化社会，目前是世界老龄化程度最高的国家之一。日本养老模式在参照西方发达国家经验的同时，更注重本国孝敬老人的传统，在实践中逐渐形成以社会保险、社会救济、社会福利和医疗保健为主要内容的养老体系，养老服务业以居家养老为主，社区养老与机构养老并重，注重引进社会资本，实行政府与市场合作开发的混合模式。日本不断调整养老保险、医疗保险等政策，鼓励机构养老和居家养老相结合。

（一）注重养老服务供给立法保障

日本养老服务以国家立法为基础，其形成及发展历程是相关法律不断完备、充实的过程。为满足快速增长的养老护理服务需求，日本养老服务制度经过多次较大的改革调整，1959年《国民年金法》、1963年《老年人福利法》及1982年《老年保健法》是日本福利养老保障体系的三大支柱，为老年人得到全面的医疗保健服务提供立法保障。2000年4月，日本政府实施以《介护保险法》为基础的介护保险制度，建立社会保障式家庭看护保险制度，旨在

---

[*] 此文发表于《城市住宅》2018年第11期。

通过社会保险形式为老年人照护服务提供费用支撑。内容完善的日本养老服务业政策和法规体系保障了老年群体在社会福利服务方面应有的权利，也确保了日本养老服务法制化的发展方向。

日本《介护保险法》规定：城镇40岁以上、有住所的国民强制参保并缴纳介护保险金，参保国民65岁后可享受不同标准的介护服务。护理保险的创新点在于引入契约方式，强调需求方的多样化选择；运用市场化运作手段使老年福利服务产业化。介护保险的本质是把国家介护保险金拨给提供介护的医院或福利机构等，由其对需要照顾的老年人提供相应生活服务，以满足老年人生活需求。护理保险制度的实施改变了过去以中央集权式"行政措施"为主的"措置制度"提供服务的方式，转向"契约服务制度"，引入民营组织服务，目的在于扩大福利供给量，扩大老年人的选择范围。

（二）日本居家养老市场化发展经验

20世纪80年代末，日本制订养老"黄金计划"，将部分都道府县承担的责任下放给市町村（相当于我国的区和街道），居家养老和居所看护成为养老发展的主要方向，重点实行居家养老模式。日本居家养老服务实行市场需求的多元化养老模式覆盖，主要经验如下。

1. 政府为主导力量，占养老服务比例的60%—70%，包括政府资助的民间组织及由大学生、家庭主妇和健康老人组成的志愿者。政府在大学开设老年护理专业，护理人员持证上岗，并出资培训家庭护理员，强调服务专业化。2011年进行改革，目的是保证居家养老的老年人同样能享受机构养老的高质量服务，使居家养老模式更具人性化和优质化。

2. 鼓励民间福利机构发展，推动养老模式多元化。为减轻沉重的财政负担，政府鼓励企业建设个性化商业养老院。随着老龄人口的日益增多，近几年又积极推广适合各年龄段居住的大型混合社区，既有利于两代人间的沟通照顾，又有利于老年人身心健康。

3. 设立70亿长寿福利基金，推出"银色住宅计划"，全国推广《老年住宅设计手册》，推出低价"三代同堂"式住宅，提供优惠贷款政策。

二、美国社区养老服务市场化发展经验

（一）美国法规政策支持社区养老服务市场化

在养老服务市场化程度方面，美国一般遵循"管大放小、管少放多"的管理体制，经过40多年的发展，形成了以居家、社区和专业护理机构养老为主的养老方式，其养老服务呈高度市场化态势，多以盈利为目的。盈利模式主要包括向客户提供服务、销售养老住宅、养老社区出租收费3种，政府仅为低收入人群提供福利性养老住宅，并从保险、税收、政府采购等方面保障养老服务产业发展。

1. 在养老服务法律政策方面

美国政府出台《老年法》《老年营养方案》《老年志愿工作方案》和《老年人社区服务就业法》等多项法规，各州政府出台养老服务和产业支持法规，建立较规范完善的社会养老、为老服务体系。对于发展养老社区的企业组织，政府提供资金、技术帮助及税收减免等政策优惠。

2. 在监督管理方面

政府虽不直接提供养老服务和管理，但通过对养老社区机构的监督管理，实现对养老产业的间接干预。一方面，安排专门的监察员监督养老机构服务；另一方面，通过医疗保险、医疗资助和养老金等费用的发放约束养老社区机构的行为。

3. 在养老支付方面

美国构建了政府强制养老金计划、雇主养老金计划和个人储蓄养老金计划等养老金体系，成为美国社区养老发展的重要金融支持体系。美国政府通过各种政策、法规、优惠条件和基础设施配套等措施推动养老社区的发展。

（二）美国社区养老市场化成功模式

美国的社区养老离不开养老地产开发。美国养老地产发展较早，经济发展水平及社会市场化程度较高，配以相应的产业结构特征。目前，养老地产已经形成由投资商、建筑商和经营商构成的完善产业链条和市场化体系，各

环节专业分工实现高效低风险运作，形成了成熟稳定的发展模式。在产业外延上，养老金融保险业、养老咨询业、老年教育、老年旅游等其他产业和服务发展完善，与养老地产业相辅相成，形成良性互动。

美国养老地产的发展方向是差异化养老社区。美国亚利桑那州首府凤凰城（Phoenix）建有全美最著名的养老社区——太阳城（Sun City Center）。太阳城于20世纪60年代由地产开发商德尔韦布公司开发建设，阳光充足，每年超过300天能接受日照，故被形象地称为"太阳城"，主要针对年龄在55—70岁的活跃健康老年人，目前是拥有16万55岁以上居民的"老人城"。除住宅外，太阳城还提供康乐会所及户外运动设施。其住宅开发由地产商主导，通过销售养老住宅，开发商得以收回投资并盈利，直接带动美国养老社区建设。

太阳城模式和持续护理退休社区模式是当前主流，前者一般以出售为主，部分出租；后者则主要采取出租方式，长期向老年人提供日常协助或医疗护理。近年来，在金融市场日渐成熟的背景下，出现了第3种模式，即由金融机构（通常为房地产信托投资基金）参与投资，通过出租或委托经营回收成本。持续护理退休社区模式指在复合型社区中满足老年人对健康管理、护理和医疗等不同年龄阶段的基本养老需求，为服务自理型老人（55—65岁之间，在社区中具有独立住所）提供便捷的社区服务，如餐饮、清洁、医疗保健及紧急救援等；为需要他人照料的老年人提供饮食、穿衣、洗浴等日常生活护理；为生活无法自理的老年人提供专业监护服务等。

太阳城兴建及运营具有以下特点：

1. 具备吸引老年人聚居的多种要素

太阳城位于郊区，占地大，容积率低，精装拎包入住，并建有疗养、医疗、商业中心及高尔夫球场等配套设施。由于房价便宜，气候环境良好，对老年购房群体具有巨大吸引力。同时，为保证给老年人以舒适、安全的环境，对入驻人员有较为严格的年龄限制，要求55岁以上退休老年人才能购买和居住。太阳城从硬件设施到社区软环境，以及社区文化、生活方式均为老年人量身定制。由于定位清晰，全国老年人不断集聚于此，尤其是候鸟式旅居老年人。据调研，在太阳城盛夏时节只有40%的实际居住人口，60%的老年人回到北方等地居住。

2. 营造适老化的居住环境

太阳城中有多种住宅类型，以独栋和双拼为主，还包括多层公寓、独立居住中心、生活救助中心、生活照料社区、复合公寓住宅等。尤其是新开发的太阳西城，独栋别墅位于高尔夫球场草坪周围，居住环境优异。太阳城按老年人需求规划设计，小区内实现无障碍设计：无障碍步行道、无障碍防滑坡道，设置低按键、高插座，社区住宅以低层建筑为主。同时，强调社区内的空间导向性：对方位感、交通安全性、道路可达性均做出规划，实施严格的人车分流。太阳城虽是老年人社区，但不完全与世隔绝，与其他任何一个美国小型城区规划类似，这里的商店、医院、娱乐设施及与老年人有关的医学研究都由年轻人参与工作，这些 55 岁以下的人群需居住在太阳城周围。

3. 齐全的配套设施

太阳城除硬件设施完备，还有专为老年人服务的综合性医院、心脏中心、眼科中心及数百个医疗诊所。疗养院和老年人照顾中心分布于城区各处，需要照顾的老年人可根据自身状况和经济承受能力选择不同水平的服务。太阳城拥有大量生活设施，包括多个活动中心，可进行室内健走、游泳、网球等活动，还有图书馆、高尔夫场、乡村俱乐部、美术馆和交响乐演奏厅等文化娱乐设施。太阳城内有多个大中小型高尔夫球场，被称为"高尔夫爱好者的天堂"，高尔夫球场在吸引人群聚居方面也发挥了重要作用。

三、日、美市场化养老经验对我国的启示

（一）建立健全政策法规体系

政策法规体系是养老服务事业发展的保障，也是日本养老服务事业取得成功的经验之一。日本养老服务的发展离不开政策法规支持，政策法规起到了指引性和保障性作用。目前我国应抓紧制定和完善相关政策与法规，包括对服务内容和标准的规定、对责任主体的明晰，对相关机构在居家养老服务方面的权责、职能的界定等。

（二）完善养老保障制度

发展我国养老服务体系必须强化我国养老服务保障体制，需利用长期护理保险与政府转移支付相结合的方式解决资金短缺问题。目前，我国老年人的养老保险待遇水平较低，广大农村地区尤为明显。完善我国社会养老保险制度，对于提高老年人消费水平、促进养老服务产业发展起着至关重要的作用。

（三）坚持政府主导，社会化运作

政府的作用主要表现在：制定相应法律法规、政策标准，引导和促进产业发展；为养老地产和养老服务机构发展提供税收、补贴和政策优惠；完善养老金保险制度；对养老社区机构的运营进行监督和约束；政府作为投资者投资产业发展等方面。此外，大力鼓励支持社会力量进入养老地产开发和提供养老服务，形成良性的养老地产发展模式。

（四）促进从业人员专业化

在日本，养老服务涉及医疗、护理、康复、预防及心理等多学科内容，建立分类科学的护理服务人员职业资格认证制度，在护理人员的培养和建设方面进行改革和立法，并取得实质成效。美国养老服务分工较细致，专业化强，对从业人员要求高，可提供专业化的养老服务并形成庞大的市场供给。

我国应借鉴国外先进经验，尽快完善养老服务从业人员的制度化建设，对从业人员进行专业培训，实行职业资格和技术等级认证管理，制定岗位专业标准和操作规范。

（五）丰富和完善服务内容

目前我国养老服务主要集中于一般生活照料方面，精神护理、心理咨询、情感支持等高层次的服务较少，服务模式与需求之间还存在较大脱节。因此，发展我国养老服务市场应建立多层次、多功能的养老服务体系，服务内容涵盖老年人生活、精神、心理等方面，从日常生活料理和康复护理逐步向精神慰藉方向拓展，从传统单一型服务向多元化综合养老服务转变。

（六）积极探索以房养老的支付模式

随着人口老龄化加剧和家庭结构变化，以房养老作为一种金融和制度创新，必然成为养老地产乃至整个产业发展的重要支付模式。探索以房养老的具体操作方式有利于养老地产的健康有序可持续发展。

（七）丰富养老地产产品及消费方式

在养老地产的产品和服务上，居家养老型、独立生活型、辅助生活型和失能型老人的需求类型不同。在消费方式上，与销售型物业和租赁型物业对应的居住模式和服务方式也不同。因此，应细分养老市场，提供全面丰富的产品、服务和消费选择，构建完善的养老地产市场体系，以满足不同需求。

第二篇　中华传统服务"走出去"的困难与对策[*]

俞　华　　武　芳　　高宝华

中华传统服务是指拥有中华民族历史积淀、运用传承技艺、得到社会广泛认同、具有一定创新发展空间的服务，主要涵盖非物质文化遗产和中华老字号特质的传统艺术、技艺等，包括中餐、中医中药、中华武术、民间艺术、传统曲艺、传统教育和其他传统服务等类别。

习近平总书记在2016年2月中共中央政治局第十三次集体学习时指出，"培育和弘扬社会主义核心价值观必须立足中华优秀传统文化""要讲清楚中华优秀传统文化的历史渊源、发展脉络、基本走向，讲清楚中华文化的独特创造、价值理念、鲜明特色，增强文化自信和价值观自信"。中华传统服务作为我国传统文化的重要组成部分，承载了中华民族悠久的历史文化，应当深化、细化政策予以支持，推动其成为传播我国历史文化精华，增强文化自信，打造"最深厚的文化软实力"的重要渠道。

一、海外扩张较快，但尚未进入主流市场

近年来，在互联网技术迅猛发展、海外华人数量快速增长、出境旅游规模迅速提升和企业国际竞争力不断提高的背景下，中华传统服务的海外发展

---

[*] 此文发表于《中国国情国力》2018年第1期。

步伐不断加快,中华美食、文化艺术和中医药等传统服务逐步被其他国家民众接受和认可。

(一) 服务商数量不断增加

在中餐领域,目前海外中餐馆数量超过40万家。在传统教育领域,截至2015年12月1日,我国已在全球134个国家(地区)建立了500所孔子学院和1000个孔子课堂,为推动汉语加快走向世界,提升我国语言文化影响力发挥了重要作用。

(二) 所涉区域不断拓展

在曲艺领域,中国曲协组织的对外交流活动已遍及亚洲和欧美;京剧等中华曲艺的演艺市场也在欧美、亚洲乃至南美等地区进行了很好的开拓。传统中医药已传播到183个国家和地区,建设了10个海外中医药中心,并在"一带一路"沿线国家建立了10所中医孔子学院。

(三) 企业海外经营的现代化水平显著提升

在中餐领域,眉州东坡等餐饮集团已在海外建有中央厨房,努力按照现代连锁餐饮的模式拓展业务。在传统沐浴服务领域,山东华夏良子健康管理有限公司已在欧洲的德国、芬兰、英国和荷兰开设若干家连锁店,并在100多个国家注册了"华夏良子"商标;重庆富侨保健服务有限公司先后在马来西亚和新加坡开设连锁店,并在澳大利亚证券交易所(ASK)主板挂牌上市。

(四) 中华传统服务受到越来越多的关注和认可

在中医领域,中医药标准化工作取得很大进展,国际标准化组织TC249被正式定名为中医药技术委员会,并发布了5项国际标准;ISO/TC215发布了4项中医药国际技术规范。中医药服务在许多西方国家日益得到重视。澳大利亚、新加坡和越南等国已宣布中医合法地位,并承认我国部分中医药院校的学历。很多西方品牌在设计中开始引入"中国风"元素,很多影视剧的制作也涉及到中华传统文化。

二、存在的问题

在取得成绩的同时，也应该看到，当前中华传统服务还未进入国际主流市场，特别是发达国家的中高端市场。如海外中餐馆大多规模小、品牌形象处于低端，海底捞、全聚德等中餐企业赴海外开店尚处于初期探索阶段。再以中医药为例，目前在大多数国家，中医药服务仍属于非正规医学范畴，被归为补充替代医学的一种，在医学教育体制中无合法地位。这一局面的形成，是如下内外部因素共同作用的结果。

（一）海外市场壁垒门槛较高

突出表现为中医医师执业门槛高，医师、教练执业资格无法互认，（中餐及中医药）原料出口难。同时，西方国家对服务贸易中自然人移动的限制较多，海外经营机构从国内聘请专业技术人员难以办理工作签证；有的国家表面上给予工作签证名额，但在审核过程中则以种种理由拒绝；而在海外短时间内又难以培养成熟的专业人才，导致海外经营所需人才严重不足。

（二）核心文化内涵缺失

以中餐为例，当前很多中华老字号和品牌中餐企业在"走出去"的过程中都纠结于保持传统和"本土化"之间的平衡。很多餐馆一味迎合西方的口味和饮食习惯，放弃了依靠中华饮食文化而建立起来的核心竞争力。

（三）国际标准体系尚未建立

以中医药为例，我国没有完善的中医药国际标准和认证体系，各国对中医药及相关从业人员适用标准不一，导致海外中医药产品和中医药服务参差不齐，甚至出现过因为中药名称不规范、同名异物造成中毒的典型案例。

（四）政策扶持有待加强

近年来，国家相关部委陆续出台了支持传统服务"走出去"的政策措施，但这些政策往往过于笼统，缺乏具有可操作性的相应配套机制，难以落到实处。如《商务部关于推动餐饮业转型发展的指导意见》提出"支持建设'中餐海外推广中心',鼓励有实力的餐饮品牌企业到国外开设经营网点";《关于促进中医药服务贸易发展的若干意见》中提出"鼓励国家政策性银行为中医药服务出口项目提供信贷支持,并针对中医药服务企业特点给予扶持"。但如何认定"有实力"餐饮企业?针对"中医药服务企业特点"给予什么样的具体扶持政策?相关文件并没有做出配套安排。

三、多管齐下,促进中华传统服务境外可持续发展

(一)建立以政府为主导、以行业协会为依托,自上而下的宣传与推广体系

通过有计划、有组织地推广及文化交流活动,向国外民众展示中国传统服务艺术、文化和理念,突出我国传统服务的文化底蕴和独特价值,让国外民众更全面、更感性地认知中国。借鉴发达国家经验,设立专门的中餐、中华曲艺等推广机构,并设立相应的国外办事处,专门从事收集分析相关领域情报、服务推介和举办公关促销活动;建立国家级的、多语种的中华传统服务推介网站,央视、新华网等主流媒体对外频道栏目加大宣传中华传统服务专题力度,加大对重点传统服务企业、优质服务产品和传统文化精髓的对外推介力度;重视传统服务有关文献的外文翻译和出版发行;组织编写和制作中餐、中医药、中华武术和曲艺等的科普期刊、动画片和网络视频等。

(二)积极加强与有关国家政府部门的政策沟通

争取相关国家简化对中华传统服务海外发展所需人才,以及参加国际交流人员的进出境通关程序,提高通关效率;降低商务人员流动所需资格条件、办理程序和工作期限等方面的壁垒;利用多双边合作机制扩大国外对中医药服务贸易的准入范围并降低其准入门槛,加强中医医师等有关职业资格的互认;推动对方认可中药药品的合法地位、将中医服务和中药纳入当地医疗保障体系等。

（三）发挥同源跨国民族的积极性

如在促进中华美食清真餐饮"走出去"方面，应发挥哈萨克族、维吾尔族、回族和塔塔尔族等跨国民族群众的积极性，动员其参加相关联系、调研和翻译工作，了解相关国家资源信息，沟通民族心理，开拓丝绸之路经济带的民间市场。

（四）细化企业海外发展的扶持政策

如在企业出国审批、出国务工和法律政策援助等方面提供免费咨询服务；在原材料采购进出口、外汇手续兑换等方面为企业提供更多的国际协调和信息服务；多渠道为国内企业搭建与海外华人组织、当地政府机构信息交流与业务合作的平台。细化现有政策，采取具有针对性、可操作性的金融、财政和税收支持措施。加大对中华传统服务企业开拓国际市场、开展国际合作等业务的支持力度，对重点项目建设给予优惠利率。

（五）加强标准体系建设

按照国际惯例和通行准则，结合中华传统服务特殊性，制定为国际社会所接受和理解的国际标准体系。如在中餐领域确立标准，委托有关组织首先在主要发达国家及国际大都市开展中餐认证工作，通过认证使一批中餐馆达到目前国内优秀中餐企业相应的水准。在中医药服务贸易领域，完善国际中医从业人员资格认定标准和国外设立中医药服务贸易机构标准，制定中医诊疗流程标准和中医医疗器械标准等。

促进各类中华传统服务业之间，以及传统服务与其他服务业的融合发展。如，以全球各地孔子学院为载体，将中华传统文化嵌入中餐、中医药、中国武术和中国足浴等中国特色的传统服务业，促进中华传统教育与传统服务业的融合发展。再如，加强深化中华传统服务和旅游国际市场的融合，鼓励以中华传统美食、中医药养生、中华曲艺表演观赏和民间艺术鉴赏等为主要内容的国际旅游线路开发，鼓励与本土社会、历史和民俗文化相结合的旅游演艺产品开发。

第三篇　我国养老工作应加速转向市场化[*]

俞　华　　高宝华　　夏星星

当前，我国老年服务的需求日益呈个性化、品质化、多元化趋势，现有福利性色彩的养老服务难以为继。以市场化方式发展养老服务业，是适应老年人和家庭客观需求，解决养老服务供需缺口的现实出路，也是缓解政府财政负担的必然选择，更是优化养老服务供给结构的重要途径。

一、我国养老服务供需矛盾凸显

（一）有效供给不足

自 2000 年以来，我国老龄化程度不断加深，到 2020 年，老年消费市场规模将达到 3.3 万亿元，而养老服务供给明显不足。2015 年，我国养老床位总数仅占全国老年人口的 3%，远低于发达国家 5%—7% 的比例。而且，我国社区养老服务"供需错位"，居家养老专业化水平很低。

（二）行业结构不优

居家、社区养老服务内容多样性不足，难以提供康复护理、金融理财、

---

[*] 此文发表于《城市住宅》2018 年第 2 期。

健康心理、法律援助等服务。机构养老结构性矛盾突出，城市市区公办养老机构"一床难求"，郊区民办养老机构大量闲置。全国养老机构平均空置率在48%左右。普通供养型床位较多，针对失能、半失能老年人的护理康复型床位较少。养老服务资源空间布局不平衡，农村养老落后于城镇，东中部地区明显优于西部。不少养老机构布局选址偏僻，缺乏匹配的医疗资源、商业资源。

（三）体制机制不顺

政府与市场职能区分不清，养老工作行政干预偏多，"福利化"盛行，"产业化"受阻。管理体制不顺，养老管理涉及民政、卫生、发改、人社等多部门，职能交叉与监管缺位并存。对民间资本限制过多，民办养老机构只有登记为民办非营利企业单位才能享受有关政策优惠。行业规范化程度低，法规标准不完善，缺乏质量评估监管体系。

（四）养老服务人才缺乏

专业人才缺口大，按照国际标准每3名老人配备一位护理人员，我国养老护理人员需1000万人，而现有养老机构护理人员仅40万人。人才就业与晋升机制有待健全，近半数养老护理员未与单位签订劳动合同，养老服务机构缺乏养老人才的梯度划分、培训晋升机制、激励管理制度等。社会对养老护理职业认知滞后。

（五）政策实效性有待增强

国务院和相关部委近年发布多项养老服务政策，但政策内容总体较为笼统，难以落实、部门之间缺乏衔接。民办养老机构在用地、选址、注册、贷款等方面面临很多问题。养老服务财政补贴标准单一，仅按照床位数进行补贴，与服务内容和质量无关联。

（六）评估标准和信用体系不健全

我国针对老年消费群体的评级评估标准缺失，对于养老服务内容质量的全程监控和评估管理的系统化标准尚未建立。养老服务企业信用体系建设不足、守信激励不足、失信成本偏低。

二、充分借鉴国外市场化养老经验

（一）建立健全政策法规体系

发达国家养老服务法规体系完善，如日本的《老年人福利法》《老年保健法》《介护保险法》，美国的《老年法》《老年营养方案》《老年人社区服务就业法》，英国的《国民健康服务法》《国民保健法》《全民健康与社区照顾法案》等，对养老机构建设、养老服务的内容、管理与评估等方面做了详细的法律规定。

（二）发挥政府主导作用

美国政府不直接提供养老服务和管理，而是安排专门监察员监督养老机构服务，且通过医疗保险、医疗资助和养老金等费用的发放来约束养老社区机构的行为。美、英养老服务的政府主导作用包括：制定相应的法律法规、政策标准；为养老地产业和养老服务机构发展提供税收、补贴和政策优惠；完善养老金保险制度；监督和约束养老社区机构运营；鼓励支持社会力量进入养老服务领域等。

（三）拓展养老服务资金来源渠道

日本的《介护保险法》规定城镇40岁以上、有住所的国民强制参保并缴纳介护保险金，参保国民65岁以后可享受不同标准的介护服务。英国倡导建立用户付费或政府补贴用户联合付费机制。

（四）重视居家和社区养老

日本制订养老"黄金计划"，重点实行居家养老模式。美国的持续护理退休社区能满足各类老人的基本养老需求，包括服务自理型老人，为半失能老人提供生活护理，为生活无法自理的老人提供专业监护服务等。

（五）完善人才队伍建设

日本养老服务涉及医疗、护理、康复、预防及心理等多学科内容，建立了分类科学的护理服务人员职业资格认证制度，养老人才职业化、专业化成效显著。

三、大力推进我国市场化养老服务

（一）创新养老管理体制机制

构建我国"养老福利事业"与"养老服务产业"协调发展格局。养老服务业既有准公共产品的福利性事业属性，又有一般商品的产业属性。"养老福利事业"满足人民基本养老需求，是社会主义老龄工作的基本任务。必须坚持政府主导，按照公益性、基本性、均等性、便利性的要求，加强养老基础设施建设，完善公共养老服务网络，让群众广泛享有免费或优惠的基本公共养老服务。"养老服务产业"是在社会主义市场经济条件下满足人民多样化养老需求的重要途径。应构建结构合理、业态齐全、科技含量高、功能完善、规模适度、覆盖城乡的养老服务体系，形成以公有制为主体、多种所有制共同发展的养老产业格局，推进养老服务科技创新，创新商业模式，提供个性化、分众化的养老产品和服务，培育新的养老服务消费增长点。积极推进政事分开、政资分开、政社分开、政企分开，明确政府、社会、市场在养老服务发展中的职责定位。明确养老服务的民生定位，强化政府托底保障职责，完善"养老福利事业"，引导社会资本发展"养老服务产业"。

建议中央明确"养老福利事业"与"养老服务产业"的主管部门，即民政部门为"养老福利事业"的主管部门，商务部门为"养老服务产业"的主管部门。民政部门秉承福利慈善工作职责，主管"养老福利事业"责无旁贷。民政部门现有职能中没有任何"市场化产业"的职责。商务部门熟悉国内外市场运行规律和市场管理手段，其主管的居民生活服务业与老年人生活密不可分，且家庭服务企业可以进家入户为老人提供居家养老服务，有利于"将养老资源向居家社区服务倾斜"。商务部、财政部 2014 年起开展了市场化养老试点,已积累了一些市场化养老发展模式经验。

(二) 加大财税支持力度

建议财政资金引导社会资本参与,成立中国养老服务产业基金。政策性贷款向养老服务企业倾斜;鼓励和支持养老企业在新三板、A 股市场挂牌上市,开通绿色审批通道。

(三) 推进养老服务标准和信用体系建设

推进养老服务团体标准建设,完善养老服务标准体系。落实养老机构综合评估和报告制度,开展第三方评估并向社会公布评估结果,应与政府购买服务、发放建设运营补贴等挂钩。加快养老服务企业信用体系建设,加强信用公示与评级工作,并与养老服务企业评估评级、获取相关补贴与优惠政策、扩容与连锁化经营等内容相挂钩。

(四) 完善养老专业人才培养体系

高校通过学费减免、就业帮助等方式吸引年轻人才报考养老服务专业。探索设立财政主导、社会资本参与的养老人才培养专项资金,充分发挥企业内部管理与运营优势,针对性培养落地实操性人才。加强宣传引导,纠正社会大众对养老服务职业的错误认知。通过在户籍、子女教育、社保、职业资格晋升通道等方面的倾斜政策,改善养老服务人才的就业环境。

(五) 加强养老政策实施督查

当前要狠抓政策落地实施,各级政府要加强养老政策督察。2017 年中办国办应开展养老政策实施专项督查,评估国家养老政策实施效果。要建立社会监督机制,主管部门可委托第三方对养老服务机构进行定期监督检查。

第四篇 我国服务业利用外资新趋势及对策建议*

聂平香

一、现状及特点

金融危机后，尤其是"十二五"以来，我国服务业利用外资逆势快速增长，行业结构不断优化，区域和来源地分布上不断向东部地区和香港地区集中。

（一）服务业利用外资快速攀升

据商务部外资数据显示，2011—2016年，我国非金融领域实际利用外资从1160.1亿美元增为1260亿美元，年均增幅仅1.7%，2016年同比下降0.2%。其中，服务业利用外资从552.4亿美元增为885.6亿美元，年均增幅达9.9%，2016年同比增长14.7%；制造业利用外资从521亿美元降为354.9亿美元，年均下降7.4%，2016年同比下降10.2%。

与此同时，服务业外资所占比重不断上升，制造业外资不断下降。2005—2016年，服务业外资占比从24.2%升为70.3%，上升了46.1个百分点；制造业外资占比从70.4降为28.1%，下降了42.3个百分点。2011年服务业外资占比首次超过制造业，2013年比重第一次超过50%，2015年达到

---

* 此文发表于《对外贸易实务》2018年2月。

61.1%，2016年超过70%，中国利用外资已经完全进入了服务业主导的时代。

表1　2011—2016年我国服务业和制造业吸收外商直接投资

（亿美元，%）

年份	服务业实际外资金额	同比增长	服务业外资占比	制造业实际外资金额	同比增长	制造业实际外资占比
2011年	552.4	20.5	47.6	521	5.1	44.9
2012年	538.4	-2.3	48.2	488.7	-6.2	43.7
2013年	614.5	14.1	52.3	455.6	-6.8	38.7
2014年	662.3	7.8	55.4	399.4	-12.3	33.4
2015年	771.8	17.3	61.1	395.4	-1.0	31.4
2016年	885.6	14.7	70.3	354.9	-10.2	28.1

资料来源：中国商务部外资统计。

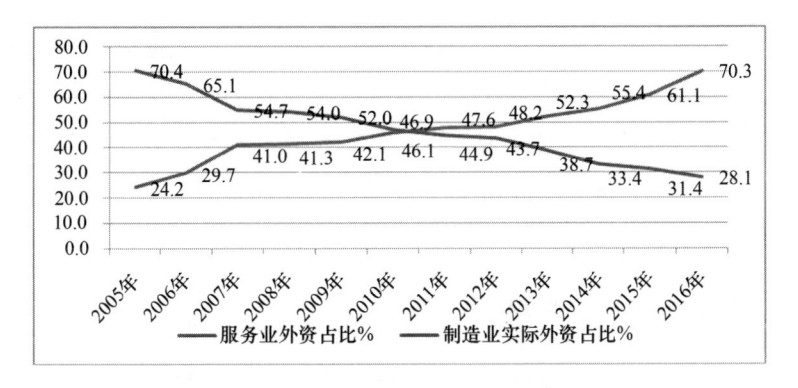

图1　2005—2016年服务业和制造业外资占比变化（%）

资料来源：中国商务部外资统计。

金融危机后，我国外资快速进入服务主导时代的原因主要有四点：一是我国原有的制造业引资模式面临严峻挑战。一直以来，我国主要依靠廉价劳动力和优惠政策吸引制造业外资进入，但随着我国各类要素成本的快速增长以及对外资优惠政策的逐步取消，原有的制造业引资模式不可持续，制造业利用外资增长空间有限。二是我国制造业面临的国际引资竞争压力不断加大。危机发生后世界经济的艰难复苏越发显示出实体经济和就业增长的重要性，以欧美为代表的国家纷纷推行"再工业化"战略，在中高端制造业领域加大引资力度；同时，发展中国家依托成本优势以及优惠政策优势等纷纷在中低端制造领域积极引进外资，我国制造业外资面临激烈国际竞争。三是我国实体经济不振影响了制造业外资的进入。国家统计局服务业调查中心及中国物流与采购联合会发布的采购经理指数（PMI[①]）显示，2011—2016年间，我国制造业PMI在50%左右徘徊，月度平均为50.6%，并且有13个月低于50%；而非制造业PMI平均达54.6%，除极个别月份外，数值都在50%以上。此外，2014年10月到2016年9月两年间，制造业月度PMI平均仅为50.0%，实体经济表现低迷，基本处于收缩阶段。我国国内实体经济的萎靡不振对制造业外资进入造成打压，同时非制造业的快速扩张又有利于吸收服务业外资。四是服务领域的进一步开放吸引了大量服务业外资的进入。"十二五"时期，尤其是十八届三中全会的召开，为新时期中国服务业的进一步开放指明了道路和方向。开放的重点领域包括金融、教育、文化、医疗、育幼养老、建筑设计、会计审计、商贸物流、电子商务等。与此同时，服务业的进一步开放也成为自贸试验区和北京服务业扩大开放综合试点的核心内容，我国在这些区域取消了对外资进入房地产业、信息传输、软件和信息技术服务业、融资租赁等领域的限制，并进一步降低了外商进入批发零售、金融、电信、专业服务等领域的限制。

（二）服务业外资行业结构明显优化

2011年我国服务业行业结构中房地产基本占据了半壁江山，份额达到46.1%，其次分别是开放较高且开放程度很高的两大行业：批发和零售业以及租赁和商务服务业，利用外资占比分别为14.5%和14.4%，这三大行业外资占到当年服务业外资总额的75%，其余服务行业外资进入非常有限。而目前看，服务业外资结构得到极大改善，房地产业已不再是一支独大，2011—

[①] PMI通常以50%作为分界点，高于50%，某一行业处于扩张，数值越高，扩张越明显；低于50%，则处于收缩，数值越低，收缩越明显。

2016年，房地产实际利用外资金额从268.8亿美元降为196.6亿美元，年均下降6.0%。2016年，占服务业外资总额的比重仅为23.4%，下降了22.7个百分点。与此相反的是，2011—2016年，租赁和商务服务业、批发和零售业、金融业、计算机和信息服务业利用外资都呈现快速增长，从83.8亿美元、84.2亿美元、19.1亿美元和27.0亿美元增为161.3亿美元、158.7亿美元、102.9亿美元和84.4亿美元，年均增长14.0%、13.5%、40.0%和25.6%，占服务业外资总额的比重2016年已分别达到19.2%、18.9%、12.3%和10.1%，比2011年上升4.8个百分点、4.4个百分点、9个百分点及5.5个百分点。其中表现最为突出的是融资租赁行业利用外资，来自中国租赁联盟和天津滨海融资租赁研究院的数据显示，2011—2016年，我国外商租赁企业数从283家急剧上升到6872家，注册资本从735亿元升为22463亿元，占融资租赁行业注册资本总额的比重从37.6%升为87.9%。

表2　2011—2016中国服务业实际利用外资行业分布　（亿美元,%）

行业分类	2011年	占比	2016年	占比
服务业合计	582.5	100.0	838.9	100.0
交通运输、仓储和邮政业	31.9	5.5	50.9	6.1
信息传输、计算机服务和软件业	27.0	4.6	84.4	10.1
批发和零售业	84.2	14.5	158.7	18.9
住宿和餐饮业	8.4	1.4	3.7	0.4
金融业	19.1	3.3	102.9	12.3
房地产业	268.8	46.1	196.6	23.4
租赁和商务服务业	83.8	14.4	161.3	19.2
科学研究、技术服务和地质勘查业	24.6	4.2	65.2	7.8
水利、环境和公共设施管理业	8.6	1.5	4.2	0.5
居民服务和其他服务业	18.8	3.2	4.9	0.6
教育	0.0	0.0	0.9	0.1
卫生、社会保障和社会福利业	0.8	0.1	2.5	0.3
文化、体育和娱乐业	6.3	1.1	2.7	0.3

资料来源：中国商务部外资统计。

而东部地区服务业外资结构最为合理。2016 年，东部地区房地产业外资占比仅为 21%，批发和零售业、租赁和商务服务业、金融业以及计算机和信息服务业外资占比分别为 20.1%、19.6%、12.1% 和 10.7%；西部地区服务业外资主要集中在房地产业、金融业、租赁和商务服务业以及交通运输和仓储业上，比重分别为 38.0%、18.1%、16.2% 和 12.6%；中部地区房地产业外资依旧占据绝对主导，为 46.5%，其次分别是租赁和商务服务、批发和零售业以及交通运输和仓储业，占比分别为 14.6%、11.6% 和 11.4%。

（三）服务业利用外资不断向东部地区集中

从服务业外资的区域分布看，与全国外资区域布局大体保持一致，但服务业外资集中于东部沿海地区的趋势更为明显。2011—2016 年，东部地区服务实际利用外资从 486.3 亿美元增为 762.6 亿美元，年均增幅 9.4%，占全国服务外资总额的比重不断上升，从 83.5% 升为 90.9%，增长了 7.4 个百分点。与此同时，中部服务业实际利用外资波动较大，占比也是先升后降，到 2016 年份额仅为 3.1%，比 2011 年下降了 1 个百分点。西部地区服务业利用外资呈现明显的下降趋势，2011—2016 年，实际金额从 72.5 亿美元降为 50.6 亿美元，年均降幅 6.9%，占服务业外资总额的比重也从 12.4% 降为 6.0%，下降了 6.4 个百分点。2016 年全国外资区域分布东中西占比分别为 86.7∶5.6∶7.6，服务业外资区域分布东中西份额为 90.9∶3.1∶6.0。

表3　2011—2016 年中国服务业利用外资区域分布　　（亿美元,%）

区域	年份	2011 年	2012 年	2013 年	2014 年	2015 年	2016 年
全国	项目	15216	14621	15085	17408	20980	22724
	实际金额	582.5	571.9	662.2	740.9	811.3	838.9
东部	项目	13756	13311	13606	15841	19459	21162
	项目占比	90.4	91	90.2	91	92.8	93.1
	实际金额	486.3	477.7	557.1	629.2	706.4	762.6
	金额占比	83.5	83.5	84.1	84.9	87.1	90.9

续表

区域	年份	2011年	2012年	2013年	2014年	2015年	2016年
中部	项目	731	664	762	816	708	727
	项目占比	4.8	4.5	5.1	4.7	3.4	3.2
	实际金额	23.7	33.4	39	42.5	42.9	25.7
	金额占比	4.1	5.8	5.9	5.7	5.3	3.1
西部	项目	729	646	717	751	813	835
	项目占比	4.8	4.4	4.8	4.3	3.9	3.7
	实际金额	72.5	60.8	66.1	69.2	62	50.6
	金额占比	12.4	10.6	10	9.3	7.6	6.0

资料来源：中国商务部外资统计。

（四）香港地区是服务业利用外资的主要来源地

香港地区是我国服务业外资最主要的来源地，但相比全行业来源分布来说，服务业外资在香港地区的集中度更高。2011—2016年，来自香港地区的服务业实际外资从418.3亿美元升为642.0亿美元，基本呈逐步增长态势，年均增幅为8.9%，占我国服务业外资总额的比重从67.9%升为72.3%，增加了4.4个百分点。2016年实际全国外资有69.2%来源于香港地区，其中服务业外资有72.3%来源于香港地区。新加坡是我国服务业外资第二大来源，实际外资额从37.2亿美元增为47.7亿美元，年均增幅5.1%，所占份额保持在5%左右。日本、美国、韩国和中国台湾也是我国服务业外资的重要来源，但都呈现出较为明显的波动。以来自日本的服务业投资为例，从2011年的22.7亿美元降为2016年的14亿美元，所占比重也相应地从3.7%降到1.6%，但在2012年和2013年实际金额升到28亿美元和32.8亿美元，占比都达到4.7%。

表 4 2011—2016 中国服务业利用外资主要来源地　　（亿美元,%）

年份	国别/地区	香港地区	新加坡	日本	美国	韩国	台湾地区
2011 年	金额	418.3	37.2	22.7	9.8	5.5	5.4
	占比	67.9	6	3.7	1.6	0.9	0.9
2012 年	金额	395.4	40.3	28	12.9	9.5	5.4
	占比	65.6	6.7	4.7	2.1	1.6	0.9
2013 年	金额	495.8	41.3	32.8	14.1	4.1	7.4
	占比	70.7	5.9	4.7	2.0	0.6	1.1
2014 年	金额	596.9	39.3	19.8	13.1	4.1	9.1
	占比	76.7	5.1	2.5	1.7	0.5	1.2
2015 年	金额	658.7	54.3	10.3	12.5	5.3	3.9
	占比	77.2	6.4	1.2	1.5	0.6	0.4
2016 年	金额	642.0	47.7	14.0	12.5	8.0	7.1
	占比	72.3	5.4	1.6	1.4	0.9	0.8

资料来源：中国商务部外资统计。

二、面临的主要问题

服务业利用外资规模的不断扩张带动了其在短期内快速取代制造业成为我国利用外资主导领域。但我国服务业利用外资依旧存在较为突出的问题，包括中央以及地方的不少官员对服务业利用外资的重要性认识不足，服务业利用外资质量有待提升，服务业外资进入限制多以及对服务业外资事中事后监管亟待完善等。

（一）对外资尤其是服务业外资作用认识不到位

金融危机后，随着综合国力的提升，我国在世界舞台上的影响力进一步提升。在这种环境下，尽管党中央坚持一贯的对外开放以及积极利用外资的总体政策，但从国家以及地方层面仍出现不少利用外资的负面声音，明显弱化对引进外资的作用及重要性。尤其在对服务业利用外资方面，存在很多片面的认识，包括过分夸大服务业外资带来的风险，并以此为依据阻止服务业的进一步开放；地方官员更多着眼于 GDP、工业发展和固定资产投资增长，没有将服务业利用外资和制造业利用外资放在同等的位置。当然，这点在中西部地区表现更为明显。

（二）服务业利用外资质量有待提升

从行业结构看，尽管房地产业利用外资占比大幅下降，但依旧占据了近 40%的份额，这点在中西部体现更为突出。由于中国房地产业的发展是非正常健康状态，也是纯逐利的外资"热钱"最愿意投资的领域，房地产领域外资的大量进入不断推高了中国房地产价格。

从区域结构看，中国服务业吸收外资过度集中于东部地区，中西部尤其是中部服务业吸收外资明显不足。这一方面反映出中西部在中国整体经济中服务业发展水平的滞后，尤其是市场化发展的滞后；另一方面也反映出中西部营商投资的明显不足，因为除了特定的行业如房地产、金融及运输外，批发零售、商贸租赁等外商投资主要以中小私营企业为主，而中小企业对市场和营商环境更为敏感。

从来源结构看，目前超过 70%的服务业外资来自香港地区，而香港服务企业以中小企业为主，带来的对整个行业的积极和正面影响如先进管理经验、经营模式等相对有限。同时除了零售业外，其他服务领域中来自欧洲、美国以及日本等发达国家的龙头跨国服务企业很少，这不利于我国服务业利用外资水平和质量的提升。

（三）服务业外资进入限制突出

服务业外资准入限制多。尽管金融危机后，尤其是"十二五"时期以来，我国服务业开放程度大幅提高，外资准入的限制大幅减少，但是我国服务经济发展相对滞后，包括金融、电信等不少服务领域还处于垄断中，市场化程度较低，因此我国服务业领域外资准入依旧存在众多限制。目前，我国自贸试验区发布的负面清单是对服务业外资准入限制最少的清单，但从 2017 年版看，尽管服务业限制条款从 2015 年版的 83 条减少到 67 条，但服务业依旧是所有行业中外资准入限制最多的，占到行业限制条款的 72.8%。2017 年国务院针对利用外资出台了国发（2017）5 号文和 39 号文，核心内容也是服务业领域进一步扩大开放，但截至目前，服务业主管部门和行业对进一步扩大开放的认识尚有差距，并且涉及到不同部门的利益，导致开放政策落地难度大。

服务业外资进入隐形壁垒多。除了写在规章制度中明面上的限制外，服务业外资准入面临的更多限制是隐形的，很多服务领域尽管在负面清单或外商投资指导目录是允许进入的，但在实际操作中根本没法进入，或者进入了也无法正常开展业务。这是因为我国服务业外资引进除了经过准入部门外，更多需要业务主管部门的审批，因而"玻璃门""弹簧门"大量存在，严重阻碍了服务业利用外资。

从国际比较看我国服务业外商投资限制水平高。2016 年 OECD 发布的国家的外商投资监管限制指数显示，我国服务业外资投资限制指数为 0.402，限制水平仅略低于菲律宾、缅甸和印尼，在 64 个国家中处于倒数第四位，这其中包括中国在内的 27 个非 OECD 经济体。当然，我国服务业整体限制水平远高于美、日、欧等发达国家，同时也明显高于巴西、印度、俄罗斯以及南非等发展中国家。从具体行业看，对外资限制最高的行业是文化娱乐行业，同时通信服务（包括固定和移动）、保险服务、法律、海运服务以及空运服务等行业对外资的限制程度都非常高。

（四）服务业外资事中事后监管亟待建立和完善

相比制造业，很多服务领域的影响面更广，如金融、电信等，因此外资进入可能产生的风险也将更大。现阶段，我国外商投资管理体制正发生重大变革，对外商进入的管理由审批制向备案制转变，但由于事中事后监管手段和方式没有及时跟上，一方面对服务业引进外资反倒造成阻碍，另一方面也增加了行业发展的风险。以外商投资融资租赁行业为例，已经由商务部门审批直接改为备案，但在实际操作中，由于缺乏事中事后监管手段，工商、金融监管部门为了避免承担风险，对相关行业的外资企业进入一律不予受理或给予更为严格的审核，不少合格投资者不容易进入。

表5　2016年中国与其他国家外商投资监管限制指数比较

行业分类	中国	美国	德国	英国	法国	日本	韩国	巴西	印度	印度尼西亚	俄罗斯	南非
服务业	0.402	0.094	0.022	0.029	0.033	0.077	0.141	0.118	0.321	0.405	0.267	0.101
分销服务	0.123	0.000	0.000	0.000	0.000	0.001	0.000	0.025	0.291	0.365	0.050	0.010
其中:批发	0.105	0.000	0.000	0.000	0.000	0.001	0.000	0.025	0.000	0.190	0.050	0.010
零售	0.140	0.000	0.000	0.000	0.000	0.001	0.000	0.025	0.583	0.540	0.050	0.010
交通服务	0.538	0.550	0.200	0.092	0.150	0.275	0.508	0.275	0.093	0.384	0.350	0.193
其中:地面交通	0.275	0.000	0.000	0.000	0.000	0.025	0.000	0.275	0.000	0.198	0.350	0.010
海运	0.683	1.000	0.275	0.050	0.225	0.150	0.975	0.025	0.000	0.470	0.050	0.060
空运	0.655	0.650	0.325	0.225	0.225	0.650	0.550	0.525	0.280	0.485	0.650	0.510
餐饮和住宿	0.050	0.000	0.000	0.000	0.000	0.000	0.000	0.025	0.000	0.110	0.100	0.110
媒体	1.000	0.250	0.025	0.225	0.048	0.200	0.563	0.550	0.280	0.798	0.483	0.298
其中:广播电视	1.000	0.500	0.050	0.450	0.045	0.400	0.750	0.425	0.210	0.810	0.550	0.585
其他媒体	1.000	0.000	0.000	0.000	0.050	0.000	0.375	0.675	0.350	0.785	0.417	0.010
通信服务	0.750	0.110	0.000	0.000	0.000	0.265	0.325	0.025	0.175	0.260	0.100	0.010
其中:固定通信	0.750	0.020	0.000	0.000	0.000	0.505	0.325	0.025	0.175	0.260	0.150	0.010
移动通信	0.750	0.200	0.000	0.000	0.000	0.025	0.325	0.025	0.175	0.260	0.050	0.010

续表

行业分类	中国	美国	德国	英国	法国	日本	韩国	巴西	印度	印度尼西亚	俄罗斯	南非
金融服务	0.493	0.042	0.005	0.002	0.054	0.000	0.050	0.108	0.279	0.200	0.432	0.052
其中:银行	0.500	0.100	0.011	0.000	0.045	0.000	0.000	0.150	0.413	0.210	0.500	0.010
保险	0.625	0.000	0.000	0.000	0.068	0.000	0.000	0.125	0.400	0.160	0.695	0.060
其他金融	0.355	0.025	0.005	0.005	0.050	0.000	0.000	0.050	0.025	0.230	0.100	0.085
商业服务	0.250	0.000	0.000	0.000	0.003	0.000	0.000	0.025	0.563	0.579	0.175	0.260
其中:法律	0.750	0.000	0.000	0.000	0.010	0.000	0.000	0.025	1.000	0.660	0.550	0.510
会计和审计	0.150	0.000	0.000	0.000	0.000	0.000	0.000	0.025	1.000	0.660	0.050	0.510
建设设计	0.050	0.000	0.000	0.000	0.000	0.000	0.000	0.025	0.000	0.498	0.050	0.010
工程服务	0.050	0.000	0.000	0.000	0.000	0.000	0.000	0.025	0.250	0.498	0.050	0.010
不动产投资	0.110	0.000	0.000	0.000	0.000	0.000	0.000	0.025	1.000	1.000	0.333	0.060

资料来源:OECD 外商投资监管限制指数。

三、对策建议

中国经济逐步进入到服务经济时代，利用外资也进入了服务业主导的新时期，我国需不断优化和完善以服务业为主的引资环境和引资政策，提升服务业外资规模和水平，促进我国整体利用外资的稳定增长。

（一）进一步统一和提高对服务业开放的思想认识

目前，我国服务业进一步扩大开放和服务业利用外资的重要性进一步凸显。其一，现阶段我国外资规模的稳定增长需要进一步扩大服务业开放。我国原先依靠传统引资优势带动中低端制造业外资规模扩张的引资模式不可持续，吸引中高端制造业外资进入的新的引资优势尚未完全形成，导致制造业外资规模快速下降。目前我国利用外资规模的增长更多地依靠服务业外资的快速增长，因此需要进一步扩大服务业开放以稳定外资规模增长。其二，我国制造业转型升级需要引进更多优质服务。我国经济进入了新常态，经济增长方式和发展动能面临转变，制造业亟待向全球价值链的中高端迈进。而一直以来重工业轻服务业导致我国服务业发展明显滞后，尤其金融、电信、研发等与生产相关的服务业开放水平和市场化程度都较低，极大地制约了制造业效率的进一步提升。服务业扩大开放，能够提升引进来自香港地区、新加坡以及欧、美、日等的优质服务的力度，提高服务供给的质量和效益，促进服务与生产的深度融合，促进传统制造企业由提供产品和部分服务向提供服务系统的整体解决方案转型，从而在全球价值链中获取更多利益分配。其三，服务业外资作为我国利用外资的重要组成部门，其积极作用应引起高度重视。与农业和制造业发展方式不同的是，服务业发展需要更加完善的市场机制和制度，更加依赖知识、创新等高级生产要素和无形资产。因此，除了对我国GDP、就业、税收等方面的积极贡献外，服务业外资会给我国带来以人为本的服务理念、先进的管理经验、经营模式以及以人才为载体的各类核心要素。服务业的进一步扩大开放实际上也是知识、创新等高级生产要素的引进过程，这一点尤其体现在科技研发等领域，从而可为我国创新驱动发展战略的实施提供重要的核心要素支撑。

近年来党中央一直强调要扩大外资市场准入,积极为外商营造更好的投资环境,因此各级部门尤其是行业主管部门应不断深化对服务业扩大开放的思想认识,充分认识到现阶段服务业进一步开放和改革的重要性和紧迫性,把思想认识统一到党中央的决策部署上来,不折不扣贯彻执行,同时对照国际高标准,积极创新、大胆改革,着力破除制约服务业开放和发展的各类障碍。此外,国家应积极引导舆论导向,加大服务业利用外资的正面宣传和评价。

(二) 进一步推动服务领域对外开放

极大放宽服务业外资准入。从国家层面,要尽快出台国发2017年5号文和39号文的实施细则,尽早拿出具体服务业开放的时间表,以方便具体行业开放措施落地。同时,根据我国服务业开放的新要求,借鉴发达国家甚至部分发展中国家的服务业开放经验,大幅缩减负面清单中服务业外资准入限制条目,极大减少服务业外资准入限制,为欧、美、日等发达国家服务业外资进入创造更好条件。包括全面放开会计、法律、管理咨询等专业服务领域外资准入;进一步加大对银行、保险、电信、陆上运输、空运、研发设计和创新、现代物流、检验检测认证、信息技术服务等与制造业相关的服务领域开放力度;适度放开文化、娱乐、教育、医疗等与民生紧密相关的生活性服务领域。

全力破除服务业外资准入的隐形障碍。我国鼓励和允许外商投资的服务行业不断扩大,相关行业主管部门以及地方政府应紧跟形势,加快梳理并完善现有的外资管理政策和措施,严格按照内外资一致的原则支持外商投资进入相关服务行业,全力破除"玻璃门""弹簧门"等隐性障碍。同时,对于负面清单上的服务行业,还需不断优化和简化审批流程,提高审批程序的透明度和可预期性,减少审批给服务业外资带来的隐形准入壁垒。

(三) 不断深化服务业外资放管服改革

尽快出台《外国投资法》,为服务业外资放管服改革提供制度保障。随着利用外资形势的深刻变化和国家全面深化改革、扩大开放的发展要求,外商投资管理体制面临着重大而深远的变革,从战略性、全局性、前瞻性角度来看，国家急需加强外资工作的制度性建设，为新形势下利用外资提供法律和制度保障。因此，必须进一步加快外资立法进程，尽快制定并颁布《外国投资法》，全面落实外商投资负面清单管理制度，并清理修订有关外资法律法规，为服务业利用外资放管服改革提供法律依据和保障。在《外国投资法》法律制度框架的基础上，整合现有的市场准入负面清单、自贸试验区负面清单、外商投资产业指导目录负面清单以及北京服务业扩大开放综合试点方案中服务业进一步扩大开放的措施，出台全国统一的与服务业开放相关的负面清单，以避免服务业改革和开放政策的碎片化和混乱化。

不断推进服务业外资放管服改革。国家应加大顶层设计和各部门之间的协调，积极推进服务业外资放管服改革。首先，从放的角度出发，应强调所有与外资准入相关部门包括发改、商务、工商以及行业主管部门的系统集成化式的简政放权和降低准入门槛，避免目前各部门之间权力下放的不匹配而导致外资准入难度增加。其次，从管的角度看，应逐渐建立健全事中事后监管体系，以防范服务业进一步开放带来的风险。一方面，加快研究修订并完善重要服务行业部门的管理制度，起草相关部门规章，如融资租赁等，为更好地监管外资企业提供依据；另一方面，完善外商投资信息报告制度和信息公示平台建设，强化部门协调，改变信息孤岛状态，扩大外资企业联合年报、诚信档案和公示系统使用范围，与工商、海关、银行、外汇、税收等部门加强信息互通，形成联合惩戒工作机制。最后，从服的角度看，相比制造业外资，服务业外资进入更加依赖完善的市场机制和制度，因此为服务业外资营造高效便利的营商环境显得更为重要。我国可以参考《2017年全球营商环境报告》各项指标，对照高标准，针对短板弱项积极加大营商环境的改进和完善。

第五篇 推动生活性服务业提档升级 打造高品质和谐宜居的生活城市[*]

高宝华

一、生活性服务业是我国城市经济发展的重要支撑

城市是一个国家或地区的经济、政治、文化、社会等方面活动的中心，在国民经济中的地位举足轻重。城市经济是指以城市为载体和发展空间、由第二和第三产业等各种非农业部门聚集而成的地区经济，在促进经济社会发展、保障和改善民生中发挥重要作用。生活性服务业是服务业和消费的重要组成部分，是国民经济的基础性支柱产业，一般指直接向居民提供物质和精神生活消费产品及服务的产业，其产品、服务用于解决购买者生活中（非生产中）的各种需求，涉及群众生活的众多方面，也是城市生活品质的基础。当前，我国人均 GDP 已突破 8000 美元大关，城镇化率为 58.5%，服务业增加值占 GDP 比重为 51.6%，即处于工业化中后期发展阶段。我国处于经济发展新常态阶段，在此阶段中，生活性服务业已成为城市经济发展的重要支撑。

从产业动力来看，服务业已成为推动我国城市经济发展的重要引擎。从城市经济动力演进规律来看，农业发展是城市经济的初始动力，工业发展是根本动力，服务业发展则是城市经济的后续动力。在工业化中后期阶段，服

---

[*] 此文发表于《先锋》2018 年第 2 期。

务业的异军突起逐渐取代了工业的地位，成为推动城市经济发展的重要引擎。由此，服务业尤其是生活性服务业的提档升级对于发挥城市的聚集、规模、外部和扩散等效应，优化城市空间布局，促进招商引资引智，提升中心城市综合竞争力等方面，都具有重要的推动作用。

  从需求侧动力来看，消费已成为拉动我国城市经济发展的重要推手。众所周知，投资、消费、出口被称为促进我国经济发展的"三驾马车"。改革开放以来，由于投资和出口的双重拉动，我国经济保持了年均增速9%以上的高速增长。但自2012年以来，我国经济增速、经济发展方式、经济结构、经济发展动力均已开始发生变化，① 经济发展进入新常态阶段。在此背景下，我国的经济发展要由"量"的增加向质量和效益等"质"的提高转变，投资和出口的拉动作用趋弱，消费的拉动作用明显增强。由此，消费尤其是生活性服务业的升级换代，在推动居民生活消费方式由生存型、传统型、物质型向发展型、现代型、服务型转变，培育消费新热点，塑造城市消费品牌，满足人民群众日益增长的美好生活需要等方面，发挥着重要作用。2016年，成都市社会消费品零售总额达5647.4亿元，位居全国副省级城市第二，总体消费水平处于全国中等偏上区间，将有力地推动成都在高质量发展上走在中西部地区最前列。

  从供给侧动力来看，创新已成为驱动我国城市经济发展的重要助力。改革开放以来我国国民经济的高速增长除了工业推动、投资和出口的拉动之外，廉价劳动力、土地以及其他自然资源等要素也发挥了重要的驱动作用。在经济发展新常态阶段，我国供给侧的推动力量也要由要素驱动转变到更多地依靠科技进步、劳动者素质提高、管理创新上来，具体包括"三去一降一补"、发展战略性新兴产业和现代服务业、增加公共产品和服务供给等内容。由此，生活服务业的提档升级对于大幅度提升城市综合服务功能、综合居住区内的生活服务功能，推动信息技术、大数据和物联网的广泛应用，增加城市的公

---

① 经济增长速度正从高速增长转向中高速增长，经济发展方式正从规模速度型粗放增长转向质量效率型集约增长，经济结构正从增量扩能为主转向调整存量、做优增量并存的深度调整，经济发展动力正从传统增长点转向新的增长点。见《2014年中央经济工作会议公报》。

共产品和服务供给,提升城市宜居宜业程度和生活品质等方面,日益发挥着重要作用。

二、以布局、领域、业态为要点,打造生活服务业的"成都特色"

近年来,在政府、企业、社会的共同作用下,成都市生活性服务业取得长足进展,在副省级城市中位居前列。2016 年,成都市生活性服务业增加值 2330.25 亿元,占服务业增加值的 38.3%,产业规模在 15 个副省级城市中排名第五。同年,在旅游方面,成都市实现旅游收入 2500 亿元,超过了上海,在副省级城市中仅次于广州;在餐饮方面,全市餐饮收入在 15 个副省级城市中排名第二,仅次于广州;在社区服务方面,全市约有连锁便利店 4500 家,达到 3512 人/店的覆盖水平,仅次于深圳、广州和上海。为促进生活性服务业的进一步发展,2018 年年初,成都市召开生活性服务业发展大会,提出了总体发展目标:到 2022 年,成都市要全面优化与国家中心城市相适应的生活性服务业发展体制和公共服务保障机制,形成布局合理、功能完备、优质高效的生活服务体系,催生一批具有国际竞争力的创新型企业,创造一批引领生活时尚的成都品牌和国家标准,培育一批国家级示范商圈和"老字号"特色街区,形成商贸、旅游、文化、餐饮、康养 5 个千亿级消费市场,生活性服务业增加值达到 5000 亿元以上,建成城乡居民和国内外来蓉人士各得其所、乐享成都的高品质和谐宜居生活城市,建成具有国际影响力的消费中心城市。同时,还提出了要抓好六个方面:推动商业发展高端化,巩固拓展西部消费中心地位;推动生活服务便利化,努力创造舒适便捷的生活环境;推动服务供给品质化,积极回应市民需求变化;推动消费方式多元化,引领培育新兴服务业态;推动城市发展品牌化,不断提升城市综合竞争力;推动营商环境国际化,充分激发生活城市生机活力。

结合笔者对生活性服务业提档升级的研究,建议成都可从优化产业布局、培育重点领域、创新发展业态三大方面着手,打造生活服务业的"成都特色":

第一,优化产业布局,推动集聚融合发展。产业布局是生活性服务业发展的关键因素,是促进生活性服务业发展的纲举目张的"纲"。在产业布局方面,成都市要以功能再造、形态重塑、产业重构为导向,充分发挥自身在15分钟社区生活服务圈、现代商圈以及特色街区、旅游等方面的作用,合理利用产业的集聚、规模、扩散、外部等效应,着力拓展休闲消费、高端消费等发展性消费,以点带面、以一融多,优化产业布局,促进城乡协调,推动行业集聚融合发展。

(1) 促进社区生活服务圈优质发展。城市社区以社区综合体、配套设施为载体,打造涵盖政务服务、文体休闲、医疗养老等一站式服务的15分钟社区生活服务圈。农村社区加快便民服务中心建设,引导法律、零售、养老等领域的新业态新模式向农村延伸。城市新区和产业园区配套商业、医疗、教育、文体等公共服务基础设施,提升生活配套服务水平。创新建设国际社区,对标国际标准完善公共服务设施。

(2) 促进生活性服务业集聚发展。规划建设37个服务业集聚区,引导服务业总部企业、平台企业、研发中心等集聚发展。规划建设39个现代商圈和100条特色街区,引导大型零售、餐饮娱乐、文化演艺、时尚展示等集群发展。

(3) 促进旅游+的融合发展。建设龙门山旅游带,推动旅游与文化遗产、休闲度假、民俗体验、生态康养等融合发展。建设龙泉山城市森林公园休闲带,推动旅游与山水运动、休闲娱乐、创意农业等融合发展。建设天府绿道游憩带,推动户外游憩与体育健身、社交节庆等融合发展。

(4) 促进高端消费示范区引领发展。深度挖掘"中优"核心区域,推动文商旅融合发展,打造时尚消费引领示范区。依托"南拓"核心区域,发展定制服务、数字消费、展会展销等新业态新模式,打造新兴消费引领示范区。依托"东进"核心区域,发展集体育、医疗、娱乐、跨境购物于一体的消费模式,打造体验式消费引领示范区。

第二,培育重点领域,推动转型健康发展。重点领域是生活性服务业发展的重要载体,是纲举目张的"目"。在重点领域的培育中,成都市要按照国家战略部署和生活性服务业产业升级要求,着重夯实自身在商业、旅游、文化、餐饮和康养方面的优势,重点推进养老、教育、体育等服务的健康发展,加快推动居民和家庭服务的品质化发展。

一是促进自身优势领域转型升级，打响新亮点新业态。力推成都市已有优势领域转型升级、推陈出新，推动便利化、品质化、高端化、国际化发展。在商业零售方面，要巩固拓展西部消费中心地位，加强业态创新发展，如依托社区综合体和交通转换站点发展便利店，发展24小时社区便利店、无人超市等新型模式等；要打造引领西部辐射全国的国际时尚消费中心，既要加快跨境电商综合试验区建设，促进网上购物、新型零售、移动支付等新型服务业态发展，还要促进行业集聚发展，如建设一批现代商圈和特色街区，打造具有国际影响力的购物天堂等。在旅游休闲方面，为建成对接国际市场、具有中国典范、独具东方休闲神韵的世界旅游名城的发展目标，需要采取如下措施：践行全域旅游理念，积极培育和发展低空旅游、自驾旅游、医疗旅游等旅游新业态，加快推动乡村旅游品质化、文创化、国际化发展等。在文化服务方面，要实施西部文创中心行动计划，着力发展传媒影视、创意设计等重点产业，建设一批萃取天府文化精髓的文创空间，汇聚一批文化创意高端人才，加强高层次的国际文化交流和贸易。在餐饮服务方面，要加快推进"明厨亮灶"建设，保障餐饮质量安全；打造名菜、名店川菜餐饮品牌，促进品牌化发展；"引进来"与"走出去"相结合，一方面引导现代商圈、特色街区和国际社区汇聚海内外风味美食和特色餐饮，另一方面推进成都美食"走出去"，加强与欧洲、美国、其他亚洲等地区美食的交流与合作，凸显国际美食之都的魅力。在康养服务方面，吸引国内外知名健康养老服务机构落户成都，开发一批集休闲旅游、度假养生、康体养老于一体的综合养老项目建设，建设老年宜居住宅（含休闲养老公寓）、老年保健项目和老年生活设施，全方位提供专业化、品质化、定制化的养老服务，形成一批市内外知名养老服务品牌；引导各类资本进入医疗健康领域，吸引国内外一流医疗机构入驻，推进健康城市示范市建设。

二是加强国家重点发展领域健康发展，打造新标识新起点。养老、教育和体育服务属于国家力推的重要的生活性服务领域，但成都在上述领域的发展较为一般，需要重点推进。如在养老服务方面，要创新养老服务模式，建设社会化养老服务体系；推动符合标准的日间照料中心、老年人活动中心等服务设施覆盖100%的城市社区，80%以上的农村社区建立包括养老服务在内的社区综合服务设施和站点；构建多层次养老服务格局，基本建成"老有颐养"典范城市。在教育服务方面，要推进基本公共教育均衡发展，提升全市学前教育发展水平，实施优质学校培育计划；深化产教融合、校企合作，为生活性服务业发展提供技能人才支撑；支持和培育一批在全国具有影响力的教育培训机构。在体育服务方面，要广泛开展全民健身系列活动，打造"运动成都"品牌；扩大体育产业社会投资和服务消费，推动体育与旅游、文化等相关产业融合发展；着力引进一批国际国内有影响力的体育赛事，推动群众体育、职业训练与竞技体育协同发展，打造世界赛事名城。

三是促进居民和家庭服务品质提升，推出新项目新服务。居民和家庭服务属于与百姓生活息息相关的传统生活性服务行业。近年来，随着人们生活水平提高、消费结构转型升级的影响，居民和家庭服务也兼有刚性需求和个性化、定制化等多元化需求。为此，成都市要以满足居家服务刚性需求和品质提升为导向，依托已有家政或社区服务网络发展平台，完善或搭载居民和家庭服务项目，促进互联互通、信息共享；引导企业完善从业人员信息，规范服务流程，加强标准的编制与宣贯，推动规范化、标准化发展；鼓励企业通过参股、控股、联合、兼并等方式整合资源，充分利用"互联网+"等优势，促进品牌化、特色化发展；鼓励从业人员由提供基本服务向早教、管家、膳食搭配、室内美化、家庭理财等方向拓展。

创新发展业态，推动内生精进发展。业态创新是生活性服务业的基础动力，是纲举目张的"目"下面众多蚁状的点。如果说创新来自一线企业和员工的生产生活，那么业态创新则是顺应世界各国发展潮流，在现实生活中分分钟会发生、在发展趋势里呼之欲出的动力之"基"。而业态创新的复制、更新速度之快，影响力之大，颇有"忽如一夜春风来，千树万树梨花开"的态势。在业态创新发展方面，成都市要充分利用自身西部消费中心、生活城市、休闲宜居城市等靓丽名牌，大力发展智慧服务、体验服务、定制服务、共享服务、绿色服务、跨境服务等新型业态，推动产业内生精进发展。

（1）推动智慧服务发展。鼓励企业建设运营覆盖娱乐、健康、教育、家政、体育等民生领域的在线服务平台，促进供给端与需求端精准对接。重点发展无人店铺、智能看护、智能交通、智能物流、智能家居等新型服务，推动人工智能示范应用。加快发展远程医疗、数字传媒、游戏动漫、在线教育等数字消费产业。

（2）推动体验服务发展。推动零售、娱乐、医疗、教育培训等领域广泛应用增强现实（AR）/虚拟现实（VR）等现代技术，引导企业建设主题餐厅、主题乐园等应用场景，发展教育、娱乐和穿越体验服务。

（3）推动定制服务发展。推进众筹定制、众包设计、柔性供应链等定制服务模式创新，引导企业利用大数据、人工智能等新兴技术针对不同人群和细分市场开展大规模量身定制服务。加快发展旅游产品、康体健身、精准医疗和品牌生活用品等私人定制服务。

（4）推动共享服务发展。垂直细分衣食住行娱等生活服务领域，推动时间、空间、数据和知识共享，开发面向商贸流通、教育、医疗等领域的新型共享应用软件和平台，促进房屋居住、体育健康、文化娱乐、闲置物品、业余时间等碎片化休眠资源激活共享，推动传统服务业升级再造。

（5）推动绿色服务发展。重点推进绿色技术、绿色采购、绿色包装、绿色回收，培育绿色商场、绿色酒店、绿色餐厅、绿色社区。引导商品包装减量化和再利用，发展"互联网+回收"，探索"绿色兑换"。扩大城市公交、环卫和公务用车使用新能源比例，发展共享单车等绿色出行方式。加强大气污染和水污染防治，保障优质生态产品持续供给。

（6）推动跨境服务发展。搭建国际消费新平台，利用国际资源，扩大旅游、健康、体育、文化等领域国际交流合作，加快发展服务贸易。推动市场采购、跨境电商、进口商品直销、汽车平行进口等新型贸易方式发展，加快打造O2O跨境电商消费体验中心、进口商品直销中心、出口商品集散中心，提升境外商品和服务消费便利度。建立成都特色产品和服务集中展示区，加快推进离境退税、免税购等消费服务。

三、推进成都生活性服务业提档升级中要注意的几点建议

尽管成都市的生活性服务业在副省级城市中位居前列并已提出提档升级的总体目标和具体措施，但因其还存在服务总量供给相对短缺、服务供给品质与消费升级需求不相适应、高端商业供给与消费中心功能不相适应等不足之处，再加上体制机制以及实际运行中面临的障碍，今后成都市在推进提档升级的过程中还应注意以下三点：

第一，布局、规划或政策文件要先行，确保真正落到实处。在现实生活中，由于可操作性、人员变更等因素的影响，产业布局或产业规划、已有政策文件很难在具体运行中发挥指导作用，更多起到的是统一思想的作用，因而实践中易出现进展迟滞、互相推诿等问题。为此，既要加强产业布局或规划、已有政策文件的接地气能力，增强其可操作性，又要通过路线图、时间表、责任人等方式细化职责分工，切实保障产业布局或规划落到实处，真正起到指导作用。如：可在实践中践行"新建或改造区域社区商业和综合服务设施建筑面积不低于住宅建筑面积10%"的政策文件要求，提高居民生活服务的便利化水平。

第二，保基本、补短板是基本任务，需要政府分清其各自归属并优先推进。生活性服务业兼有事业和产业双重属性，其中保障居民基本生活需求属于事业属性，主要由政府承担；居民个性化、品质化、定制化等生活需求（以下简称"个性化需求"）属于产业属性，主要通过市场化方式解决。同时，生活服务业提档升级也包括对保障基本生活服务并加以补缺补漏、加强个性化、定制化等生活需求的补缺补漏（即对原有基本生活服务和个性化生活服务的补缺补漏）和对增量需求的提档升级（如：丰富基本生活服务内容、创新基本生活服务业态、个性化需求的增加及其升级换代等）两方面的内容。在这里，保基本的补缺补漏明显属于政府应承担的职责，个性化的补缺补漏及其升级换代明显需要通过市场化方式解决，保基本的升级换代则处于政府与市场之间的中间地带，其归属需要政府加以明确。由此可知，保基本和补短板兼有事业、产业双重属性，需要针对不同需求区别对待。为此，一是要厘清生活性服务业各大行业不同需求之间的三大界限（基本需求与个性化需求界限、基本需求的短板与升级换代的界限、个性化需求的短板与升级换代的界限），从而确定政府或市场的各自职责。二是明确保基本、补短板皆为生活性服务提档升级的基本任务，需要政府牵头承担或引导企业参与，并能循序渐进优先加以推进。如：目前，一些"苍蝇馆子"的卫生质量、管理和服务存在明显的短板，这个短板属于保基本的范畴，需要政府来督导。鼓励便利店叠加公共服务、政务服务和商务服务等便民功能，因公共服务和政府服务具有事业属性，商务服务具有市场属性，遂可由政府来牵头组织，其中公共服务和政府服务需由政府承担，商务服务可由政府引导、企业通过市场化方式解决。

第三，个性化、集聚化、高端化需求是重要任务，需要政府切实撬动社会资本加以推进。由生活性服务业提档升级的具体工作可知，推动个性化、集聚化、高端化需求是其重中之重的内容，需要加以重点推动。但这些工作的顺利完成仅仅依靠财政资金或政府主导的产业发展基金是远远不够的，关键问题是如何撬动社会资本。为此，成都市应采取多种方式方法，找准撬动社会资本的钥匙，并通过相应的放管服改革、给予社会资本以更多更宽的市场准入机会等等，吸引社会资本参与生活性服务业提档升级建设，更好地满足居民个性化、集聚化、高端化需求，促进高品质和谐宜居生活城市早日建成。

第六篇　构建具有国际竞争力的现代产业生态圈[*]

高宝华

一、现代产业生态圈理论的主要内容及其特征

现代产业生态圈理论源自生物学中的生态圈，指的是一定区域内形成的企业、要素、技术、产业以及配套服务、环境之间相互促进、相互影响的网络系统，不仅竞争合作企业之间、产业上下游之间形成纵横交织、相互配套的产业链条，而且国内外人才与技术、资金、信息、物流等要素之间实现了优化配置、有机组合，还通过企业集聚、产业集群、要素集约、技术集成、服务集中、生态良好、环境优化以及它们之间的相互影响和相互作用，最终形成一个宜业宜商宜游宜居的产业生态圈。

以文旅产业为例，如图所示，现代产业生态圈至少可以包含以下三圈内容：第一圈是文旅产业核心企业水平维度的竞争合作和垂直维度的上下游产业以及它们之间的竞合互动，形成了一个纵横交错、相互配套的文旅产业核心圈。第二圈是文旅产业中的国内外人才、资金、商品、信息（包括技术）的"四大"支撑圈。其中"人才流"以城市众多的大专院校和科研院所文旅人力资源为依托，力图囊括国内外知名院校和科研院所的文旅人才；"资金流"充分利用国内外的金融和资金市场来夯实城市自身的金融和资本市场体

---

[*] 此文发表于《先锋》2018 年 11 月。

系，并通过资金融通助推城市的经济发展尤其是文旅产业的发展;"物流"涵盖城市四通八达的交通物流网络和配套齐备的物流网点及仓储设施以及文旅商品的输出入和配送等;"信息流"则需要城市与国内外以及城市内部的大数据、物联网、云计算等信息技术的互联互通、广泛应用以及在此支撑下的"互联网+旅游"等。第三圈是文旅产业的人文与生态的环境圈，要求城市要营造与企业、产业、要素相匹配的宜业宜商宜游宜居的氛围，具体包括政府扶持政策有力、产业可持续发展机制健全、配套公共服务设施齐备、人文生态与营商环境良好等。文旅产业核心圈、支撑圈与环境圈的各自快速发展以及圈与圈之间、圈内各组成部分之间的互动融合发展形成了姿态各异、互融共生的文旅产业生态圈。

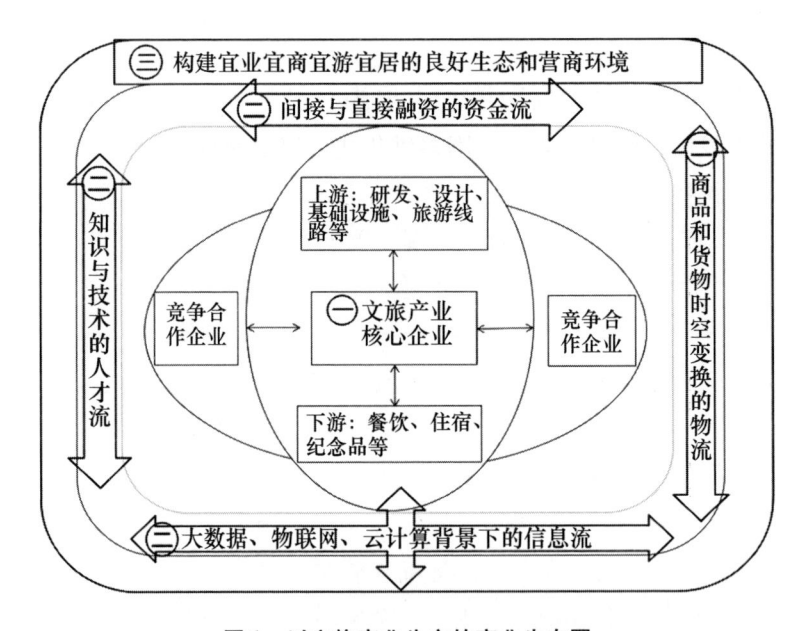

图1 以文旅产业为主的产业生态圈

资料来源：作者自制。

由现代产业生态圈的主要内容可以看出，它具有以下四个特征：

一是整体系统性强。现代产业生态圈中产业内部各企业之间有竞争、有合作，由龙头企业带动和小微企业跟随，上下游产业之间环环相扣、层层推进，人才、资金、物流、信息不断涌动、流淌，大数据、物联网、云计算等现代信息技术普及并得以广泛应用,交通、教育、医疗、商贸、停车场等基础设施和配套公共服务设施健全,企业、要素、服务、产业等各个组成部分相互联系、互为配套、缺一不可,形成了一个有机的整体。

二是"三生融合"态势好。在现代产业生态圈中,产业、城市与人融为一体,不仅生产集约高效,通过集聚、协同、共享、融合形成若干个微观产业链继而形成产业圈,而且生活宜居适度,产城一体、产城融合、人才集聚、设施健全、生活便利、出行便捷,还有生态水秀山清,山水相间、风光旖旎、惬意清新、底蕴深厚,"三生融合"相辅相成、相得益彰。

三是创新发展水平高。现代产业核心圈、支撑圈和环境圈快速互动融合发展和生产生活生态的"三生融合"发展不仅依赖于创新水平高的大数据、云计算、物联网等现代信息技术的强大支撑和普及推广,而且产业生态圈今后可持续发展的核心和关键仍然是创新,诸如研发创新、产品创新、业态创新、模式创新、技术创新、品牌创新乃至体制机制创新等等,不断促进产业集聚、成链发展,增强产业生态圈多维集成、聚变裂变功能,推动产业纵向延伸、横向嫁接、跨界融合、互动发展。

四是开放搞活视野广。开放发展,可以更好地利用两个市场、两种资源,推进互利共赢、共同发展。随着经济全球化的纵深发展和全球经济联系的日益紧密,现代产业生态圈中的人才、资金、商品和信息等资源的国际化程度不断提高,企业、行业、产业、国别之间的生产、生活、生态的合作与交流也日益密切,"引进来"与"走出去"的有机结合,将推动对外开放向更高水平迈进。

二、成都构建具有国际竞争力的现代产业生态圈的具体举措

按照《成都市高质量现代化产业体系建设改革攻坚计划》的总体部署,其构建具有国际竞争力的现代产业生态圈的具体举措如下:

第一,谋划"5+5+1"产业细分领域,打造千亿、万亿级产业。在产业发展方面,着力构建先进制造业、新兴服务业、新经济协同发展的现代化开放型产业体系,重点谋划"5+5+1"产业细分领域,做强"主干"。

一是聚焦高端绿色智能,进一步提升先进制造业能级。以电子信息、装

备制造、新型材料、医药健康和绿色食品产业为重点，全面推动产业集群成链发展，在产能规模、研发创新、标准品牌等方面提升核心竞争力。

二是聚焦高价值高品质，进一步提升新兴服务业质量。着力发展会展经济、金融服务业、现代物流业、文旅产业和生活服务业五大重点领域，全面推进服务业供给侧结构性改革，深入推进新兴服务业质量提升，推动生产性服务业向专业化和价值链高端延伸、生活性服务业向精细化和高品质转变。

三是聚焦构建开放型产业体系，进一步发展新经济培育新动能。坚持以研发新技术、培育新组织、发展新产业、创造新业态、探索新模式为基本路径，深刻围绕智能经济、绿色经济等六大经济形态和智慧城市建设、绿色低碳发展等七大应用场景，着力将成都建成最适宜新经济发育成长的开放的新型城市。

第二，打造"成都休闲、成都服务、成都消费"品牌，塑造"生活城市"标识。围绕建设美丽城市创造美好生活，塑造"生活城市"标识，全力打造"成都休闲、成都服务、成都消费"品牌，到2020年形成3个千亿级消费市场，全市生活性服务业增加值突破3000亿元。

一是加快推进国际消费城市建设。大力倡导优雅时尚、健康绿色生活消费方式，以发展共享服务、体验服务、高雅服务等新业态提升供给质量。例如，着力打造春熙路——盐市口、天府新区、空港新城三大顶级商圈，推进太古里、宽窄巷子高品位步行街区建设等，增强成都时尚高端消费影响力。

二是推动农商文旅融合发展。着力夯实大美乡村生态本底，推进全域增绿增景，加快乡村绿道、川西林盘和特色镇建设，着力打造乡村旅游综合体，提升乡村旅游品质。充分发掘天府农耕文明，加强都江堰水文化、名人故里、古镇村落、蜀绣蜀锦等文化遗产保护利用。

三是加快实施高品质生活功能配套攻坚工程。到2020年，建成全市重点产业人才公寓及园区配套住房830万平方米，建成一批教育、医疗、文体、娱乐等个性化生活配套示范项目，重点打造20个具有国际化医疗服务能力的医疗机构，2—3所国际学校、120所教育国际化窗口学校。

第三，优化城市功能布局，打造山清水秀的生态公园城市。加快推进"东进、南拓、西控、北改、中优"城市空间功能布局，大力实施"多规合一"，提升城市综合精细运营能力，打造山清水秀的生态园林城市。

一是着力实施"多规合一"。建立"多规合一"空间信息数据平台，结合城市总体规划、土地利用总体规划和生态环境建设规划，对城乡空间形态、产业布局、生态保护、基础设施、公共服务等进行全面规划、系统设计，绘制城市空间脉络和蓝图愿景。

二是加强城市综合精细运营。坚持战略引领，做深做细做优城市设计和配套政策设计，推动城市设计从注重城市形态向提升城市品质价值转变。创新城市建设运营理念，运用法定图则调整利益关系，以城市运营为主导，推行设计、施工和运营一体化。

三是实施重点功能载体攻坚。在"东进"区域重点建设龙泉山城市森林公园、空港新城、简州新城、淮州新城、简阳城区，扎实推动形成区域发展新支撑。将成都天府新区、成都高新区、双流区及新津县等打造成为全市高质量发展先行示范样板。在"西控"区域重点建设"特色镇＋林盘＋农业园区（景区）"的农商文旅融合发展载体。在"北改"区域重点建设国际铁路港、"一带一路"产业合作园。在"中优"区域重点建设天府锦城等金融商务、总部办公、文化创意发展载体。

三、成都构建具有国际竞争力的现代产业生态圈要注意的三个问题

第一，持续加强统筹谋划、布局谋篇。整体系统性强是现代产业生态圈的重要特征。这个特点与中国的古训"不谋万事者不足以谋一世，不谋全局者不足以谋一域"的内涵颇为类似。为此，成都市要高屋建瓴、纲举目张，以全球视野、国际标准、时代要求来构建现代产业生态圈，着力夯实核心圈的产业实力和竞争力，健全支撑圈的要素支撑和影响力，营造环境圈良好的生态和人文氛围，切实打造成一个国内外知名的宜业宜商宜游宜居公园城市。

第二，着力推动成都市的"三生融合"发展。生产生活生态的"三生融合"发展是现代产业生态圈的重要特征。为此，成都市在重点建立现代化开放型产业体系、塑造"生活城市"标识、打造生态公园城市的过程中，一定要充分利用"互联网＋""旅游＋""供应链＋"的优势，统筹规划、加强引导，并辅以一定的政策文件推动和资金扶持，推动生产生活生态之间以及内

部各组成部分之间的互动融合发展,增强发展后劲和活力。

第三,切实完善配套公共服务设施。从实际情况来看,成都市在配套基础设施和公共服务方面还存在一些"短板"。如一些产业园区属于单一的生产型园区经济,相关的医疗、教育、商业等配套公共服务设施出现短缺,亟需加以配齐和完善。此外,成都市在普惠性幼儿园设立、大型体育场馆建设、社区卫生服务中心建设和社区公共文化设施建设等方面也相对滞后,需要扎扎实实"补短板",认认真真夯实基础,不断增强广大居民的认同感、获得感和幸福感。

第七篇 建设国际消费中心城市 助推成都服务经济"六化"发展[*]

高宝华

一、成都推进国际消费中心城市建设的战略意义

国际消费中心城市是指消费规模既大且消费能级又高的国际大都市，对经济社会发展贡献突出，引领潮流能力强，全球集聚力和影响力显著，如纽约、伦敦、巴黎、东京等。国际消费中心既是全球化时代国际大都市重要的核心功能，又是全球消费资源的聚集地和引领消费创新的制高点，不仅对全球消费者和我国吸引力巨大，而且对成都的经济社会发展影响深远。

第一，有利于深化成都供给侧结构性改革。新时代，我国的社会主要矛盾已经转化为人民日益增长的美好生活需要和不平衡不充分的发展之间的矛盾。成都可通过开展国际消费中心建设，深入贯彻新发展理念，以供给侧结构性改革为主线，扩大消费规模，优化消费结构，促进消费模式创新，提升消费和服务品质，更好地满足全市人民在经济、政治、文化、社会、生态等方面日益增长的需要，更好地推动社会全面进步。

第二，有利于推动新时代新天府建设。我国进入工业化中后期，人均GDP已超过8000美元，正处于经济发展新常态阶段，原有的制度红利和劳动力、土地、自然资源等要素红利已逐渐减少，迫切需要通过结构调整、空间

---

[*] 此文发表于《先锋》2018年5月。

转换、消费引领、企业创新来推动经济的可持续发展。成都人均 GDP 已突破 1 万美元大关，正处于消费引领经济发展的关键时期，可依托国际消费中心城市建设，充分发挥规模效应、聚集效应和虹吸效应，聚集全球消费资源、引领国际消费潮流和实现消费模式创新，为推动全市经济高质量发展和消费提档升级，建设新时代新天府，冲刺世界知名消费城市蓄势聚力。

第三，有利于加快成都发展转型。我国城镇化已进入中后期阶段，城镇化率已接近 60%，今后的城镇化进程不仅会促进信息化、农业现代化、配套服务业的快速发展，还会促进城镇化水平较高的城市加快发展转型。目前，成都的城镇化率已超过 70%，属于城镇化水平较高的城市。推进成都国际消费中心城市建设，对于加快成都从工业逻辑回归人本逻辑、从生产导向转向生活导向的发展转型，创建世界文创名城、旅游名城、赛事名城，打造国际美食之都、音乐之都、会展之都，建设高品质和谐宜居生活城市，具有明显的助推器作用。

第四，有利于提升成都国际消费影响力。我国既是全球消费品的制造大国和消费大国，又是世界上最大的发展中国家，今后必将成为全球消费市场竞争的主战场，成为吸引全球消费关注、争夺全球消费资源、参与全球消费竞争的重要阵地。作为主战场中的重要成员，成都推进国际消费中心建设，不仅能够吸引全球优质商品和服务进入成都，提高商品丰富度和品牌集聚度，而且能够彰显成都优势，打响"成都休闲""成都创造""成都服务""成都消费"品牌，为我国参与全球消费市场竞争、抢占全球消费市场制高点提供有力支撑。

二、成都推进国际消费中心城市建设的优势与不足

（一）主要优势

总体来看，成都在区位优势、消费规模、消费结构、产业支撑等方面均有较强优势，基本具备国际消费中心应有的发展基础和条件。

一是区位优势得天独厚。成都地理位置优越、商业历史根基深厚、交通枢纽地位突出、创新创业成绩斐然。

二是消费规模位居前列。2012—2016 年间，成都社会消费品零售总额年均增速约为 12.4%，位居全国副省级城市前列。2016 年，成都社会消费品零售总额为 5647.4 亿元，在全国 15 个副省级城市中排名第二。

三是消费结构优化明显。转型升级态势明显，已由日常生活消费为主向日常生活消费与发展型、享受型消费组合迈进；新兴消费业态如"互联网+"、跨境消费、智慧社区、智能穿戴等发展强劲；高端消费稳步提升，在全球知名评级机构 JLL（仲量联行）2016 年发布的"全球跨境（奢侈品）零售吸引力指数"中，成都已进入全球第 25 强，排名仅次于上海、北京；全球综合竞争力逐步增强，在 GAWC 发布的 2016 年版世界城市评级报告中，成都位列全球 100 个最强消费城市行列，排名仅次于北京、上海、广州、深圳。

四是产业支撑日益稳固。成都的服务业自 2013 年（50.3%）起就已超过工业成为全市第一大产业，2016 年服务业比重增至 53.1%。

（二）不足之处

在具有优势的同时，成都在推进国际消费中心城市建设中也存在如下不足：

一是品牌化、品质化程度偏低。以餐饮业为例，成都虽被称作美食之都，但在 4 万余家餐饮服务企业中，优秀等级企业只占 2%。再看便利店，成都国内外知名品牌便利店仅占全市总量 2%。在发展模式上，成都一些本土连锁商贸企业仍停留于干杂百货等商品经营为主的传统思路，亟待创新。在高端消费方面，截至 2016 年年底，成都高端购物中心项目占 10%，比重偏低。

二是全球综合竞争力水平偏弱。近年来尽管成都全球综合竞争力逐步增强，但总体水平偏弱，如在国际知名度、对国际事务的影响力、先进的交通系统与通信设备、文化国际影响力等方面，成都不仅与纽约、伦敦、东京国际知名城市有差距，而且与国内的北京、上海、广州、深圳也有一定差距。以商圈建设为例，成都只有春熙路商圈具有全国影响力，但其国际购物点知名度仅为 0.7%，与北京王府井、上海南京路等商圈差距明显。

三是公共服务、中介服务等基础服务不足。以公共服务为例，全市有效供给明显不足，普惠性幼儿园覆盖率仅为 60.3%，中心城区基本公共服务设施规划建成率仅为 61%，社区卫生服务中心建设滞后，大型体育场馆建设明显落后于同类城市，既未让广大市民充分享受到便利化的生活，也未能给居住在成都的外籍人士提供更多的便利条件。

四是市场准入、政务服务、人才供给等营商环境不优。以市场准入为例，成都还未构建国际化商事仲裁机制和争端调解机制，在教育、医疗、文化等领域对外资参与限制较多，开放度不足。在人才供给方面，不仅消费人才供给总量不足，而且优质消费人才缺口严重。

三、推进成都国际消费中心城市建设的政策措施

鉴于上述战略意义及优劣分析，成都要以问题为导向，取长补短、攻坚克难，要以推动消费方式多元化作为重要动力，以便利化的基础服务和优质化的营商环境作为重要支撑，着力推动服务经济高端化、品质化、国际化发展，实现"六化"相互激荡、相互促进，力争早日建成国际消费中心城市，为治蜀兴川再上新台阶打下坚实基础。具体如下：

（一）推动消费方式多元化，引领培育新兴服务业态

顺应消费结构升级潮流以及互联网、大数据、云计算的广泛应用大势，引领培育智慧服务、体验服务、定制服务、跨境服务等新兴服务业态，满足国内外消费者个性化、特色化、定制化等多元化的服务需求。

以智慧服务为例，重点发展无人店铺、智能看护、智能交通、智能物流、智能家居等新型服务，推动人工智能示范应用；加快发展远程医疗、数字传媒、游戏动漫、在线教育等数字消费产业，引领数字消费潮流。在定制服务方面，推进众筹定制、众包设计、柔性供应链等定制服务模式创新；加快发展旅游产品、康体健身、精准医疗和品牌生活用品等私人定制服务。在跨境服务方面，加快发展服务贸易，加快跨境电商综合试验区建设，促进网上购物、新型零售、快递服务、自助服务、网购店送（取）、移动支付等新型消费业态发展。

（二）推动商业发展高端化，拓展西部消费中心地位

建设一批高端化、特色化、国际化现代商圈和特色街区，提高零售业态

复合度和知名品牌集聚度，实现国际一线品牌入驻率达到90%，打造具有国际影响力的购物天堂。

一是打造核心商圈。将春熙路—盐市口、天府新区、空港新城打造成具有区域辐射力国际竞争力的核心商圈，培育时尚消费、新兴消费和体验消费，形成高端消费引领示范区，推动商贸、文化、旅游、体育融合发展。

二是打造特色街区。打造提升宽窄巷子、锦里等100个特色街区，一站式满足消费者购物、餐饮、会友、休闲、娱乐、旅游等多种需求，推动个性化、特色化、专业化发展。

三是打造跨境消费示范区。打造欧洲主题跨境消费标志区，重点发展跨境商品集散、进口商品折扣、平行汽车进口、欧洲文化生活体验、全球美食品鉴等项目，满足消费者"在成都、逛欧洲"的跨境消费需求。

（三）推动服务供给品质化，提升优化服务产业能级

以文创、旅游、康养服务为重点，推动传统思维、传统模式向互联网思维、现代模式转型，推动"小散弱"、粗放经营向连锁化、品牌化、精准化、精细化、柔性化升级，加快推动服务业融合、集聚发展。

一是推动文创服务发展。实施西部文创中心行动计划，重点发展传媒影视、创意设计、现代时尚、音乐艺术、动漫游戏等产业，建设一批萃取天府文化精髓的文创空间，汇聚一批文创高端人才，培育一批文创知名品牌。

二是优化旅游服务品质。创新发展全域旅游，培育低空、自驾、医疗、研学、科技、工业、会展等旅游新业态，完善历史文化、遗产观光、蓉城休闲、熊猫文化、时尚购物、美食体验、商务会展、文化创意、养生度假等特色旅游产品体系，提升居民和游客休闲游、娱乐游品质。

三是丰富康养服务内涵。引进世界知名医疗机构和国内康养龙头企业，推动医学、医疗、医药融合发展，重点发展第三方检验检测、医疗保健、研发培训、康复疗养等健康服务。构建全生命周期的健康消费生态圈，满足健康体检、健康促进、健康管理、高端康养等多元化医疗消费需求。

（四）推动城市发展国际化，增强成都全球综合竞争力

坚持全球思维扩大成都综合竞争力，重点建设国际知名的文创名城、旅

游名城、赛事名城、美食之都、音乐之都、会展之都，作为冲刺世界城市的"先行军"。

一是建设世界文创名城。推动东郊记忆、安仁文创文博等集聚区转型升级，推进熊猫星球、少城国际文创硅谷、临邛文创产业区等重点项目建设，加大川剧、蜀锦、蜀绣、漆器、皮影等非物质文化遗产的活态传承、活化保护力度，培育对外文化交流品牌"天府文化周"，推动文创国际化发展。

二是建设世界旅游名城。利用"一带一路"重要节点城市、成都双流自贸区建设等多重历史机遇，推动国内外文化旅游融合发展，设立旅游境外推广体验中心，用好大熊猫、美食、休闲、绿道等"成都名片"，推进国际人员往来便利化，加快旅游国际化发展。

三是建设世界赛事名城。按照国际视野和国际标准，重点推出洲际锦标赛以上级别赛事和具有自主品牌和成都文化特色的赛事，重点打造足球、网球、篮球、乒乓球和山地户外运动项目，力争举办青奥会、亚运会、东亚运动会或全运会等综合性运动会，促进赛事国际化发展。

四是打造国际美食之都。加强椒麻鲜香的"成都味道"在境外的宣传推广尤其是在"一带一路"沿线国家以及与成都建立友好关系的地区和城市的推介，扩大国际美食之都影响力。引导成都现代商圈、特色街区和国际社区汇聚海内外风味美食和特色餐饮，彰显以川菜文化为代表、中外美食荟萃的国际美食之都魅力。

五是打造国际音乐之都。以成都音乐坊为载体，建设城市音乐厅、爱琴音乐街、音乐培训教育街、工匠大师街，重点发展原创音乐孵化、乐器展销、音乐培养教育、演艺演出，搭建天府文化、国际性艺术活动和世界级艺术作品的交流展示平台，推动天府特色文化与世界多元文化艺术融合发展。

六是打造国际会展之都。以中国西部国际博览城为核心，将天府中心国际会展功能区打造成为中国会展经济服务先行示范区和具有全球影响力的国际会展中心。创新运用国内展会国际化合作拓展、国际性展会本土落地和名企国际化合资并购等方式，加强与国内外知名展览公司深度合作，推动会展国际化发展。

（五）推动基础服务便利化，创造舒适便捷的生活环境

居民生活服务、基本公共服务、中介服务既与国内外居民生活密切相关，又与国际消费中心所要求的全面便捷高效的基本服务体系紧密相连，急需以满足居民基本服务需求为导向，补齐短板、精进服务，推动便利化发展。

一是完善居民生活服务。城市社区着力打造涵盖政务服务、文体休闲、医疗养老等一站式服务的15分钟社区生活服务圈。依托城市社区综合体和交通转换站点发展便利店，叠加政务服务和居民日常生活服务，发展24小时社区便利店、无人超市等新型消费模式。农村社区加快便民服务中心建设，引导法律、零售、养老等领域的新业态新模式向农村延伸。创新建设国际社区，对标国际标准完善公共服务设施。

二是补齐基本公共服务。开展基本公共服务设施攻坚行动，加快补齐教育、医疗卫生、文化、体育等公共服务设施供给短板，稳步推进公共服务设施达标升级，力争公共服务设施项目建成区规划实施率达90%以上。

三是促进中介服务发展。构建线上线下结合、覆盖城乡社区的公共法律服务体系，培育"互联网+法律服务"创新平台，壮大律师、公证、司法鉴定等法律服务队伍。推进高速、泛在、互联、智能的新一代信息基础设施建设，加快启用5G通信，实现全市固定宽带家庭普及率超过90%，窄带物联网深度覆盖。

（六）推动营商环境优质化，激发消费城市生机活力

重点推进制度变革、监管创新和政策重构，提高政策环境有效性可及性、政务服务便利性开放性和市场运行包容性规范性，推动优质化发展。

一是创新政务服务。整合集成政务服务、公共服务和社会服务资源，构建直接面向公众的一体化服务体系。推动一体化自助服务终端、市民卡建设，将涉及民生的公共服务事项纳入自助办理范围，打造"一站式""零距离""全天候"的集中便民服务空间。

二是放宽市场准入。构建国际化商事仲裁机制和争端调解机制，对外商投资贯彻落实负面清单加准入前国民待遇管理制度，逐步提高教育、医疗、文化等生活性服务业领域对外开放水平。最大限度取消行政审批事项，推动

行政审批标准化、信息化发展。建设市场准入统一平台，实现多部门信息共享和协同管理。

三是加强政府监管。按照"谁审批、谁监管，谁主管、谁监管"的原则，加强事中事后监管。建立健全跨部门、跨区域执法协同监管机制，加强信息共享和联合执法，避免交叉执法、多头执法、重复检查。加强对平台经济、共享经济新业态的监管，推进线上线下一体化监管。发挥协会、商会等中介组织的规范作用和公众和媒体的监督作用，加强社会共治。

四是增加人才供给。实施人才培育计划，引进急需紧缺技能人才，鼓励开展人才培养、建设实训基地，加强员工在岗技能提升培训，完善技能人才、职业评价体系。

五是保障用地供给。探索灵活多样的用地供给模式，推动历史文化核心区和特色街区实施整体功能转换、业态提升，鼓励将符合规划和建设要求的居民住宅、办公用房等改建为文化、旅游、商业等服务设施。

第三部分

重点领域类

第一篇　供给侧结构性改革视角下我国发展技术贸易的战略思考*

崔艳新

技术贸易是国际贸易的重要组成部分，研究表明，技术在国家间的转移、扩散与外溢，会带来科技创新资源的优化配置，有效改善一国技术创新的外部条件，也能直接或间接刺激贸易双方技术创新的内在动力与外在压力，进而带动贸易方式、科技水平与产业结构向更高级别演进。我国已进入经济转向高质量发展和构建全面开放新格局的新阶段，大力发展技术贸易，不仅可以优化我国贸易结构，促进对外贸易提质增效，还可以在弥补我国科技"短板"的同时，带动国内企业自主创新，进而推动供给侧结构性改革，实现产业结构调整与建立现代化经济体系的目标。

一、技术贸易助力供给侧结构性改革

供给侧结构性改革是当前我国经济工作的主线，而科技创新是推进供给侧结构性改革的核心引领，并且在一定程度上决定着供给侧结构性改革的成败。技术贸易一方面可获取我国构建现代化经济体系所急需的先进技术与知识，弥补我国科技创新领域的不足；另一方面可通过技术引进—模仿—再创新，带动本土企业"干中学"（Learning by doing），增强我国自主创新能力，

---

* 此文发表于《国际贸易》2018年第3期。

提升科技创新国际竞争力，为供给侧结构性改革注入活力。

（一）技术贸易有效弥补我国科技创新不足

国际经验表明，技术贸易通过技术研究的专业化分工，可实现全球科技资源的优化配置，发展中国家通过进口本国所需的先进技术，可降低自身研究开发成本并显著提高国内劳动生产率。目前，我国已成为 GDP、货物贸易与服务贸易全球第二大经济体，但在科技创新领域与发达国家还存在一定差距，尤其是关键核心技术的研发能力仍然较弱，关键核心技术的对外依存度高达 50%，高端产品开发 70% 依靠技术引进。根据商务部的统计，2016 年我国进口单一最大金额商品为集成电路，占全部货物进口额的比重高达 14.3%，2016 年我国技术进口合同金额为 307.3 亿美元，比"十二五"末期的 2010 年（256.4 亿美元）增长了 19.9%。先进技术的进口仍是弥补我国科技创新"短板"、建设现代化经济体系不可或缺的资源要素。

（二）技术贸易推动自主创新与"反向"创新

技术贸易对于技术引进方来说具有明显的外溢效应，技术落后国家通过初始的技术引进，了解和熟悉先进国家的新技术与新产品，并进行学习、模仿乃至创新，从而培育本国自主创新能力，实现技术改超的"后发优势"。当前，我国推进供给侧结构性改革，就是要转向创新驱动发展模式，提高技术进步对经济增长的贡献率。技术贸易促进我国企业加快技术引进—模仿—再创新的进程，通过"倒逼机制"提升我国科技自主创新能力，在产业结构的优化升级方面发挥了重要作用。目前我国的高铁路基路轨设施、机车车辆、通讯信号管理、控制调度系统均达到世界一流水平；腾讯、华为、中兴等一大批科技创新主体已成长为具有全球竞争力的行业领军企业。技术贸易在推动我国本土企业自主创新的同时，也推动了跨国公司在华"反向创新"活动。以全球领先的汽车电子零部件及系统技术供应商德尔福为例，其在上海自由贸易试验区内的中国科技研发中心已成为亚太区市场研发的"神经中枢"，拥有 700 多名工程师的中国研发团队已研发出多项世界领先的专利技术，被广泛应用到全球市场，包括美、日等发达国家。

二、科技创新与技术贸易发展新趋势

随着科技进步与各国经济交往的加深,国际技术贸易已不仅仅局限于传统的专利、商标、专有技术、特许经营权等标的物的有偿转让许可以及技术咨询、技术服务等形式,还扩展到合作研发与生产、技术并购、国际 BOT、工程承包等多个领域。全球技术贸易在蓬勃发展的同时,呈现出新的发展态势和特征。

(一) 创新竞争激烈化

创新水平高低是决定一国技术贸易竞争力的关键因素,创新不仅仅包括科技创新,还包括制度创新、管理创新、组织创新和商业模式创新等。国际金融危机以来,为抢占未来经济科技制高点,在新一轮国际经济再平衡中赢得先发优势,世界主要国家提前部署面向未来的创新战略和行动,科技创新的国家间竞争日趋激烈。创新战略成为世界主要国家的核心战略,如美国陆续发布了《空间力量:建设美国创新共同体体系的国家战略》《空间力量2.0:创新力量》等报告,提出了"美国创新共同体"这一具有空间属性的创新体系概念和一批相关重要举措。作为指引欧洲未来十年发展的"2020 战略"的 7 大项目之一,欧洲"创新型联盟"战略包括促进卓越的教育和技能发展、推动创新资源跨境合作、建立统一的创新市场、开发和利用欧洲创造潜力等30多项措施。为实现"从世界办公室迈向创新型国家"的目标,印度政府颁布了《国家创新法》,从法律层面对研发和创新活动的支持进行明确规定,并推出"印度十年创新路线图(2010—2020)",制定和完善了第四套科技创新政策,在推进包容性创新、加强创新人才培养等方面出台了一系列新举措。

根据世界知识产权组织(WIPO)机构最新公布的《2017 全球创新指数报告》(The Global Innovation Index, GII),发达经济体和发展中经济体之间的创新能力差距依旧显著,排名前 10 位的经济体多数仍为发达国家,其中欧洲经济体在全球创新指数的近半数指标方面位列第一,包括知识密集型就业、高校和产业研究协作、专利申请量、科技文章以及科学出版物的质量等。美国在金融市场成熟度和风险资本活动密集度方面表现突出,其他优势还包括从事全球研发的高品质大学和公司、科学出版物的质量、软件产出和创新集群的状态等。韩国、以色列、中国等发展中经济体进步明显,其中中国名列创新排行榜第 22 位,比 2016 年上升 3 个名次,成为中等收入经济体的领头羊。其他发展中经济体,包括印度、马来西亚、泰国、菲律宾、越南等,也正在积极改善其自身创新生态系统,在教育、研发、生产率增长、高科技出口等一系列指标方面表现良好。

表 1　2017 年全球创新指数一级指标排名的国际比较

指标	中国	美国	德国	日本	韩国	印度
全球创新指数排名	22	4	9	14	11	60
一、制度环境指标排名	78	17	18	13	35	92
二、人力资本与研究指标排名	25	13	10	14	2	64
三、基础设施指标排名	27	21	20	9	13	73
四、市场成熟度指标排名	28	1	16	12	14	39
五、商业成熟度指标排名	9	8	15	11	17	55
六、知识与技术产出排名	4	7	8	12	6	38
七、创意产出指标排名	26	10	7	36	15	85

资料来源:《2017 全球创新指数报告》(The Global Innovation Index,GII)。

(二) 贸易方式数字化

互联网、大数据与云计算等现代技术手段给传统的国际贸易,特别是技术贸易带来了深刻变革,全球正迎来"贸易的数字革命"。数字技术革命催生的新业态、新模式成为加速全球技术贸易持续增长的新动力。以数字化形式交付的技术内容日益丰富,如软件服务、在云端交付的数据服务、计算平台服务以及通过互联网实现的通信服务等等。基于云端的技术服务模式被广泛认可,一种完全创新的技术提供方式已开始兴起。云端交付被技术供需方大量所采用,SaaS(软件即服务)和 On-demand Payment(按需付费)有望成为主流的技术交付与定价模式。

贸易方式的数字化与交付方式的云端化也带来一系列挑战,数字形态的技术产品和服务在生产、交付、存贮、使用、定价、交易合同签订等环节均与传统的贸易方式不同，在税收征收、商业秘密与个人隐私权保护、版权保护、打击有关犯罪、审查监管与争端解决等领域有待确立新的规则。国家间的技术贸易壁垒也日益隐蔽化，与传统的关税、许可证与配额等贸易限制措施不同，数字化技术面临的贸易壁垒更趋隐蔽与复杂，如本地化要求、跨境数据流量限制、知识产权（IPR）侵权、国际合规性评估、规避技术保护措施（TPM）、独特的标准和繁重的测试、网络安全风险等等。

（三）贸易规则复杂化

"技术鸿沟"的存在使得技术的拥有者与受让方处于不平等的地位，因此技术贸易中有关限制性商业条款、技术垄断以及技术转让的限制一直受到关注。如何维护公平透明的国际技术贸易秩序，建立平衡各方权益的技术贸易规则是技术贸易领域内的难点与焦点。由于发达国家与发展中国家的分歧，《国际技术转让行动守则》一直没有正式获得通过，《控制限制性商业惯例的公平原则和规则》尽管已经作为联合国的正式决议公布，但并不具有法律约束力。《TRIPS协议》赋予了各成员方采取立法和措施的权利保护自身利益，因此技术贸易越来越受到各国国内法规的制约与掣肘。

作为国际技术贸易的主导者，发达国家开始推行更为严苛的知识产权保护规则。国际知识产权规则正在向TRIPS-Plus方向演变，与已有的规则相比，新一轮国际知识产权规则变革进程加快，保护范围有所扩大、期限更长，对于侵权处罚也更为严格。以美国对外签署的区域贸易协定关于知识产权保护的条款为例，要求对专利、版权和邻接权、商标、地理标识、域名、卫星节目信号、药品的测试数据等规定高水平的实体保护规则，强化知识产权执法措施，一旦这些规则适用到多边层面，将对国际技术贸易产生深远影响。

三、我国技术贸易发展现状与问题

自加入世界贸易组织以来，我国技术贸易经历了十余年的高速增长，近年来出现回落。根据商务部的统计，我国技术贸易进出口（合同金额）由2006年的225.8亿美元上升至2013年的931.15亿美元，年增长率高达

22.4%，随后3年进、出口连续呈双下降趋势。2016年我国技术贸易进出口（合同金额）为542.2亿美元，比上一年下降0.55%，其中技术出口合同金额234.87亿美元，同比下降11.02%；技术引进合同金额307.30亿美元，同比增长9.28%。

（一）我国技术贸易发展现状与特点

1. 技术进出口总体规模较小

我国是全球货物贸易与服务贸易大国，但距离技术贸易大国还存在一定差距。2016年我国技术贸易合同金额仅为货物贸易总额的1.5%，服务贸易总额的8.3%。以技术密集程度最高的电信、计算机和信息业为例，2016年美国、德国和印度电信、计算机和信息服务进出口总额分别为747.9亿美元、620.4亿美元和600.9亿美元，而我国为381.9亿美元，仅为美国的51%。我国电信、计算机和信息服务进出口额占服务贸易总额的比重为5.8%，低于印度（20.4%）、德国（10.7%）、俄罗斯（7.6%）和美国（6.2%）。

2. 技术进口方式以专有技术许可和转让为主

我国技术引进方式已从初期的成套设备、关键设备和生产线引进为主，转为以专有技术许可、核心关键技术咨询、技术服务为主的方式。2011年以

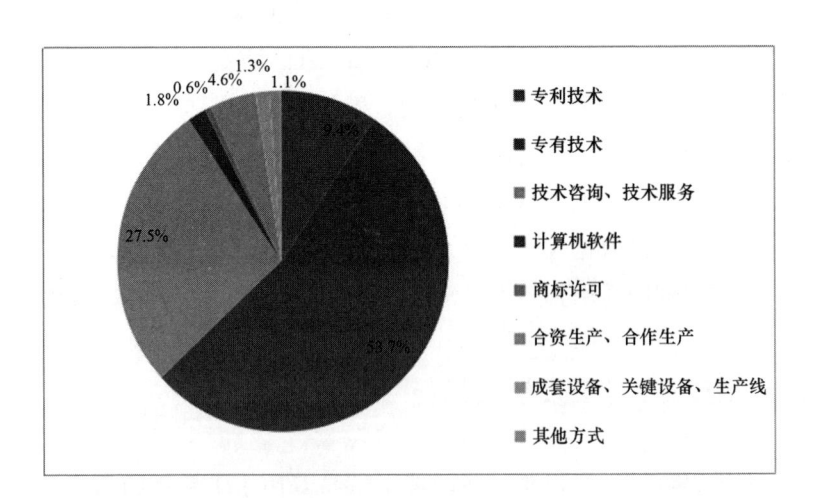

图1 2016年我国技术进口按进口方式分类情况（合同金额占比）

资料来源：商务部。

来，专有技术进口合同金额增加显著，技术咨询、技术服务进口合同金额呈下降趋势，专利技术和计算机软件进口合同金额均有小幅提升。2016年专有技术许可或转让、技术咨询与技术服务、专利技术的许可或转让分别位居我国技术引进方式前三位，合计占我国技术引进总额的比重超过90%。其中，以专有技术许可或转让方式实现的技术引进合同金额占我国技术引进总额的比重由2011年的37.1%上升到53.7%，是我国技术引进的最主要方式。

3. 技术出口方式以技术咨询与技术服务为主

2011年以来，我国技术出口结构发生了重大变化，计算机软件技术出口占比大幅下降，而技术咨询与技术服务出口占比快速上升。2016年技术咨询与技术服务、计算机软件、专有技术许可或转让分别位居我国技术出口方式前三位，合计占我国技术出口总额的比重超过90%。其中计算机软件技术出口占比由2011年的89.2%大幅下降到2016年的13.9%；技术咨询与技术服务出口合同金额171.06亿美元，同比增长16.3倍，占我国技术出口总额的比重由2011年的4.6%上升为72.8%，成为我国技术出口的绝对主力。

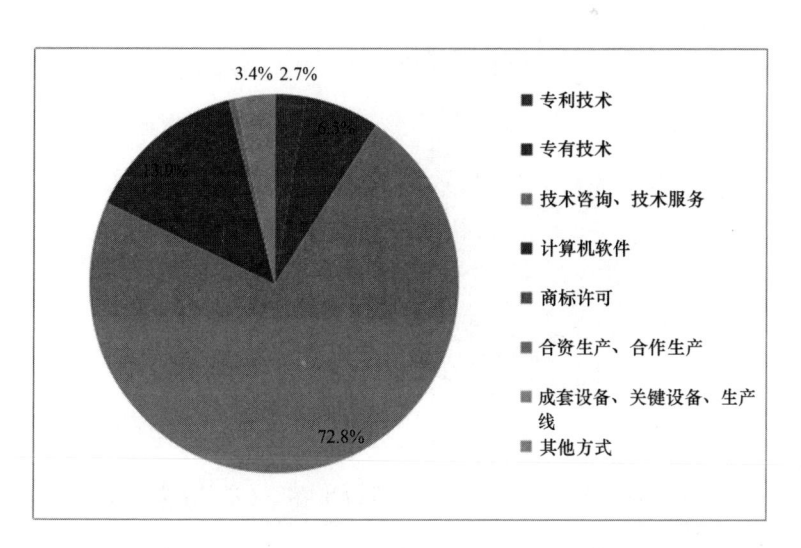

图 2　2016 年我国技术出口按出口方式分类情况（合同金额占比）

资料来源：商务部。

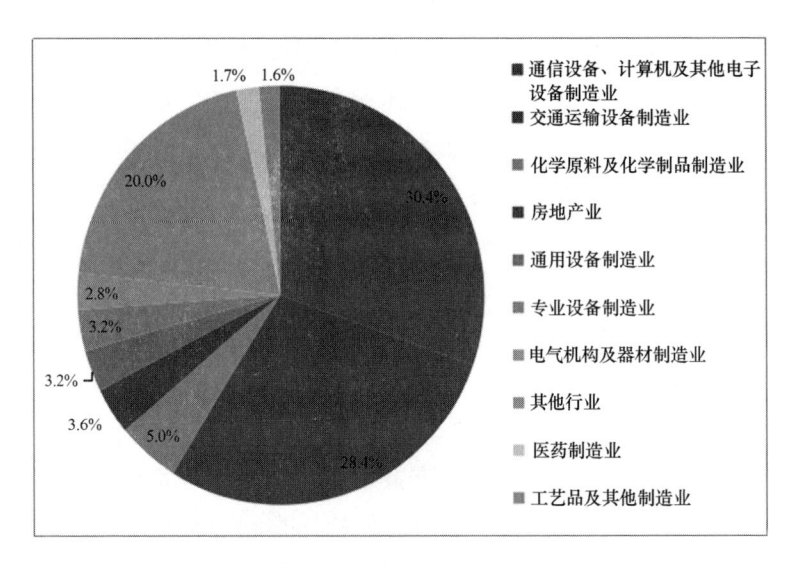

图 3 2016 年我国技术进口的行业分布情况（合同金额占比）

资料来源：商务部。

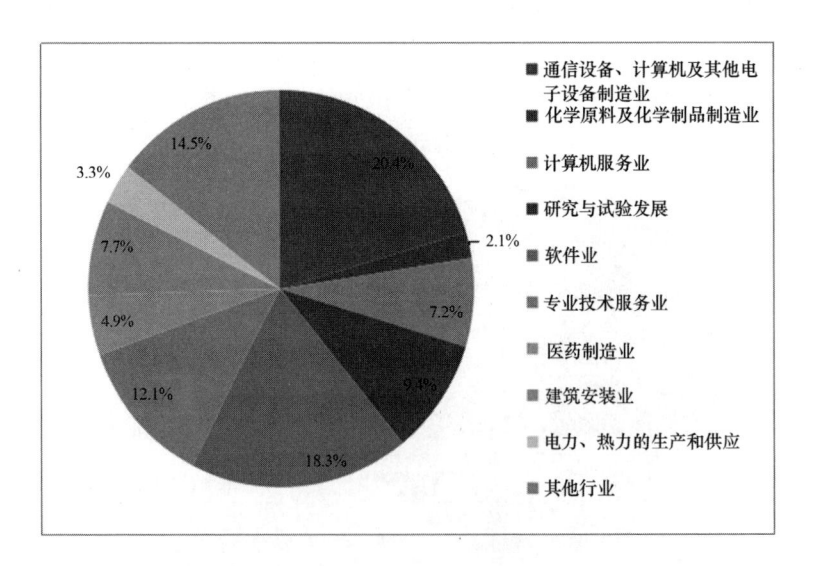

图 4 2016 年我国技术出口的行业分布情况（合同金额占比）

资料来源：商务部。

4. 制造业仍依赖技术引进，服务业技术出口能力不断增强

我国是全球制造业大国，但支撑制造业的核心关键技术仍严重依赖进口。2016 年我国技术进口前十大行业中，八个行业属于制造业，包括通信设备、计算机及其他电子设备制造业、交通运输设备制造业、化学原料及化学制品制造业、通用设备制造业、专业设备制造业、电气机械及器材制造业、仪器仪表及文化、办公用品机械制造业在内的制造业技术进口占比合计达到 76.3%。技术出口方面，我国制造业技术出口仅占 27.4%，而包括计算机服务业、研究与试验发展、软件业、专业技术服务业、建筑安装业在内的服务业技术出口占比达到 54.7%。

（二）我国发展技术贸易面临的主要问题与挑战

1. 自主研发创新能力与产业化能力还有待提高

我国的自主研发水平、科技创新能力和企业竞争力与当今世界科技强国相比仍有一定差距。当前我国对科技研发投入经费已居世界第二，科技人员数量居世界第一，但多数关键性核心技术并没有进入世界前列。虽然近年来企业在技术创新中的作用逐步提升，但具有国际竞争力的创新型企业仍为数不多，万众创新刚处于起步阶段。我国规模以上工业企业 R&D 经费仅占主营收入额的 0.92%，仅为发达国家平均水平的 1/2；大批中小企业的创新以一般性产品创新为主，处于产业链的中低端。我国大量的科技成果停留于科技论文或实验室阶段，成果转化率有待提高。研究报告反映，我国科技成果转化为产业应用技术的比例仅约 15%，远低于先进国家的约 30%；我国职务发明专利的转化率约为 10%，远低于发达国家近 50% 的水平。全球专利交易市场的前 15 位买家与卖家，均为美、欧、日、韩等科技强国的企业。

2. 与技术相关的贸易竞争力仍然较弱

与货物贸易顺差不同，我国技术贸易长期处于逆差状态。根据商务部的统计，2016 年我国技术贸易逆差为 72.4 亿美元，比上一年增长 2.2 倍，2017 年上半年更进一步扩大至 90.7 亿美元。尽管服务业技术出口能力有所增强，但技术出口"软实力"尤其是知识产权输出能力仍然很弱。根据 WTO 的统计，2016 年我国电信、计算机和信息服务的出口额仅为印度的 46%，我国知识产权使用费出口额仅为 11.7 亿美元，远远低于美国（1222.3 亿美元）、日

本（390.1亿美元）以及德国（168.6亿美元），我国知识产权使用费逆差高达228.1亿美元，成为全球知识产权使用费逆差最大的国家。知识产权使用费占服务贸易的比重仅为3.8%，远低于日本（16.7%）和美国（13.6%），也低于韩国（7.9%）、俄罗斯（4.5%）以及德国（4.6%）。

表2 2016年各国知识产权使用费服务进出口情况（单位：亿美元）

国家	出口	进口	总额	差额	服务贸易总额	占服务贸易比重
中国	11.7	239.8	251.5	-228.1	6571.1	3.8
德国	168.6	95.9	264.5	72.7	5784.3	4.6
印度	5.3	54.7	60.0	-49.4	2942.8	2.0
日本	390.1	196.7	586.9	193.4	3514.3	16.7
韩国	66.2	92.9	159.1	-26.7	2008.5	7.9
俄罗斯	5.5	50.0	55.5	-44.5	1225.5	4.5
美国	1222.3	427.4	1649.7	794.8	12145.1	13.6

资料来源：WTO数据库。

3. 跨国公司是我国技术贸易的主导者

我国技术贸易前十大贸易伙伴均为发达国家或地区，技术贸易主体以外资企业为主，外资企业占技术出口与技术进口的比重分别达到63.7%和61.5%，跨国公司成为我国技术贸易的主导者。相当比重的技术转移与技术扩散是在跨国公司的母公司与子公司之间进行的，对我国自主创新能力的溢出效应有限。在我国，发达国家的跨国公司通过技术垄断获取高额利润的现象没有得到根本改观，2015年美国移动芯片巨头高通公司由于技术垄断被我国政府处以9.75亿美元罚款，仅仅是在华跨国公司技术垄断现象的冰山一角。

4. 先进技术引进遭遇发达国家更为严苛的出口管制

长期以来，我国在技术引进方面一直遭遇到美、欧、日等发达国家严苛的出口管制。根据美国《出口管理法》，美国出口管制制度具有一定的域外管辖效力，违反美国出口管制法规的外国企业，可能被美国政府列入"实体清单"（Entity List），即被视为参与违背美国国家安全或外交政策利益活动的企业或机构。在2017年中兴公司涉美出口管制案件中，美国商务部以中兴公司违反美国出口管制法规为由，将其列入"实体清单"，并对其采取了限制出口措施，禁止美国国内元器件供应商向中兴公司出口元器件、软件、设备等技术产品。中兴公司由于核心的芯片技术仍掌握在美国供应商手中，最终不得不缴纳8.9亿美元的高额罚款与美国政府达成和解。

5. 技术贸易领域知识产权摩擦频发

技术贸易涉及专利、专有技术、商标许可等知识产权密集型产品与服务，因此成为知识产权摩擦的多发领域。自美国总统特朗普执政以来，知识产权成为其实现美国经贸利益的政策工具。美国频繁动用"337条款"与"301条款"，对华发起知识产权诉讼调查更多、涉案金额更大，其中专利密集型的高技术领域所受影响最大。2017年1—6月，美国共启动337调查29起，比上年同期略降3.3%，但其中涉华案件高达13起，占比44.8%，比上年同期增长18.2%，且中方全部因专利侵权而被诉，涉及产品及技术包括图形处理器、DDR内存控制器等。同期，美国ITC发布终裁公告终止调查的337调查案件共计22起，其中涉华案件10起，占比45.5%，中企胜诉率仅为21.7%。

四、新形势下我国发展技术贸易的思考与建议

（一）增强自主创新能力，夯实技术贸易产业基础

自主创新是提升技术贸易国际竞争力的源泉，也是供给侧结构性改革的首要任务。增强自主创新能力也应从供给、结构、改革三方面入手，优化科技供给要素投入，实施科技体制机制改革，推动科技主体与载体结构升级。

首先，建立更完善的创新制度。科技体制机制创新涉及科技创新法治制度、知识产权制度、研发机构组织制度、科技创新规划管理制度等全方位的制度创新。要进一步深化科技体制机制改革与创新，充分发挥市场配置资源的作用，实现政府"由管理到治理、由防范到鼓励、由围堵到引导"的转变。

其次，培育更活跃的创新主体。要进一步激发各类创新主体活力，发挥高校科研院所的原始创新策源作用，增强科技领军企业的研发主导作用，激发中小科技企业的市场参与主体作用，突出创业个体人才的创新驱动作用，促进各类创新主体协同互动、创新要素顺畅流动高效配置。

第三,搭建更丰富的创新载体。要进一步推动创新载体延展与壮大,引导高端创新要素向以国家实验室为引领的技术研发载体、以产业孵化器为引领的成果转化载体和以国家自主创新示范区为引领的区域创新载体加速流动和聚集。

第四,建立更灵活的创新资源投入模式。构建政企互动的创新合作新方式,激励科技企业、风险资本、银行资本、社会基金提高科技创新投入,更好地发挥公共投资的引导、放大效应,完善多元化、多渠道、多层次的科技投入体系,通过社会资本的专业化运作和精细化管理提升科技创新资源的配置效率,加速新技术研发、服务推广及产业化进程。

(二)完善技术贸易促进政策与服务体系

国际经验表明,技术贸易的发展离不开政府的扶持与鼓励。我国应借鉴发达国家经验,建立并完善技术贸易领域促进政策与服务体系,实现贸易政策、科技政策与产业政策的协同。

首先,完善技术贸易进出口政策。研究完善《对外贸易法》《反垄断法》《反不正当竞争法》中与技术进出口相关的管理条例,及时修订补充《技术进出口管理条例》《中国禁止进口限制进口技术目录》《中国禁止出口限制出口技术目录》等技术贸易管理规章制度,完善自由进出口技术合同的登记程序,建立合理有序的技术进口审查、许可与监管制度,以及技术出口管制与许可制度,为技术贸易的管理创造良好的法制环境。

其次,加强金融财税政策的鼓励与引导作用。探索促进技术贸易发展的财政、税收、金融、外汇、海关等支持政策。完善企业研发费用计核方法,调整目录管理方式,扩大研发费用加计扣除优惠政策适用范围。放宽对外资创业投资基金的投资限制,支持创业投资机构加大对境外高端研发项目的投资。改善技术贸易中小企业融资条件,鼓励金融机构推进知识产权质押贷款、科技保险、科技资产证券化等科技金融产品创新。

第三,构建完善的技术贸易服务体系。重点发展研究开发、技术转移、检验检测认证、创业孵化、知识产权、科技咨询、科技金融、贸易融资、人才服务等业态,形成覆盖科技创新全链条的技术贸易服务体系。构建技术贸易统计监测体系,加强技术进出口合同登记管理,建立和完善技术贸易企业和项目数据库,强化贸易、科技、海关、外汇等部门间的信息共享,提高监测预警和监管能力。

(三) 提升知识产权规则意识,应对技术贸易壁垒与贸易摩擦

技术的突飞猛进正带来贸易规则的深刻变化,知识产权成为技术贸易领域的核心议题。在我国建设贸易强国与科技强国的进程中,会遭遇越来越多技术贸易领域内的贸易壁垒与摩擦。

首先,加强对技术贸易新型国际规则的跟踪研究。跟踪全球技术贸易、知识产权、数字贸易等新兴领域国际规则的最新发展趋势,开展关于限制性商业条款、专利与专有技术保护、数字化技术产品与服务等领域的国际规则条款研究,积极参与知识产权国际规则的制定。

其次,积极应对发达国家对华技术出口管制。跟踪发达国家出口管制政策的变化,以准确评估对我国高技术领域进口的影响,对企业开展与出口管制相关的法律法规及政策的培训,引导我国企业建立完善的出口合规体系。同时,完善我国自身的出口管制制度及出口许可制度,适时出台《出口管制法》,制定合理的《出口管制产品清单》,并加强事中事后监管。

第三,提升与知识产权有关的贸易摩擦应对能力。充分发挥知识产权与贸易部门联席会议机制的作用,在此基础上,建立更高级别的知识产权谈判协调机制,制定与知识产权相关的多双边贸易协定与投资协定的谈判预案,争取最大程度地维护自身利益。完善知识产权保护制度,加强知识产权保护执法,培育良好的信用环境和市场秩序。强化企业知识产权保护意识,鼓励企业主动进行知识产权海外布局,维护海外知识产权权益。

(四) 拓展与"一带一路"沿线国家发展技术贸易的广度与深度

"一带一路"沿线多为新兴经济体和发展中国家,都面临经济转型的需求和任务,我国与沿线国家开展科技合作与技术贸易的前景十分广阔。

首先,加强技术贸易重点领域的合作,与沿线国家相比,我国科技创新资源丰富,在农业科技、装备制造、高速铁路、电信与计算机信息技术、空间科学、生命科学与健康、能源环境等领域具有技术优势,我国积累的大量先进适用技术和科技人才,能够为沿线国家提供更丰富的技术产品与服务。

其次,搭建"一带一路"更广阔的科技合作平台,与沿线国家共建科研合作、技术转移与资源共享平台,合作建设一批联合实验室(联合研究中心)、技术转移中心、技术示范推广基地和科技园区,加强双方技术标准的对接,鼓励我国有实力的企业在沿线国家建设研发中心,带动中国技术与中国服务走出去。

第三,开展跨国并购、工程承包等多种形式的技术贸易。目前"一带一路"沿线占我国对外承包工程市场的半壁江山,应以此为契机,通过股权并购、技术参股、战略联盟等方式,实现工程咨询、评估、规划、勘探、设计、施工各环节的参与,采用 BOT(建设—经营—转让)、PPP(公私合作模式)等承包方式,带动我国交通、电力、建筑等相关基础设施领域先进技术的出口。鼓励国内企业开展对"一带一路"沿线国家的对外直接投资、跨国并购、技术转让与许可,实施外向型技术转移。

第二篇　数字贸易规则的最新发展趋势及我国应对策略[*]

崔艳新　　王　拓

当今世界已进入数字经济时代，根据波士顿咨询公司统计数据，2016年全球互联网影响的经济总量达到4.2万亿美元，发达国家受益于互联网作用，经济增长提高5%—9%，互联网对发展中国家GDP的贡献达到15%—25%。全球商品、服务和资金流动在2007年达到约30万亿美元的历史最高记录后，增幅逐渐放缓，甚至出现停滞或下降。但基于互联网、大数据与云计算等现代技术手段产生的数字贸易却增速迅猛。据测算，从2005年到2014年，通过互联网传输的全球数据流量增长了45倍，远远超过传统的国际商品贸易或金融资本流动的增长速度。数字经济和数字贸易在带来巨大红利的同时，也给传统贸易方式和贸易规则带来不小挑战。目前，我国电子商务迅猛发展，成为推动经济发展的重要引擎，但对跨境电子商务乃至数字贸易规则方面的认知仍然不足。因此，研究全球数字贸易规则最新发展趋势，对于我国发展数字经济与数字贸易，参与制定符合自身利益的国际数字贸易规则具有重大意义。

---

[*]　此文发表于《全球化》2018年3月。

一、数字贸易引发贸易规则的深刻变革

（一）对数字贸易与跨境电子商务的认知不断变化

互联网技术应用手段的日新月异，使得数字贸易的内涵与外延不断扩充。根据美国国际贸易委员会2013年发布的《美国和全球经济的数字贸易》报告，数字贸易是指通过互联网交付产品和服务的商业活动。数字贸易通常包括四个方面的内容：一是数字化交付内容，如音乐、游戏、影像、书籍；二是社交媒体，如社交网络网站、用户评价网站等；三是搜索引擎，如万用搜索引擎、专业搜索引擎等；四是数字化交付内容，如软件服务、在云端交付的数据服务、通过互联网实现的通信服务、在云端交付的计算平台服务。

在现实应用中，与数字贸易密切相关的电子商务（e-commerce）目前也没有广泛接受的权威定义。从广义上看，电子商务指通过互联网从事的商业活动，包括在线下交付货物或服务，也包括线上传输产品与提供服务，如软件等。世界贸易组织（WTO）《关于电子商务的工作计划》中将电子商务定义为"通过电子方式进行货物或服务的生产、分销、销售或者支付"。

因此，从广义上来看，数字贸易与跨境电子商务并没有本质上的区别，两者一脉相承，具有诸多相同特点和属性。但是在现实应用中，跨境电子商务通常主要指基于互联网而进行的跨境货物贸易以及相关的服务，其核心仍然在于"货物流动"；而数字贸易更侧重于数字化交付内容及服务的跨境流动，核心在于"数据流动"。

（二）多边贸易框架下关于数字贸易规则难以达成共识

数字贸易作为一种新型贸易方式，其主要依托互联网体现出的自由化和开放性等特点，与传统WTO框架下货物贸易与服务贸易规则之间都产生了不适和冲突。

在数字贸易的属性方面，目前为止，世界贸易组织（WTO）各成员国对于数字贸易究竟适用货物贸易规则（GATT）还是服务贸易规则（GATS）仍未达成一致。数字贸易具有虚拟化和可复制性等特点，贸易方式隐蔽复杂，

监管难度大，使得现有 WTO 货物贸易关税规则难以对其产生效力，而如果将其列入服务领域，又将面临各国严苛的市场准入壁垒。在边境后措施方面，数字的跨境流动要求对数字安全进行有效保护，而以欧盟为首的一些国家对于数据存储提出较高的本地化要求。如何制订全面、统一、规范、透明的数字贸易规则已成为世界贸易组织（WTO）面临的一大难题。

目前，在世界贸易组织多边框架下，关于数字贸易及跨境电子商务议题主要存在三方立场：一是以美国为首，包括欧盟、日本等在内的发达国家，主张将数字的跨境自由流动纳入多边贸易规则；二是以中国、俄罗斯为代表的发展中国家以及欠发达国家，主张建立基于货物流动为主的跨境电子商务规则；三是非洲、加勒比和太平洋岛国等相关国家，由于自身电信与互联网等基础设施较差，反对将数字贸易及跨境电子商务议题纳入多边贸易框架下讨论。

（三）数字贸易壁垒与"电子摩擦"使得贸易争端解决变得更为复杂

数字贸易壁垒不仅包括针对电子产品的关税和配额，还包括形形色色的非关税壁垒。数字贸易领域主要的非关税壁垒包括：本地化措施、跨境数据流限制、知识产权侵权、国际合规性评估、网络安全风险等内容。这些非关税壁垒通常以有意或无意的歧视性法律法规，阻碍数字贸易自由流动。与传统的关税与非关税措施相比，数字贸易壁垒更为复杂与隐蔽，由此产生的"电子摩擦"（e-friction）使得传统的贸易争端解决机制也面临挑战。

（四）数字贸易的统计困难阻碍了贸易政策的有效制定

数字贸易的产生使得商品和服务的定义界限越来越模糊，无论是现有以海关为主的货物贸易统计分类，还是以《国际服务贸易统计手册 2010》（MSITS2010）和《国际收支与国际投资头寸手册》（BPM6）为指引的服务贸易统计分类，都已不足以涵盖以数字贸易为代表的各类新型贸易。以互联网为载体的数字贸易使得跨国销售信息难以准确捕捉，各国贸易数据的统计变得更加复杂，政策制定者难以有效判断国家间贸易与投资受益的真实状况。

二、美国试图占领全球数字贸易规则高地

美国是全球互联网和数字技术最发达的国家，全球市值最高的前十家公司中，互联网企业占据五席，分别是苹果、谷歌、微软、亚马逊和 Facebook，而它们均属于美国。根据美国商务部的数据，2014 年美国数字服务出口 3997 亿美元，进口 2080 亿美元，贸易盈余高达 1589 亿美元，数字服务占当年美国服务贸易总额的 50% 以上。为了促进数字经济和推动数字贸易发展，实现"数据自由流动"的雄心，美国制定了一系列方针政策。

（一）美国在数字贸易领域内的战略目标

美国发表的一系列关于数字经济与数字贸易的报告显示，数字经济和数字贸易对美国经济具有极大的促进作用，并且美国在信息技术方面具有世界绝对领先的优势，因此美国国务院认定"确保自由和开放的互联网"将成为其一项重点政策。美国贸易代表希望通过推动全球数字贸易来宣扬数字自由主义的立场，确保数据可以不受阻碍地自由流动。

为此，美国制定了清晰的数字经济与数字贸易战略，并在 2015 年 6 月颁布实施的美国《贸易促进授权法》中指出，美国商务部应达成协议来实现以下目标：

（1）确保将世贸组织当前的承诺适用于数字贸易环境中，确保对数字贸易的待遇不低于对商品贸易的待遇；

（2）禁止强迫性的本地化要求以及对数字贸易和数据流的限制；

（3）保持免税的电子传输；

（4）确保相关的法律法规产生尽可能少的贸易限制。

（二）美国将在双边及诸边协定中推动建立数字贸易规则

美国认为，世界贸易组织多哈回合谈判已陷入停滞，而各方希望解决快速发展的电子商务等数字贸易新议题，各缔约国应在世贸组织之外达成更多的双边和诸边贸易协定。美国曾主导的跨太平洋伙伴关系协定（TPP）及跨大西洋伙伴关系协定（TTIP）谈判尽管停滞不前，但对于数字贸易规则的探

索还将继续。美国将在其双边和诸边贸易谈判中包括并且不断扩大数字贸易的条款与规定。美国将致力于制定全球数字贸易规则框架，使企业及消费者受益，支持美国经济增长、就业和创新。

在此前披露的 TPP 对外谈判文本中，"电子商务"作为单独章节专门列出，并且重点并不仅仅局限于"货物的跨境流动"，而是制定全面的"跨境数据和信息流动"的整套规则。这些规则包括确保数据自由流动、数字产品、电子认证、电子传输、个人信息、无纸贸易、电子商务网络的接入和使用、互联互通费用分摊、计算设施的位置、非应邀商业电子信息、合作、网络安全事项合作、源代码、争端解决等一系列内容。除了禁止向数字产品征收关税及对数字贸易相关的其他重要承诺建立共识外，TPP 电子商务章节还具有如下新特点：

一是首次承诺解决数据存储本地化以及禁止数据信息跨境流动两大问题。这将有助于保障数字贸易的关键投入不受政府干预，并减少互联网"割据化"的威胁。

二是确保消费者得以进入开放的互联网，同时要求制定在线消费者保护法，保障实施隐私及其他消费者保护措施。

三是鼓励 TPP 成员国开展消费者保护方面的合作。

四是首次强调消费者保护的必要性，采取措施禁止商业垃圾信息，确保隐私保护有效实施，使消费者在使用互联网时建立信心及信任。

五是禁止强制要求在进入 TPP 市场时与政府或商业竞争对手共享软件源代码。

六是有关数字贸易合作的全面承诺，尤其是协助中小型企业利用数字贸易。

七是在自由贸易协定中首次承诺对网络安全及网络安全能力建设这一重要议题开展合作，TPP 成员国可以从合作中获益。

（三）美国数字贸易政策走向

为了达到所设定的政策目标，美国采取了相应的诸多行动。美国国际贸易委员会（USITC）于 2013 年和 2014 年分别发布了《美国数字贸易和全球经济》系列报告 1 和 2，并于 2015 年 10 月举行了包括政府机构、智库、企业和诸多国际贸易机构的圆桌会议。2016年3月，美国商务部在国际贸易管理局（ITA）的商业服务处下制订了数字贸易参赞计划（Digital Attache Program），拟在东盟、巴西、中国、日本、印度和欧盟的6个海外市场派驻数字贸易参赞。数字贸易参赞负责帮助美国企业出口开辟全球网络市场的准入，在企业面临数据经济政策挑战时提供咨询。2016年7月，美国贸易代表办公室（USTR）内部建立了数字贸易工作组，以快速识别数字贸易壁垒和制定相应政策规则。工作组编制了《2017年外国贸易壁垒评估报告》，对主要国外市场上的数字贸易壁垒开展调查和评估。2016年12月，美国商务部建立了数字经济顾问委员会（DEBA），成员包括科技行业巨头、创新者以及专家，旨在帮助政府、企业和消费者提供发展数字经济的建议。

美国国际贸易委员会（USITC）目前正在开展数字贸易政策的研究工作，将在两年内向美国贸易代表办公室（USTR）提交3份关于数字贸易的专项报告，主要内容是检验新的数字技术对于美国企业的应用和数字贸易壁垒对于美国企业在国际市场竞争中的影响。

第一份调查报告《全球数字贸易 I：市场机会和关键的国外贸易限制》，将描述当前企业应用数字贸易的现状和近期发展，以及消费者利用数字技术的情况，也将提供美国的数字产品和服务的市场信息，以及产品和服务可以覆盖全球规模的其他关键国家的情况，如欧盟、中国、俄国、巴西、印度和印尼等。该调查将评估数字技术在美国和其他国家市场的采用率，进一步研究本国和跨境数据流动的重要性。该报告还将描述海外重要市场可能阻碍数字贸易的政策和规制。

第二份和第三份报告将会分析哪些措施会影响美国企业对海外企业和国外消费者开展和提供数字贸易的能力，并评估这些政策对于美国企业数字产品和服务竞争力的影响，以及传统贸易、投资与数字贸易之间的关系。

美国在完成前期研究及上述三份报告后，将会形成相对完善的数字贸易战略政策框架体系，具体包括：一是掌握当前数字经济与数字贸易全球发展情况，研究该领域新型商业模式；二是评估数字流动的重要性，研究数字贸易与传统贸易和投资之间的关系，制定并引领符合美国利益的全球数字贸易规则；三是对国内已有政策进行评估，并筛选出哪些政策有明显促进作用；四是研究目前各国以及美国自身数字贸易中存在的限制性措施有哪些；五是在构建数字贸易战略的同时,形成系统化的可操作的数字贸易政策措施。

三、欧盟数字经济与单一数字市场战略

为推动数字经济发展,欧盟制定了一系列促进数字产业的发展政策,以激发数字技术对欧盟经济的带动作用。但欧盟内部成员国较多,各自意见主张不同,因此欧盟制定的数字经济政策主要集中于破除各国之间的差异性,建立欧洲单一数字市场,以此推动欧盟整体的数字经济发展。

(一)欧盟数字经济战略与欧盟数字议程

欧盟的数字经济发展战略早在20世纪90年代就已兴起,并经历了如下几个阶段:

第一阶段,《成长、竞争力与就业白皮书》在1993年发布,并首次提出了欧盟信息社会具体意见,重点加快网络基础建设。

第二阶段,2000年"里斯本战略"发布,欧盟委员会提出目标,要在2010年前成为"以知识为基础、世界上具有活力和竞争力的经济体",并据此提出了以电子政务、电子医疗和卫生、电子教育与培训、网络零售四大主要应用为支柱的发展计划。其中eEurope2002计划的目的是为了更廉价、更高速、更安全的互联网连接,重点关注连通性。eEurope2005计划的目标是实现更高的宽带普及率和其他ICT服务的发展,重点关注投资环境、现代化的公共服务及电子包容。2005年欧盟发布《i2010—欧洲信息社会:促进经济增长和就业》,这一战略在"里斯本议程"的基础上进一步提出了欧盟发展信息经济的目标与举措。

第三阶段,2010年5月欧盟正式发布了"欧盟数字议程",该议程是"2020欧盟"战略中七大主要计划之一。该议程首先分析了阻碍欧盟信息技术发展的七种障碍,并提出七项优先行动。这七种障碍是:数字市场间的堡垒、缺少互操作性、网络犯罪增加与风险、缺少投资、研发与创新不够、社会缺少数字技术知识普及、未能应对社会重大挑战等。七项优先行动包括:建立一个能够让数字时代各种优势及时共享的数字市场;改进信息技术领域的标准与互操作性;增强网络信任与安全措施;增加欧盟对快速和超快速互

联网的接入；加强信息技术的前沿研究与创新；加强全体欧洲人的数字技能与可接入的在线服务；释放信息技术服务社会的潜能以应对社会各种重大的挑战。

（二）欧盟单一数字市场战略

欧盟认为，作为全球最大的经济集团，建立欧盟各成员国之间统一的数字贸易规则至关重要。为了打破欧盟境内的数字市场壁垒，欧盟委员会于2015年5月发布了"单一数字市场"战略，以协助欧盟在新一轮经济危机中抓住机遇。欧盟决策者们试图在整个地区实现数字贸易领域更多的政策协调，其中比较重要的举措是建立欧洲数字单一市场（DSM）。

数字单一市场是欧盟统一市场、促进贸易、推动经济增长的一项长期而重要的工作，共包括三个支柱：（1）通过跨境活动更好地在线访问数字商品和服务；（2）在支持投资和公平竞争的监管环境下建设高速、安全、可靠的基础设施；（3）通过在基础设施、研究和创新以及包容性社会和技术公民方面的投资，确保数字经济成为增长的驱动力。欧盟委员会的数字单一市场战略涉及到合法获取内容的可移植性、跨境数据流、版权保护例外和限制、中介责任和强制执行等问题。

欧盟内部也有一些人担心，最终的"单一数字市场"法规将符合美国企业的利益。欧盟委员会为此提出了"谨慎义务"的建议，2016年5月又提出了开展电子商务活动时的建议，其中包含《视听媒体服务指令》（AVMSD）的更新，包括有关平台责任和本地内容要求方面的规定，这一指令也引起了关注。

欧盟《数据保护指令》（1995）规定了如何在各个行业收集和使用欧洲公民相关信息的共同规则，但是每个欧盟成员国可通过制定本国的法律来实施该指令。为了实现《数据保护指令》的现代化并促进数字单一市场的建立，欧盟成员国（由欧盟理事会代表）和欧洲议会于2015年年底达成有关《通用数据保护条例》（GDPR）的一项新的政治协定。与《数据保护指令》相比，《通用数据保护条例》将直接适用于所有欧盟成员国，从而为整个欧盟的数据保护建立一套单一的规则，但是仍有大约40项规定允许个别成员国制定自己的标准。欧盟于2016年5月4日公布了最终的《通用数据保护条例》，成员国将在 2018 年 5 月 25 日前全面实施该条例。尽管缺乏精确的指导，但许多企业已经开始对该条例的监管及其实施计划进行分析。

四、欧美在数字贸易规则领域内存在分歧

美国和欧盟是当前数字贸易与数字技术最为发达的地区，二者之间的跨境数据流量全球领先。据估计，[①] 美国在 2012 年向欧盟出口了 1146 亿美元的数字服务，占美国对欧盟出口总额的 72%。欧美之间的谈判对全球数字贸易的自由化措施将起到巨大影响。从目前来看，欧美对于数字贸易规则仍存在较大的分歧，尤其是对数字贸易、隐私和国家安全等问题上持有的不同态度，使得数字贸易全球规则的制订推进缓慢。

（一）隐私保护与数据本地化

以欧盟和俄罗斯为代表的诸多国家认为，数据自由流动有时构成了对于隐私保护的威胁，尤其是在面对美国数字技术极其发达，相关技术多数处于垄断的情形下，个人隐私成为数据自由流动环境下的重要问题。而对于网络环境下个人隐私保护的最好办法就是数据存储本地化措施，将数据存储器强行放置在本国之内进行保存和管理，以便确保与本国隐私相关的数据可以得到有效保护。而美国认为数据本地化措施必然阻碍数字的自由流动，为企业造成额外的负担，这是美国所不愿意看到的。

（二）文化例外

美欧之间另一重要的分歧在"文化例外"问题上。以法国为代表的很多欧洲国家在文化相关问题方面，为了防止美国文化入侵，保持自身文化的独立性，在数字贸易中涉及文化及相关内容时，均会有所排除，这些内容主要集中在个人文化、娱乐中的视听服务等内容方面。

在对欧盟委员会"谈判授权"的批准上，部长级理事会并未将视听服务纳入"谈判授权"范围内。由此可见，欧洲对于保持自身文化具有潜在的一

---

① 基于美国经济分析局（BEA）、世界银行和联合国贸易与发展委员会的数据。

致性,美欧双方很难在此问题上达成一致。

(三) 美欧之间的谈判及最新进展

由于美欧之间在数字贸易规则领域存在较大分歧,美国采取了与欧盟开展双边对话,共同商讨解决分歧的机制,主要体现在美欧在超大型自由贸易协定 TTIP 和 TiSA 中开展了一系列与数字贸易规则相关的谈判。数字规则是美国在《服务贸易协议》(TiSA) 谈判中关心的主要利益所在。美国希望,数字贸易或电子商务的章节或附件能够解决跨境数据流、消费者在线保护、互操作性等方面的贸易壁垒。然而,欧盟不愿提出关于数据流的提议,也不愿意承诺将"新服务"(其中许多可能是数字服务)包括在《贸易服务协定》(TiSA) 的不歧视义务中。这一分歧成为 TiSA 谈判进展缓慢的重要原因之一。

美国和欧盟官员在 2016 年初宣布以《欧盟—美国隐私保护协定》取代《安全港协定》,并于 2016 年 7 月 12 日生效。最终协定中规定由美国政府承担额外义务,包括在美国国务院设立新的申诉专员,补充保障措施和监督限制,以及美国企业承担的额外义务,如全面的数据处理义务等。《隐私保护协定》还做出有关由美国机构主动进行监控和执法以及美国和欧盟的年度联合审查等方面的规定。此后,美国和瑞士也达成《瑞士—美国隐私保护协定》,该协定可与美国和欧盟之间的协定相媲美。虽然企业目前可以依赖于《隐私保护协定》来确保他们的数字数据流在美国和欧盟之间传输,但隐私权倡导者们和其他一些人已经开始在法庭上对《隐私保护协定》提出了异议,这反过来可能会导致企业在加入这个计划时犹豫不决。

五、我国数字贸易发展状况及应对之策

目前在我国,数字贸易的重要应用仍集中在电子商务领域。近年来我国互联网经济与电子商务发展十分迅速,2016 年《G20 国家互联网发展研究报告》指出,中国互联网经济占 GDP 比重为 6.9%,超过发达国家 5.5% 和发展中国家 4.9% 的平均水平。艾瑞咨询最新数据显示,2016 年我国电子商务市场交易规模 20.2 万亿元,同比增长 23.6%;据美国 E-Marketer 公司估计,中国的跨境电子商务销售额 2020 年将达到 1577 亿美元。虽然我国电子商务市

场规模和潜力十分巨大，但在数字经济和数字贸易领域仍存在诸多不足，比如缺乏明确的战略与目标、国内知识产权保护有待提高、面临行业开放与网络安全难题等问题。另外，我国对数字贸易的认知与研究不足，仅局限在基于货物流动的跨境电子商务范畴，与美国和欧洲等发达国家推行的跨境数字流动相差甚远。

（一）应从战略高度重视数字经济与数字贸易

数字经济是各国寻求可持续发展的重要机遇。作为全球经济增长最快的领域，数字经济和数字贸易成为带动新兴产业发展、传统产业转型、促进就业和经济增长的主导力量，直接关系到全球经济的未来走向和格局。世界各国都在制定相关的发展与促进战略，以求在新的技术变革中居于领先地位。OECD"2015 经合组织数字经济展望"报告显示，截至 2015 年，80% 的 OECD 成员国家都制定了国家战略或者部门政策，构建了数字经济国家战略框架。如日本制定了 i-Japan 战略，澳大利亚发布了《2020 澳大利亚数字经济战略》，英国制定了《英国数字战略 2017》等。

我国目前电子商务发展规模庞大，居于世界领先地位，但在数字技术应用、数字经济和数字贸易规则方面却稍显落后。习近平主席指出"要加大投入，加强信息基础设施建设，推动互联网和实体经济深度融合，加快传统产业数字化、智能化，做大做强数字经济，拓展经济发展新空间"。2017 年 3 月，数字经济被首次写入我国政府工作报告。未来，我国应将发展数字经济提升至国家战略高度，开展顶层设计，制定数字经济和贸易发展战略，根据我国实际情况，有针对性地提出该领域发展目标与原则，明确重点发展方向，在全社会形成利用数字技术促进经济发展的良好氛围，为推动数字贸易打下坚实的产业基础。

（二）加强数字贸易发展与国际规则相关研究

目前全球数字贸易规则还未形成统一意见，美欧之间存在的分歧依然没有得到解决。美欧之间的谈判在新任美国总统特朗普执政后也出现停滞，TiSA 谈判暂停，TTIP 谈判进展缓慢。

在对数字贸易规则的认知方面，我国与美国之间也存在较大差异，主要体现在跨境数据流动和源代码规则等方面。美国数字贸易规则淡化国境概念，强调信息和数据的自由流动。在跨境数据流动方面，美国在TPP中明确提出了全球信息和数据自由流动的理念，中国对此一直持反对态度。目前我国关于跨境数据流动的规定主要是以《中华人民共和国网络安全法》为基础，其主要目标是维护国家安全，主张将国家、社会和个人信息纳入安全考虑范围。

中美之间另一个较大的差异是源代码规则。美国在TPP协议中明确规定，缔约方不得将数据代码强制本地化，作为另一缔约方在其领土内进口、分销、买卖或使用软件及包含该软件的条件。此条款的目的是禁止政府获取源代码，防止源代码泄露，从而有效地保护企业和个人的知识产权。发达国家普遍支持这项规则，因其具有较多的专利，并且在其国内有着较完善的知识产权法律保护。但对于发展中国家，源代码的禁止公开将产生诸多程序上的重复和浪费，同时面临高昂的知识运用成本，这不利于发展中国家的经济发展。因此，发展中国家普遍难以接受这样的准则。

当前我国应加强对数字贸易规则最新发展趋势的研究，开展关于数字贸易壁垒、知识产权保护、数字贸易统计、争端解决机制、新型数字贸易规则影响等一系列问题的研究，以应对可能出现的"电子摩擦"。同时借鉴欧美之间数字贸易规则谈判经验，未雨绸缪，研究我国与发达国家之间数字贸易领域谈判的应对预案。

（三）探索符合我国国情与发展中国家利益的数字贸易规则

目前，发达国家与发展中国家在数字贸易自由化领域内持有不同立场，我国应充分利用在全球电子商务领域内的领先优势，加快确立电子商务与数字贸易对外谈判方略。同时，更要处理好国家利益、网络安全和数字贸易之间的关系，在大力发展数字贸易的同时，要坚定不移地维护我国的网络安全与核心利益。

首先，以跨境电子商务发展为基础建立相关规则体系。我国是电子商务大国，因此可以以此为契机，在相关议题上探索规则的建立，比如网上消费者保护、跨境数字化产品税收征收等议题。

其次，协调区域关系，推动双、多边贸易协定发展。将跨境电子商务规则上升至数字贸易规则范畴，并尝试在相关业务领域与贸易伙伴国签订双边协定，规则涵盖范围再从区域内向区域间发展，逐步建立完善国际规则。

再次，在更大范围内推广符合我国利益的数字贸易规则。在多边框架下，探索提出符合我国电子商务产业发展和促进数字贸易的经贸规则，代表广大发展中国家发声，形成可以代表广大发展中国家的经贸规则，在完善贸易规则的同时不断扩大我国制定规则的影响力和适用性。

第三篇　美国游戏动漫文化产业发展经验与启示[*]

崔艳新　　孙铭壕

一、美国游戏动漫文化市场总体情况

（一）动漫市场

美国迪士尼是以动漫品牌为核心竞争力、通过产业链衍生扩张逐步构建起娱乐传媒巨头的典型代表。其动漫制作经营业务覆盖了动画制作、传播、衍生品授权和开发等各个环节。围绕着核心动画形象进行品牌价值的多轮次开发和利用，迪士尼公司逐渐形成以迪士尼品牌为基础，通过多种方式的品牌经营、创新和扩张的利润累次迭代相乘，从而实现品牌价值最大化的"利润乘数"模式。第一轮，迪士尼公司开发出优秀的动画产品并将其中的动画主角品牌化，塑造出一批"动画好莱坞明星"，这是随后开发动画衍生产业的基础。第二轮，在动画作品广受欢迎的基础上，公司通过光盘、图书等出版物的发行进一步扩大品牌影响范围，同时延长动画作品的生命周期。第三轮，通过主题公园将动画明星进行体验式推广，不仅为公司提供稳定的收益，也进一步增强了动画品牌的影响力。第四轮，利润率最高的环节，通过形象授权和衍生品开发，充分发掘动画明星的综合品牌价值。收购媒体网络进行产

---

[*] 此文发表于《中国国际文化贸易发展报告2018》。

业链拓展则是迪士尼构建娱乐媒体帝国的另一项重要举措。一方面，电视及网络媒体是动画作品的重要传播渠道，通过对大型电视台的并购合作，使迪士尼动画节目可以通顺流畅地展现给世界观众，成为动画品牌推广的重要窗口；另一方面，迪士尼通过并购，获得了一批优良有线电视网资产，成为公司一项稳定的收入来源。

总的来说，美国动画产业模式主要有以下四个特点：一是巨头垄断产业链，独立完成从"原创—剧本—制作—发行—后产品"的完整产业链运作；二是动漫作品采用大投入、大制作、大产出、大运作的方式占领市场；三是依靠掌控的报刊、电影、电视及衍生品售卖等资源，实现多元化经营，获取极大利润；四是将大量中低档动画制作及衍生品开发制作、生产外包给其他地区，提高自身利润率水平。

2013年北美连环漫画和漫画小说市场的销售额达到8.7亿美元，包括传统连环漫画期刊、数字漫画以及在漫画市场、报摊和一般图书贸易市场的图书格式漫画的销售额。8.7亿美元销售额中的3.65亿美元来源于漫画期刊销售。全美约有2000家漫画店，美国传统漫画书几乎全部通过直接市场或漫画市场出售。图书格式的连环漫画或漫画小说已成为漫画市场的主要部分。2013年漫画小说的销售额达4.15亿美元，其中漫画市场的销售额为1.7亿美元，而一般书店的销售额为2.45亿美元。数字漫画是市场上发展最快的漫画类型，2013年销售额约为9000万美元。

表1 2013年美国漫画市场销售情况概览

漫画种类		销售额	占比
所有种类		8.7亿美元	100%
漫画期刊		3.65亿美元	42%
漫画小说	漫画市场	1.7亿美元	20%
	一般书店	2.45亿美元	28%
数字漫画		9000万美元	10%

资料来源：Comichron 网站，http://www.comichron.com/yearlycomicssales.html。

（二）视频游戏市场

根据行业组织娱乐软件协会的报告，2009年至2012年期间，美国视频游戏行业增长9.6%，为美国贡献了62亿美元的经济收入，比美国整体经济增速高出数倍。目前美国游戏行业的就业人数约为4.2万人，自2009年起增长30%。从2009年至2012年，游戏行业员工的平均工资已增长5.3%，而同期美国家庭的平均收入却下降了0.84%，足见视频游戏行业发展势头良好。根据市场研究机构提供的测算数据，截至2018年，全球软件游戏业务将增长59%左右，从630亿美元增至1000亿美元。其中，手机游戏所占份额从15%激增至30%左右。

表2 美国游戏行业发展情况概览及全球预测

美国2009—2012年概览		
行业相关指标	数量	增速
视频游戏行业销售额	62亿美元	9.6%
游戏行业从业人数	4.2万人	30%
游戏行业员工平均工资	—	5.3%

全球2018年预测			
行业相关指标	数量	增速	在软件游戏业务中占比
软件游戏业务	1000亿美元	59%	100%
手机游戏业务	—	217%	30%

资料来源：美国娱乐软件协会（ESA）年度报告 http：//www.theesa.com/about-esa/esa-annual-report/。市场研究公司 DFC Intelligence https：//www.dfcint.com/reports/。

二、美国支持游戏动漫文化产业与贸易发展的政策措施

（一）奉行"一臂之距"的宽松管理原则

美国充分发挥市场体制、法律政策、中介机构、地方政府的作用，奉行"一臂之距"的宽松管理原则。政府最大的作用主要体现在为游戏动漫文化产业的发展创造宽松有利的制度环境和法律保障，这使得美国的游戏动漫文化产业能够充分利用市场机制的资源配置决定性作用，面对国内和国际市场做出快速有效反应，为游戏动漫文化产业的发展提供制度条件。同时美国顺应全球化大趋势，积极推行游戏动漫文化自由贸易原则，为游戏动漫文化产品

和服务的顺利输出铺平道路，使得美国游戏动漫文化依托强大的产业基础迅速涌入全球各国。美国强势的游戏动漫文化产业对其他国家相对弱势和稚嫩的相关文化产业以及国家文化安全造成了巨大压力，也是其游戏动漫文化影响力的一种体现。

（二）营造良好的游戏动漫文化产业投资环境

美国在联邦和州两个层面出台了吸收外资政策。2011 年时任美国总统奥巴马颁布行政命令，宣布发起"选择美国倡议"，成立由美国商务部牵头、23个部门参与的"联邦部际投资工作小组"，旨在通过鼓励和支持在美投资，实现创造就业、拉动经济增长的目的。商务部下设"选择美国"办公室，负责提升在联邦层面协调吸引外国投资的力度。就游戏动漫文化产业而言，各州商务部门或经济发展署设有专门机构，具体提供外商投资游戏动漫产业咨询服务事宜。

美国是当今游戏动漫文化投资最大的国家，也是国际游戏动漫文化资本流入最多的国家。美国政府一直鼓励非文化部门和外来资金投入游戏动漫文化产业，为此他们积极创造良好的投资环境。由于具有较高的利润回报率，每年有大量国际投资注入美国游戏动漫文化产业。

（三）政府为游戏动漫产业给予政策扶持

在保持宽松管理原则的同时，美国政府也为游戏动漫产业发展提供了政策支持。具体如下：一是购买本国游戏动漫版权。美国政府从游戏动漫制作商手中购买运营、播放版权，并将这些购来的动漫片等文化产品无偿提供给发展中国家的电视台播放，使不能花巨资购买播放权的发展中国家也能播放美国动漫片。待该国对美国游戏动漫产品形成依赖后，再从免费过渡到低价位，最后逐渐回归正常价位，这一营销策略会被逐步实施。二是颁布修订法律法规。为游戏动漫产业健康发展提供有力法律保障的同时，也对其运行中容易出现的某些问题进行了规范约束。三是进行政府对游戏动漫产业的辅导。四是建立游戏动漫产业信息服务体系。五是加强与游戏动漫产业发展相关的基础设施建设。六是为游戏动漫产业发展搭建孵化和交流合作平台。

美国游戏动漫文化产业获得的资金扶持包括：一是政府直接拨款，这是最常见的一种资金支持方式，即政府直接拨出大量款项用于支持游戏动漫产业的发展；二是设立产业基金，这属于另一种官方或半官方的资金支持形式；三是为企业贷款提供担保；四是为企业提供长期低息贷款，帮助游戏动漫企业顺利解决贷款问题是政府扶持该产业发展的重要举措；五是为企业减免税收；六是通过投资组合或投资联盟向游戏动漫企业提供资金支持；七是通过政府代理机构间接资助游戏动漫企业。

（四）知识产权保护为美国游戏动漫文化服务贸易的发展提供重要保障

作为发达的市场经济国家，美国游戏动漫文化产业的发展主要依靠完备的法律法规体系创造公平、公正、竞争、有序的良好市场环境，以克服"弱政府"的调控措施。美国非常重视包括知识产权法律保护在内的法制建设，充分有效的知识产权保护为美国游戏动漫文化服务贸易的发展提供了重要保障。美国为了促进包括游戏动漫在内的文化产业的发展，颁布并形成了包含《版权法》《专利法》《商标法》等在内的一整套行之有效的法律体系。从制度层面看，美国游戏动漫文化产业的发展依赖于知识产权制度，特别是版权制度的保护；从产业层面看，美国的版权产业又是文化产业的重要组成部分。在游戏动漫文化服务领域，美国也有一系列保护知识产权的举措。比如对制作人在制作动画节目过程中可能遇到的包括拍摄许可、动画制片保险、音乐使用权限、隐私权保护、诽谤等在内的一系列版权问题都有较为详细的规定。

（五）资本市场对游戏动漫文化产业发展提供强有力的支撑

美国拥有一个庞大而完善的资本金融市场，从而能够使游戏动漫文化产业的发展获得巨大资金支持。美国游戏动漫文化产业的发展一方面得益于国家和社会资本的投入，如通过基金会、企业、个人赞助等方式，但更多的发展所需资金还是来源于资本市场，来源于游戏动漫文化企业自身在资本市场上的融资。在资金支持方面，美国深耕金融全球化带来的机遇，充分利用其坐拥的金融市场在全球范围内获取丰裕的资本来源，使美国游戏动漫文化产业发展获得了坚实的金融支撑。

(六) 税收优惠政策给游戏动漫文化产业带来快速发展机遇

研发税收抵免政策是美国为了提高国际竞争力施行的一系列针对研发行业的税收优惠政策。这一优惠政策给予包括游戏动漫产品开发商在内的相关创业者和从业人员很大的资金支持，惠及范畴宽广。除了游戏动漫产业软件开发、电子技术研发等高精尖行业外，相关软件测试等一些非一线技术行业也在受惠范畴之内，使游戏开发商与动漫产品开发商获益颇多。根据《2015年美国研究与竞争力法案》，研发税收抵免政策对于 2014 年 12 月 31 日之后的纳税年度永久有效。此法案不仅针对符合要求的组织，如高校和某些非营利性实体所支付的研究费用实施税收减免，还向能源研究团体支付的科研经费实施税收减免，并允许符合要求的小企业使用研发税收减免抵扣其常规的纳税义务。为了控制色情、暴力类型游戏的数量，《2014 年税制改革法案》中提出将色情、暴力类型的游戏制作厂商排除出"研发税收抵免政策"受惠范畴，等同于迫使此类游戏制作厂商缴纳更多税金。

(七) 人才培养机制为游戏动漫产业发展注入不竭动力

美国游戏动漫行业聚焦培养三类人才。一是动漫设计师：在动画产品或漫画产品的设计过程中，凭借丰富的想象力、坚实的美术功底和相应的设计软件应用能力，对所要开发的产品市场进行全面了解，进而设计出比较符合受众口味的高质量产品的人员。培养机构又细分角色工种，将学生按照前期策划、导演、编剧、设计、制作等不同方向进行教育培养。二是三维动画人才：主要工作内容包括制作 3D 动画和建筑方面的三维效果图等。培养机构又细分未来就业重点，将学生按照传统动画公司、游戏软件公司、广告公司、影视制作公司等不同用人单位的诉求进行教育培养。三是动画绘制员：运用动画专业技巧和方法，独立进行动态中间图绘制工作的人员。随着电脑动画技术的迅猛发展，网络动画的不断渗透，Flash 动画也由业余引入电视制作。加之游戏产业突飞猛进，动画绘制人员需求呈井喷式上涨。美国现有制作加工动画片的公司、工作室有上千家，动画从业人员上万人，而动画绘制员则是其中人数最多、完成大量基础工作的专业人员。

美国设立了多家培养专业动画艺术人才的学校，如著名的加州艺术学院、纽约大学艺术学院、帕森设计学院、罗德岛设计学院等。美国更多的综合性大学则设立了培养专业动画技术人才的院系与专业，如麻省理工学院、视觉艺术学院、康奈尔大学、俄亥俄州立大学、纽约大学等。其中，纽约大学设有闻名全美的数字媒体学院，成功培养了大批专业计算机动画制作艺术人才。

美国还会派遣"职业学生"到海外留学，培养大量原创企划、提案、行销、管理等方面的人才，完善本国游戏动漫产业人才结构。与此同时，积极同国外相关产业机构、人才培育机构建立良好的人脉关系与合作关系，这对美国游戏动漫产业进一步进军国际市场大有裨益。

三、对我国的启示

（一）加强政府引导扶持

1. 政府放开，企业唱戏

中国也要大力发展游戏动漫产业，提升文化内涵，打造游戏动漫精品，促进有中华文化内涵的游戏动漫产业"走出去"。政府应实行宽松化产业管理制度，鼓励游戏动漫产业走民族风格和时代特点相结合的原创之路，提高游戏动漫产品的文化内涵。要重点扶持壮大游戏动漫产业龙头企业，培育出若干个规模较大、有自主开发能力和自创游戏动漫品牌的主体，开发一批知名作品，形成一批具有较大影响力和国际知名度的游戏动漫品牌。

2. 打造园区，规模发展

政府应规划建设游戏动漫文化产品与服务出口产业园区。游戏动漫文化产业链条不仅包括作品的创作、策划、制作和市场营销，还可延伸到艺术衍生品和旅游等相关产业。而我国的游戏动漫文化企业还未形成集群式发展，游戏动漫文化企业在创作、生产与营销等环节上缺乏密切协同与合作，本土企业的游戏动漫文化产品与服务更难以融入到全球价值链运行当中。因此，未来应依托自由贸易园（港）区和海关特殊监管区建设，积极打造一批游戏动漫文化产品和服务出口园区，在融资、税收、海关通关、资格审验、人才培养、境外投资等方面给予游戏动漫文化出口企业更多便利和优惠措施，发挥游戏动漫文化产业的聚集效应，延伸出口产业链条，推动服务的跨境交付和商业存在，促进游戏动漫文化服务出口的多样化。

（二）营造良好的投资环境

国家应鼓励、支持、引导社会资本以股份制、民营形式兴办游戏动漫文化企业，并享受同国有文化企业同等待遇。通过股份制改造实现投资主体多元化的游戏动漫文化企业，符合条件的可以申请上市。在文化产业的核心层涉及到游戏动漫产业的服务中，在不损害中国审查游戏动漫音像制品内容的权利的情况下，允许外资进入，允许外国服务提供者与中国合资伙伴设立合作企业，从事游戏动漫音像制品分销；允许外资进入的，允许内资进入，这是一条政策。

（三）遵循审慎开放的原则进行必要保护

游戏动漫文化服务不同于其他领域的服务，其内容属于精神生产领域，具有鲜明的意识形态属性，因此，文化服务的对外开放，必须旗帜鲜明地坚持有中国特色的社会主义方向、坚持马克思主义的指导、坚持中国共产党的领导，必须有利于中国文化的传承创新。当前，在扩大文化对外开放水平的同时，也应牢固树立文化安全观念，积极应对和有效化解文化开放可能带来的风险和冲击，更好地维护国家文化安全。未来我国对于游戏动漫文化服务的开放也应遵循审慎原则与适度保护政策，在游戏动漫文化服务开放的内容上有选择性地渐进地放开，例如对游戏动漫文化产业中的制作业、硬件和技术服务优先放开；在开放的策略上，选取游戏动漫产业发展基础与前景良好的特定地区进行试点，在试点的基础上总结经验和不足，进而改进方案和政策，最后在更广的范围内实施和推广。

游戏动漫文化产品的进出口问题既涉及国家的经济利益也涉及国家的政治利益，我国政府应当高度重视。我国的游戏动漫产业基础相对薄弱，一旦全面放开市场，发达国家对我国该产业的冲击将是毁灭性的。如果西方涉及暴力、色情、错误价值观的游戏动漫产品像洪流一样流入中国，后果将不堪设想。我国应在游戏动漫文化产品的对外贸易中充分利用 WTO 机构提供的纠纷解决平台，抓住美国或其他国家和地区违反 WTO 规则的行为主动出击。另外，要充分利用纠纷解决机制中磋商要求的机制，尽可能地通过谈判和协商来解决游戏动漫文化贸易纠纷，这是解决游戏动漫文化贸易摩擦的最佳途径。

（四）加强知识产权保护

为促进我国游戏动漫文化产业"走出去"战略的顺利实施，在法律法规体系建设上还应注意国内法与国际规范的衔接。游戏动漫文化产业内的知识产权制度是我国游戏动漫文化产品进入世界市场的基本保障，因此，我国需要加强知识产权制度建设，强化知识产权立法执法保障，保护游戏动漫文化创新成果，严惩知识产权侵权行为，增强全社会进行游戏动漫文化产品知识产权保护的意识。当然，积极参与国际竞争也不能总处于规则接受者的位置。当前游戏动漫文化产业相关的知识产权国际保护体系主要体现发达国家的意志、维护发达国家的利益，我国在融入国际市场中还应与现行的国际规范进行合作博弈，主动参与包括知识产权规则在内的游戏动漫文化产业贸易规则的谈判，保障我国游戏动漫文化产业的根本利益。

（五）加强金融资本市场融资服务

1. 疏通文化产业投融资渠道

一是建立游戏动漫文化产业投融资担保联盟，解决游戏动漫文化企业投融资的难题，针对担保品不足的游戏动漫文化企业提供信用保证，使其顺利从金融机构取得所需的资金。二是加强游戏动漫文化产业的资本运营。资本运营不仅可以达到传统融资的目的，也能实现游戏动漫文化产业的规模扩张，优化产业的资产结构，促进产业转换经营机制，提高游戏动漫文化产业的投融资效率，继而促进游戏动漫文化产业的快速发展。三是开发无形资本的融资功能。四是推进游戏动漫文化产业资源配置的国际化。

2. 加强资本市场在游戏动漫文化产业投融资中的作用

对于大型国有游戏动漫文化企业，通过股份制改造争取股票直接上市或买壳上市；对于大型民营游戏动漫文化企业，可以借助资本市场兼并收购扩张壮大；对于创业型游戏动漫文化企业，可以吸收风险资本，利用国内外二板市场培育壮大；对于成熟游戏动漫文化企业，可以进入境外主板市场融资，有利于引入国外的先进经验，提高企业治理水平。

（六）完善税收优惠政策

1. 推动游戏动漫产业链发展的税收政策

为最大限度地激发游戏动漫从业人员的创作热情，应适当提高稿酬所得和特许权使用费所得的费用减除标准并降低税率；为加强对创意产品的知识产权保护，对游戏动漫企业的动漫版权交易收入和品牌、形象授权收入可在现行税率的基础上免征营业税；建议将游戏动漫出版、发行企业和以游戏动漫衍生品生产、销售为主营业务的企业列入游戏动漫企业范围，并适当降低游戏动漫企业的认定标准，扩大税收优惠的受益群体。

2. 完善游戏动漫产业融资平台的税收政策

一是政府对游戏动漫企业通过财政补贴、项目补助、以奖代补等方式获得资金，免征企业所得税，以培育企业的创新能力；二是鼓励银行等金融机构对符合条件的中小游戏动漫企业提供融资支持，对金融机构取得的中小游戏动漫企业贷款利息收入免征营业税；三是制定切实可行的税收配套措施，鼓励社会资本进入游戏动漫产业。

（七）优化人才培养机制

1. 加强人才培养队伍建设

游戏动漫是艺术与技术的结合，应指导建设一批高质量、重创新的高校，集中使用资金与资源，突出效益。应加强"双师型"教师队伍的打造，通过探索校企合作的方式或派遣优秀教师出国培训等方式逐步实现，亦可通过引进海外"双师型"高端游戏动漫人才的方式加速实现。另外，邀请国际高端培训机构来华开办"双师型"教师培训班也不失为一种好的方式。

2. 加强专业课程设置

由于各行业对游戏动漫人才艺术与技术要求的偏重程度不同，专业课程设置都应有相应调整。可以将专业划分进一步细化。明确专业方向后，配套设置的课程也会比较到位。除了很多带有技术性的课程外，还应有文学、艺术、历史等人文社会科学方面的课程。我国应倡导学校与游戏动漫行业联合会一起制定教学大纲，设置专业类别与课程体系。有企业参与订单模式培养的学校，可以校企合作共同探讨专业课程设置。另外，我国高校可根据自身情况，扬长避短，开设具有本校科研或艺术优势的专业。

3. 培养实践应用型人才

我国游戏动漫院校应积极探索培养学生实践能力的方法与途径，开展项目式教学。在游戏动漫基地建设中，由政府出面协调企业与学校建立有利于企业发展、有利于学生实践的产学研一体化运行机制。

第四篇　韩国影视文化贸易发展经验与启示[*]

崔艳新　　孙铭壕

一、韩国影视文化市场总体情况

（一）影视文化服务发展热潮

韩国文化体育观光部把文化产业统计归纳为11类产品，包括：出版、漫画、音乐、游戏、电影、动漫、广播、广告、人物形象、知识信息、内容方案等。韩国影视文化产业在短短十多年间异军突起，超越传统的制造业成为经济发展核心动力，极大地促进了文化出口的发展，为韩国带来了巨大的经济和政治效益。

20世纪90年代以来，韩国确立了"文化立国"的发展方针后，其文化产业在政策扶持下发展迅速，影视产业也是一片繁荣。2013年，韩国全国累计观影人数超过2亿，创造了韩国电影史上的最高纪录，人均观影达4.25次。韩国国产电影的持续火爆引人瞩目。在超过2亿的累计观影人数中，韩国国产电影观影人数近1.2亿，市场占有率逼近60%。2013年观影人数超过500万人次的10部电影中，8部均为韩国国产影片。韩国本土电影票房占有率达58.8%，创造历史最高纪录，累计观众数和销售额都远超外国电影。影

---

[*] 此文发表于《中国国际文化贸易发展报告2018》。

视产业俨然成为韩国经济发展的新引擎。

(二) 影视文化市场发展状况

2014年从事文化产业的企业数达105442家,同比减少2.9%,从2010年开始截至2014年相当于每年平均减少了2.3%。其中电影产业拥有1285家公司,占1.2%,同比减少10.0%,每年平均减少了23.4%。2014年文化产业的从业人数是616459人,同比减少0.5%,从2010年开始截至2014年每年平均增加0.8%。其中电影产业的从业人数是29646人,所占比例4.8%。2014年文化产业的销售额从2013年的912096亿韩元,增加37376亿韩元(4.1%),最终达到949472亿韩元。其中电影产业销售额规模45651亿韩元,在整体文化产业销售额中占4.8%。2014年文化产业的附加值比2013年的380383亿韩元减少13536亿韩元,达到366847亿韩元,增值率为38.6%。其中电影产业附加值为5129亿韩元,所占比重1.4%,电影产业增值率为11.2%。

表1 韩国五大企业集团所涉足的电影业务

集团名称	业务
三星	电影的进口、制作、电影院
大宇	电影的进口、制作
现代	电影制作
LG	电影的进口、制作
SK	电影的进口、制作和发行

资料来源:《国际文化市场报告》(文化部外联局)。

(三) 影视文化贸易发展状况

据韩国文化体育观光部统计,2008年至2011年间,韩国文化产业出口规模以年均超过20%的速度增长。2012年文化产业出口额达到46.12亿美元,同比增长7.2%,创历史新高,贸易顺差达29.38亿美元。其中,电影产业增长最为显著,达到27.5%。2013年,韩国文化产业出口规模达50亿美元。

2014 年的出口额同比增加 7.1%，达到 527352 万美元；进口额同比减少 10.8%，达到 129423 万美元。2014 年文化产业的整体进出口差额为 397929 万美元，出口额比进口额多，整体上出口显现出利好趋势。影视产业的发展也为韩国出口贸易带来可观的经济效益，2001 年韩国影视作品出口额为 800 万美元；2014 年达到 2.7 亿美元，增长速度全球居首。随着影视文化贸易的成功，韩国文化也传播到世界各地，全球范围内形成一股"韩流"热潮。除亚洲市场外，韩国影视作品已进军至欧洲、美洲和非洲等 33 个国家和地区。韩国政府预计，到 2020 年，文化内容出口额将增长到 224 亿美元，全球排名跃升至第 5 位（5% 的市场份额）。

表 2　韩国电影行业出口及进口额现状　　（单位：千美元）

区分	2012 年	2013 年	2014 年	同比增减率（%）	每年平均增减率（%）
出口额	20,175	37,071	26,380	28.8	14.3
进口额	59,409	50,339	50,157	0.4	8.1
进出口差额	39,234	13,268	23,777	79.2	22.2

资料来源：韩国文化体育观光部，http://www.mcst.go.kr/chinese/index.jsp。

（四）中韩影视文化产业合作

目前，中韩在影视文化产业上主要的投资合作形式包括间接广告、共同制作、制片公司和基金。间接广告是最初级的投资方式。从中国阿里巴巴集团首次在韩国影片《危情三日》中植入广告，到韩剧《异乡人医生》中有 4 家中国企业参与广告植入，越来越多的企业瞄准这一市场进行品牌营销。

共同投资制作是一种被广泛采用的投资方式。2013 年上映的电影《分手合约》就是由韩国电影集团进行规划、中国电影集团公司负责配给和流通的中韩合作电影，制作成本人民币 3000 万元，放映两天即收回全部成本，6 周后票房达到人民币 2 亿元。

制片公司持股投资这几年也发展较快，如中方公司搜狐与韩方公司 KeyEast 的合作。

二、韩国支持影视文化产业与贸易发展的政策措施

（一）良好的政策为韩国影视文化发展奠定了环境基础

1987 年市场开放以后，韩国电影完成了从政治宣传工具向艺术和产业的转型，这个过程正好与韩国社会走向民选政府的政治进程相一致。20 世纪 90 年代后，韩国执政的金泳三政府提出电影振兴政策，金大中政府倡导"文化产业是 21 世纪的基干产业"，卢武铉政府继续推进电影产业振兴计划等。由此可看出，韩国电影由衰而盛以及迅速崛起，始终都没有离开政府主导的电影政策的强力支持。韩国主要采取政府文化部门监督调控、行业机构自律相结合的管理模式，这种模式有利于协调和处理好电影艺术和产业之间的平衡关系，有助于建立产业政策引导与电影市场竞争相互作用的运行机制。1998 年，韩国文化观光部成立了文化产业局，对文化产业进行整合，增加了对文化产业的投资预算。1999 年，成立于 1973 年的电影振兴公司改名为"韩国电影振兴委员会"，成为韩国非官方性质的电影最高主管机构，主要负责政策拟定、振兴电影产业、辅助金审核执行、人才培育、教育研究和国内外电影行销推广等事务，其主要资金来源于电影票房税收及政府预算。

（二）积极推进体制创新和法制化建设

韩国电影的法制化进程起步较早。1962 年朴正熙执政时期就制定了旨在保护国产电影的《电影法》。市场开放以后，韩国政府持续注重电影法律法规的制定、修订和完善，陆续解除电影产业发展面临的政策束缚。1995 年金泳三政府制定《电影振兴法》，韩国电影的制作登记申报制度宣告废止。1996 年第一次修订《电影振兴法》，电影行政审议制度被废止，开始实施四级电影分级制。随后，金大中政府 1999 年修订《电影振兴法》，将电影执行管理职能转向纯民间机构"电影振兴委员会"。2002 年，韩国再次修订《电影振兴法》，将原有四级制电影分级拓展为五级，增加"限制上映级"，并且新设"限制上映影院"。从具体规定可以看出，韩国政府最大限度地维护了电影产业的利益，使得不同类型的电影都能够得到全面发展，更加有利于激发电影

导演的创造力,更加有利于韩国电影市场多元化,更加有利于韩国电影与国际接轨。

(三) 消除 WTO 对影视业负面影响,加强国产电影保护

1995 年 GATT 被 WTO 正式取代后,文化市场的开放被提上日程,其中当然也包含艺术产业,尤其是影视业。好莱坞电影当时占据了世界电影市场的 85%,不难想象,一旦开放电影电视市场,韩国影视业有被接踵而至的好莱坞电影和美国电视剧挤垮的危险,因此,韩国代表援引"文化例外",提出韩国影视剧市场的特殊性。依靠"文化例外"和联合国《文化多样性公约》,韩国政府暂时为本国影视业赢得了喘息机会,其结果就是"银幕配额制"的延续。这个制度自从 1966 年在韩国开始推行,到 20 世纪 90 年代中期以后得到强化,通过立法,韩国政府强制规定电影院每年每个厅必须上映 146 天本土电影;韩国全国的电视台也必须播放一定时数比例的国产电影。金大中在 1997 年的竞选纲领中明确表示:电影配额制将一直持续到韩国电影在市场上的占有率达到 40%。此后,这项地方保护政策越来越遭到美国电影业界的非议,在各方面压力下,1998 年 10 月韩国政府一度表示要将银幕配额时间削减至 92 天,结果引起韩国全国范围内影视业从业人员的抗议。此后,韩国影视业进入全面发展时期,政府在政策、资金等方面尽量倾斜,努力促进本国影视业的成长,并且为其制定了以出口为主的发展战略。2003 年,电影业成为韩国经济增长最强劲的行业,而电影和电视共同创造的"韩流"对其他如制造业、服务业的间接经济效益就达到 40 多亿美元。尽管 2006 年韩国政府在美国的压力下,将本国电影放映配额由 146 天减少到 73 天,韩国国产电影在国内的票房仍然维持在 57% 左右的高位。

与此同时,韩国电影工作者还成立了电影义务上映制度监督团体,积极监督影院实际上映国产片天数。虽然韩国部分影院在通常情况下并不严格遵守政府设下的播放比例规定(尤其是配额设定出现的早期),但每次一旦影院的集体违规行为整体影响了本土电影势力的发展,总会出现韩国电影人和激进主义者大规模抗议示威活动,此时政府再加大监管力度,以维持平衡稳定。考虑到如今韩国电影与外国电影在本土市场的票房比例状况,无论从资本产出还是文化民族自尊方面看,放映方都不愿意冒风险私下提升外国电影放映

空间。如此一来，韩国电影在被好莱坞电影的入侵摧毁之前顺利发展壮大，并处在一个健康的生态系统中。

（四）韩国支持影视服务发展的财税措施

韩国政府采用多渠道的措施筹措影视产业发展资金，大力扶植影视产业发展。总的来说，其资金体系由三部分构成，即国家产业预算、用于影视产业的专项基金，以及国家运作下由企业参与的投融资体制。

国家产业预算。韩国文化产业预算年年飙升，到2003年已达1890亿韩元，占文化观光部全部预算的14.3%。影视作品创作更是被确定为国家战略，"国际放送交流财团"和"映像制品出口支援中心"便是为执行这一战略而设立的。其工作主要有：向中小独立制片公司提供后期制作费用；为中小公司参加世界影视博览会提供参团、广告推广等方面的资金支持。国家甚至直接提供贷款给独立制作人。例如著名导演姜帝圭的《银杏床》就是第一部在韩国获得银行贷款的影片，他一共贷款25亿韩元，回报率高达30%。

国家用于影视产业的专项基金。韩国的"放送发展基金"由韩国政府从全国各广播公司筹集资金，2002年这笔钱就有1.5亿美元。韩国政府利用这笔钱，对影视业进行有效的扶持和引导，扩大了韩国影视节目的国际影响。2001年，韩国还成立了文化产业振兴院，这是一个半官方半民间的组织，政府每年提供5000万美元资金来辅助电视业发展。在电视剧海外营销上，政府更是不遗余力，将韩文译为外文，并对翻译和制作费用给予全额补助。

国家运作下由企业参与的投资组合。文化产业专门投资组合是以动员社会资金为主，官民共同融资的运作方式。对于一些融资有困难，不容易找到担保的艺术产业企业，可以得到投资组合的资金支持。例如2001年韩国电影振兴公社通过"电影投资组合"融资3000亿韩元，有力地支持了电影事业的发展。

电影业融资方面。1997年11月韩国通商事业部宣布电影业及相关产业属于风险投资业，这意味着电影融资比较容易，并且可以享受减免税等优惠待遇。风险投资公司迅速占据了亚洲金融危机后大企业撤资后的空缺。同时，韩国政府于1997年后开始实行抵押版权融资制。比如1998年，国有电影振兴公司为10部电影做抵押版权融资，共提供30亿元韩币，这10部电影其中就有林权泽参加戛纳电影节的《春香传》。与此同时，韩国政府适时开辟了好几个投资基金管理机构，如中小型商业投资管理委员会、韩国电影委员会等。2000年来自各种渠道的组合基金投资电影行业的总额达到9200万美元。6个在2001年4月组成的新基金（总额为3920万美元）将由中小型商业投资管理委员会代管，还有三个即将组成的新基金（总额为2400万美元）将由韩国电影委员会管理。如果这样计算的话，将会有总额达1.552亿美元的基金在等待投资电影业。充沛的资金让韩国电影有能力引进好莱坞的先进制作技术，同时也有能力大力促进国内影院建设。

（五）引导走向国际市场

2001年，韩国文化观光部的《韩国文化产业白皮书》明确提出，韩国文化产业要抢滩中国市场，进而以中国和日本为台阶，打入国际市场。影视产业方面，从2002年起，在成本有保障的前提下，虽然制作费用由电视台出，但政府鼓励制作者用各种办法以比较低廉的价格将电视剧批量推向海外市场，海外收益由电视台和能够推销到海外的制作者四六或者六四分成，极大地刺激了制作公司海外销售的积极性。文化产业振兴院还帮助销售较好的影视文化产品申请免税。政府还成立影音分支公司，将韩文翻译为外语，几乎全额补助翻译与制作费用。这一系列措施使得韩国影视产业在短短几年之内迅速推向国外市场，形成了一股势不可挡的"韩流"。据韩国文化观光部统计，2002年韩国向中国台湾地区出口5200部电视节目；向中国大陆出口2600部电视节目；向中国香港出口1300部节目，三者相加为1275万美元，占其电视节目出口总数的60%。此外，向日本出口了3618部节目，占总数的10.8%。

（六）培养人才，为影视产业输送新鲜血液

韩国电影产业的欣欣向荣离不开新鲜血液的补充，因此电影制作的学院派教育同样受到政府政策倾斜，其中最具代表性的机构当属韩国电影艺术学院。20世纪70至80年代初，韩国就已出现大学电影教育。如今，韩国电影艺术学院的身份一方面是隶属于韩国电影振兴委员会的实践培训学院，另一方面本身也是实体电影公司，直接参与产业运作。据介绍，每年学院和学生需要共同合作完成三部真人剧情长片和一部动画长片；学院的教育主要涵盖电影导演、电影摄影和动画导演三大领域。也就是说，韩国电影艺术学院课程项目的实践性足以支撑学员结业后进入工业有效率地工作，而不会遭遇一般电影院系常见的抽象理论无法直接指导实践的窘境。由于韩国电影艺术学院属于振兴委员会旗下，其学员能享受到更多委员会在制作、发行等方面的优惠政策，更易实现学成后直接转入电影实体拍摄阶段的无缝衔接。

三、对我国的启示

（一）营造良好政策氛围，奠定影视文化发展环境基础

我国电影产业发展脉络与经济发展息息相关，只有政府对电影产业进行政策扶持，才能使电影产业迅速发展，也才能更好地带动其他产业发展。要推动我国电影产业全面发展，就应当进行电影产业体制改革，更好地适应市场经济规律。加快主动开放策略，融合不同资金进入电影产业。继续推行电影股份制、集团化改革，持续放宽电影单片许可证范围。坚持院线制改革，践行《电影制片、发行、放映经营资格准入规定》和《电影企业经营资格准入规定》，扩大对外资、港资的引进，调整更新电影审评制度。政府应为电影产业的发展和开放提供更多智力支持。不断深化落实《关于加快电影产业发展的若干意见》《关于加强和改进文化产品和服务出口工作的意见》《关于鼓励和支持文化产品和服务出口若干政策的通知》，为新时期的电影改革提供新思路、新途径，同时努力拓宽海外市场。继续提出与落实电影产业相应税收优惠和减免政策，促进电影产业发展。坚持电影专项资金先征后返的经济优惠政策，提高电影制作方工作水平。用好电影专项资金，持续资助国家重点影片、农村影片及少儿影片的拍摄，同时为电影走进社区及农村电影数字化放映创造条件。坚持"以进代出""互利共赢"原则，助推国产电影"走出去"，扩展海外市场，提升我国综合国力与世界影响力。深刻践行《关于促进电影产业繁荣发展的指导意见》，重视提高国产电影的质量、产量，丰富电影类型，扩大我国影视文化影响力，进而促进其他相关产业发展。

（二）加快体制机制创新，完善法制化建设

1. 建立高效的影视文化贸易管理机制

建立高效合作的影视文化贸易组织管理机制是提高影视文化贸易政策执行效率的关键。针对影视文化贸易管理机构重叠和管理职能交叉的现象，政府应进一步加强对影视文化贸易发展的统一宏观协调与指导，规范影视文化贸易企业行为，促进公平竞争，并为影视文化贸易企业提供资金融通、技术支持、培训和信息咨询等方面的服务。同时，积极给予非政府影视文化机构和中介组织支持与帮助，充分发挥其对政府职能的延伸、辅助和监督作用，使其成为政府与影视文化行业保持良好沟通的桥梁，共同推进影视文化贸易发展。

2. 完善支撑影视文化产业的法律法规体系

目前，我国影视文化产业政策法规包括五个方面，即国家法律、行政法规、部门规章、法规性文件和部门文件，在实践运用中，大多数影视文化产业政策法规通过行政法规形式来执行。影视文化产业政策法规的最高形式应是法律，它是政策法规的固化和制度化，比行政法规更有力度，有利于影视文化产业的稳定健康科学发展。因此，在影视文化产业法律法规建设上，我国应继续完善相关法规，更要建立完备的影视文化产业法律制度，协调影视文化产业法制建设与行政管理的关系。主要应包括以下内容：进一步提高影视文化立法的级别，达到影视文化产业立法一致性；构建影视文化产业发展规划和经营层面的法律框架体系，促进政府对影视文化产业管理的法制化，明确影视文化市场主体的权利义务，保障公平竞争；制定《影视文化产业促进法》，有效保证影视文化产业发展政策的强制实施。当然，引入立法后还应注意法律法规的实施效果，建立评估机制和评判制度，并针对制度缺陷及时修缮。

（三）遵循"文化例外"原则，对本土电影予以适当保护

我国也应秉持"文化例外"原则，这不仅可以保护我国文化市场，也将激发我国影视工作者的艺术创造力，更可为我国文化在世界范围内的推广做出重要贡献。可见，我国影视文化产业的发展，国家层面的保护非常重要。

我国可以制定明确的条例保护华语片和国产片的制作和播出份额。可以通过相关法律规定所有国内电影制作公司要把每年超过一定比例的营业额投放到华语片的制作中，其中较大比例应为国产片。如果是国有电影公司或是参与电影制作的电视台，则应要求拿出更高比例的营业额来投资中国本土电影。在传播方面，应规定影院和电视台以较高比例的时间播放华语影视内容，其中又应规定占据相当高比例的为国产片。对于部分院线与电视台，还应额外要求再拿出一定比例的播放时间，播放中国新艺术人员的作品，扶持新人。

另外，应当引导我国民众为自己的文化感到骄傲，自发地保护中国本土文化，才能更好地享受文化多元性，在全球化背景下保证文化的独立性。因此，不论是普通观众还是影视艺术创作者，都应培养文化自觉与自信，养成主动关注本国文化的意识，主动追寻自己的文化之根。

（四）健全影视文化服务贸易的财税金融支持体系

随着影视文化产业走出去日益受到中央和地方政府的重视，近几年来由国家财政和相关文化部门频频出台了包括出口退税、财政补贴、政府奖励、专项资金等在内的一系列财税、金融扶持政策，对推动我国影视文化产业走出去发挥了积极的推动作用。目前，需要进一步完善的政策措施包括：进一步增强财税扶持政策的针对性和时效性，同时在已出台扶持政策的执行中，要防范企业与政府进行不良博弈的消极作用；要不断改进和完善金融扶持政策，扩大银企合作的范围和领域，抓住当前的有利形势，积极支持我国影视文化企业通过跨国投资和收购兼并加快发展，跻身国际影视文化贸易市场；发挥部际联席会议对各部门已经出台的各项扶持政策的综合协调作用，促使各项政策形成合力。

《国务院关于加快发展对外文化贸易的意见》已明确提出，未来要加大影视文化产业发展专项资金等支持力度，对国家重点鼓励的影视文化服务出口实行营业税免税。将影视文化服务行业更多纳入"营改增"试点范围，对纳入增值税征收范围的影视文化服务出口实行增值税零税率或免税。相关主管部门应尽快出台与之相配套的操作细则与具体政策，开展针对影视文化出口领域的融资、信贷、保险和担保服务业务，同时推进影视文化对外贸易与投资的外汇管理与海关便利化措施，使对影视文化出口企业的支持政策落到实处，激励更多影视文化企业开拓海外市场。

（五）促进影视文化服务与产品"走出去"

1. 构建国际化的影视文化产业营销网络与平台

政府层面应搭建国际性影视交流平台，多为国内影视企业提供与海外同行交流合作的机会，同时向国内企业提供开展境外合作的渠道和跨境咨询服务方式，为本土企业创作符合海外消费者需求的作品提供题材和参考依据。

2. 积极探索影视文化企业海外运营模式与渠道

我国的影视文化企业"走出去"，既可与当地广播影视内容提供商和技术服务提供商合作，也可通过收购境外广播电视台、租买频道时段、并购国际知名院线、开展技术交流与合作等方式，取得境外主管部门颁发的牌照，直接为当地观众提供影视节目内容与服务。

3. 加强对海外投资环境的研究与引导

目前商务部已定期发布《对外投资合作国别（地区）指南》，对中国企业开拓境外市场提供了切实有用的指导与帮助。但对于本土影视文化产品与服务企业来说，目前还缺乏与影视文化领域相关的境外投资环境与市场准入的指导，影视文化企业对于"走出去"的机遇、障碍与风险都缺乏系统的了解，有些企业甚至为此付出了惨重代价。因此，未来应进一步完善《对外投资合作国别（地区）指南》中涉及影视文化领域的内容，对全球主要影视文化消费国家或地区的相关法律法规与投资环境进行介绍，并开展对境外投资影视文化企业成功案例的研究与总结。

（六）着力培养电影人才，为影视产业发展注入不竭动力

1. 构建灵活、务实、多元的高等教育格局

全面加强电影专业教育，特别是电影产业设计、电影专业技术、电影艺术创作、电影院线管理、数字电影技术、动漫电影制作、三D电影技术、电影经营策划、电影市场推广等教育，对电影学科建设和专业设置有一个科学、长远发展设想；对电影高等专业院校的办学机制、专业设置、人才培养、硬件建设、实验室建设和教学经费要加大支持，应尽早建立国家重点数字技术研发实验室，根据数字电影技术发展需求，开展与电影产业与制作有关的科

研课题研究；根据未来的任务和发展，适度扩大电影学院新的专业领域和方向的人才培养规模和办学优势，举办电影行业系统、电影各个制作专业的高级进修班和短训班，以强化精英专业人才的培养，扩大电影人才培养规模。

2. 学历教育与专业培训并重

开展电影行业内的高级专业培训。国家有关部门与电视专业团体院校可以主办或者联办一些高层次的电影专业培训及研修班、进修班，聘请国外一流电影制作机构的专业人员、资深人士、专家学者、技术人员和艺术家来进行讲学和指导。授课对象主要是目前在电影产业中的人士，可以是准备进入电影产业、电影创作一线的人，也可以是已经具有本科或者研究生学历的跨专业、行业、领域的人士。同时开展高级电影专业人才（学历）的教育、教学和在职专业人才的高端培训，增设电影发展需要的艺术硕士学位，通过多种渠道和途径，经过严格培训，为未来电影产业的发展积累专业人才。

第五篇　培育"中国服务"国家品牌：
功能、路径和对策[*]

李西林

"中国服务"是服务领域品牌经济的集合概念，是国民经济发展质量和水平的集中标志。新时代中国经济由高速增长阶段转向高质量发展阶段，由工业主导型转向服务业主导型，深入推进供给侧结构性改革，建设现代化经济体系，实现制造强国、质量强国、贸易强国等强国目标亟需强大的现代服务业支持，统筹推进"中国服务"国家品牌建设迫在眉睫。

一、培育"中国服务"国家品牌的重要功能

品牌是高质量发展的晴雨表，品牌经济本质上是服务经济。培育"中国服务"国家品牌，是一项长期性、系统性工程，在实现新时代中国特色社会主义发展战略目标中具有特殊重要的意义。

（一）破解社会主要矛盾的治本之策

近年还，出境旅游、出国留学、海外就医、出境购物、"海淘"购物热潮表明，品牌建设滞后成为不平衡不充分发展的突出表现。根据国际经验，一国人均国内生产总值（GDP）达到 3000 美元时，开始进入品牌消费时代。

---

[*] 此文发表于《国际贸易》2018 年 4 月。

2008年我国人均GDP便达到3471美元，2017年超过8500美元。按照世界银行的划分标准，2010年我国人均国民总收入（GNI）为4340美元，迈入中上等国家收入行列。根据林毅夫和刘培林（2018）的研究，2023年我国就可能迈入高收入国家行列，2035年基本实现现代化时，将稳固地处于高收入国家行列。与国民收入快速增长相伴的是，2017年我国社会消费品零售总额快速扩张至36.6万亿元人民币，与美国基本持平。与之形成鲜明反差的是，国内服务消费与美国相比依然悬殊，商品和服务质量越来越难以满足人民日益增长的美好生活需要。推动中国制造向中国创造、中国速度向中国质量、中国产品向中国品牌转变刻不容缓，亟需以科技、金融、人力资源等现代服务业为重要内容的"中国服务"的强有力支持。然而，与"中国制造"遍布全球并保持大规模顺差不同，无论是运输、旅游等传统服务业，还是高技术、高附加值、高品质、高收益服务业都面临大规模缺口，大力培育"中国服务"国家品牌正逢其时。

（二）推进供给侧结构性改革的长效抓手

一个国家的发展从根本上要靠供给侧推动，科技革命和产业变革总是会催生经济发展的质量变革、效率变革、动力变革，使全要素生产率提高到新水平，以生产方式和生活方式变革促进供需结构的实质性升级。在数字技术等新兴科技驱动下，服务领域创新创业蓬勃发展，在推动低水平供给过剩向高水平供需平衡转变中的作用突出。以培育"中国服务"为抓手，围绕自主品牌建设，优化升级创新链、产业链、价值链、供应链。发挥品牌对资源的集聚整合和优化配置功能，发力供给端，提高服务供给体系的质量和效率。发挥品牌对市场变化的灵活性和适应性，对接需求端，满足现实需求，引领新兴需求，挖掘潜在需求，创造全新需求，加快树立在全球服务市场合作竞争中的新地位，形成供给侧结构性改革的长效机制。

（三）推动经贸强国建设的坚强支撑

世界已进入品牌经济时代，品牌成为国家竞争力的综合表现，拥有国际强势品牌数量与国家经贸实力和科技水平具有一致性。一般而言，国家品牌对企业或产品品牌的贡献率约为30%。产业结构演变规律和发展实践决定了品牌经济本质上已成为服务经济。世界经贸强国既是制造强国、质量强国,更是服务强国、品牌强国。2017年世界品牌500强中,前10位中有7家是服务品牌,但没有中国的品牌入选;37家中国企业入选,但仍然排在美国、法国、英国、日本之后,与世界第二大经济体地位甚不相称。抢抓机遇,统筹推进"中国服务"国家品牌,有助于加快形成国际经济合作竞争新优势,引领产业迈向全球价值链中高端,推动经贸大国向经贸强国转变。

(四)攻克服务经济发展难题的有效途径

近年来,我国服务业保持着较快发展势头,2017年服务业增加值占国内生产总值比重达51.6%,对经济增长贡献率提高至58.8%,已经成为经济增长的主要拉动力,与工业一起共同支撑中国经济发展。但从总体来看我国服务经济发展水平仍不高,服务业占国内生产总值比重在全球有统计数据的160多个国家中仅排在第128位,主要特征表现为服务业占比低、服务业开放滞后、传统领域占比高、贸易逆差大。服务业品牌化发展面临的突出问题表现为研发创新能力弱、核心竞争力不足、品牌意识不强、自主品牌少,亟须加强服务业品牌顶层设计,从管理服务、创新环境、政策支持、促进机制等方面开展系统性谋划,带动解决服务经济发展中的重大难题。以服务业品牌建设为引领,不断培育壮大发展新动能,占据新兴领域发展先机,瞄准国际标准提高水平,加快形成现代服务产业新体系。

二、培育"中国服务"国家品牌的基本路径

把握经济全球化新趋势和服务经济新特征,按照高质量发展总要求,立足自身国情和产业基础,探索走中国特色社会主义服务品牌发展道路。紧紧围绕供给侧结构性改革主线,突出自主、包容、开放、创新的核心理念,双管齐下,以综合竞争优势的整体提升筑牢"中国服务"迈向全球价值链中高端的基石,以多维度品牌建设的统筹协调加快树立"中国服务"的整体形象。

表1　2017年《世界品牌500强》入选数最多的10个国家

排名	国家	入选数量 2017年	入选数量 2016年	入选数量 2015年	代表性品牌	趋势
1	美国	233	227	228	谷歌、苹果、亚马逊、可口可乐、通用电气	↑
2	法国	40	41	42	欧莱雅、路易威登、香奈儿、卡地亚、迪奥	↓
3	英国	39	41	44	沃达丰、英国石油、联合利华、汤森路透、汇丰	↓
4	日本	38	37	37	佳能、索尼、丰田、松下、日本电信电话	↑
5	中国	37	36	31	国家电网、腾讯、海尔、工商银行、中国华信、五粮液	↑
6	德国	26	26	25	宝马、梅赛德斯—奔驰、大众、思爱普、奥迪	→
7	瑞士	21	19	22	雀巢、瑞信、劳力士、欧米茄、瑞银	↑
8	意大利	14	17	17	古驰、普拉达、法拉利、菲亚特、宝缇嘉	↓
9	荷兰	8	8	8	壳牌、飞利浦、喜力、荷兰国际集团、毕马威	→
10	韩国	7	6	6	三星、现代汽车、乐天、连我、SK集团	↑

数据来源：世界品牌实验室（www.worldbrandlab.com）。

（一）培育"中国服务"国家品牌综合竞争优势

培育"中国服务"的关键是要做好"大"与"强"的文章，核心是要充分发挥"大"的优势，奋力实现"强"的目标。根本路径就是，要充分发挥中国特色社会主义的制度优势，建立健全服务品牌培育的包容性机制，不断汇集服务领域创新创业发展新动能，挖掘利用服务经济大国发展优势，尽快形成参与全球服务市场合作竞争的新优势。

1. 发挥制度性基础优势

培育"中国服务"国家品牌，就是要以品牌为核心整合优化配置各种经济要素，提升服务经济整体运行效率。立足新时代中国特色社会主义的制度优势，完善运用自上而下的统筹规划和组织动员机制，建立健全自下而上的意见表达和政策建议等信息反馈机制，持续改善国家战略需求、地方发展绩效考核、市场主体价值实现的激励相容机制，不断强化行业协会沟通协调和促进服务机制，逐步构建和完善服务品牌培育的包容性机制，为服务品牌化发展提供持久动力。

当前，多双边国际协定，自由贸易试验区和服务业扩大开放综合试点等国内自主开放，服务贸易创新发展、服务外包示范城市和跨境电子商务等试点示范，服务业创新发展大纲和行业发展等规划实施，均在不断集聚更多资源、汇集更多合力，为服务经济开放发展注入新活力、拓展新空间、培育新动能。更重要的是，以开放促改革、促发展的新实践，不断推动符合国际规范的制度创新和政策创新，服务于经济开放发展的管理服务促进体系正逐步建立健全，相关理论、政策、举措探索正在转化为服务经济发展实践的"中国方案"，为服务业品牌建设奠定基础性制度支持。

2. 善用大国发展优势

新一轮科技革命和产业变革蓬勃兴起，经济全球化深入发展孕育着重大机遇，但同时也面临贸易保护主义、民粹主义、信息安全等严峻挑战。数字经济、工业4.0、人工智能等战略布局渐次展开，服务型制造与经济服务化已成趋势，服务合作与竞争成为各国在全球价值链分工体系重构和经贸格局深度调整中占据有利地位的战略重点。经过改革开放40年来的努力，我国已发展成为居全球第二位的经济和贸易国家，要素禀赋丰富、产业体系完整、创新能力增强、转型升级空间广阔、国内市场潜力巨大，为服务品牌培育提供了有利条件。

近年来，国内数字技术和数字经济领域创新创业迅猛发展，跨境电子商务、人工智能、信息通信等新兴领域正由跟跑向并跑、领跑转变，传统领域数字化、智能化转型焕发新生机，服务经济借道发展与换道超车并举，驶入了"快车道"。乘势而上，加快培育"中国服务"，要抓实以创新发展引领服务品牌建设的关键一招，避免陷入"比较利益陷阱"。发挥服务创新发展的空间优势，突出表现为规模经济和范围经济；挖掘服务创新发展的网络优势，突出表现为平台效应、产业生态体系效应；壮大服务创新发展的资本优势，突出表现为人力资本升级和数字资本扩张。与此同时，发挥发展中大国的差异性与互补性、多元性与适应性、独立性与稳定性等优势，进而加速服务领域品牌化发展新形态，以品牌建设的主动性赢得市场竞争的先机。

3. 构建以自主品牌为核心的价值链体系

新优势全球价值链的快速发展改变了世界经济格局，也改变了国家间的贸易、投资和生产联系。改革开放以来，我国积极融入以制造业为主的全球分工体系，加速了工业化进程，成长为全球三大互联生产中心之一，成为世界工厂和全球制造第一大国。服务全球化时代，品牌、外观设计、技术等无形资本及服务的地位举足轻重。传统全球价值链正在发生结构性转变和重塑，新的全球投资贸易规则正在形成。在全球市场竞争中，我国亟待实现由以要素资源、劳动力成本为基础的传统优势向以质量、服务、技术、品牌、标准和规则为支撑的新优势转变。

品牌既是质量、服务、技术的集中体现，也在标准和规则形成过程中起着决定性作用，是参与国际市场合作与竞争优势培育的关键与核心。我国应加强服务经济发展制度和政策的顶层设计，以进一步扩大服务业开放，加快推进统一开放、公平竞争的市场环境，拓展服务业合作发展新空间。积极推进数字技术等关键基础设施建设与升级，加强知识产权保护和信息安全保障建设，完善与服务品牌相关的法律法规，改善服务品牌建设硬软环境。深度参与以服务业为主的全球价值链分工体系重构，建设面向全球的贸易、投融资、生产、服务网络。依托优势行业和企业等综合实力，积极打造"一带一路"区域价值链和自由贸易区区域价值链，并举提升商品和服务贸易竞争力硬实力的同时，强化标准与规则等软实力建设，逐步构建由我国主导的全球价值链，在参与国际经济合作竞争中培育形成以自主品牌为核心的新优势。

（二）构建"中国服务"国家品牌体系

市场主体、行业领域、区位空间等是树立和识别国家品牌的三个维度，也是培育国家品牌的具体实施途径。加快培育"中国服务"，要抓住服务数字化、智能化、融合化、网络化、平台化等新特征，重点处理好"品"与

"牌"的关系，在加强服务产品与服务质量建设的基础上，着力打造市场主体、重点行业、重要城市服务品牌，发挥示范引领和辐射带动作用，加快形成服务品牌经济形态，构建完整的国家服务品牌体系。

1. 培育"中国服务"的企业品牌

企业品牌是国家品牌的最直接表现，也是传播国家品牌的最基本途径。面对激烈的市场竞争，品牌企业通过持续创新不断调整产品结构，利用差异化的特色优质产品占据较大市场份额，能够推动企业组织结构优化，提升所处产业链、价值链地位。

培育"中国服务"的企业品牌，要营造激励服务领域创新创业发展的宽松环境，提升研发创新水平，鼓励服务企业技术创新、模式创新、业态创新、制度创新并举，强化原始创新能力建设。鼓励服务企业专业化、规模化、品牌化发展，培育若干具有全球竞争力的世界一流服务企业，形成一批品牌影响力大的大型服务企业，促进中小型服务企业专精特新发展，壮大服务企业品牌群体。实施服务业标准体系建设工程，大力培育服务业标准化人才队伍，大幅提升服务质量和水平。积极引导服务企业走出去，开展海外商标注册、专利申请、品牌运营与维护，设立境外研发中心、营销网络、交付中心。

2. 培育"中国服务"的行业品牌

不同国家由于资源禀赋的差异、历史文化的不同、制度政策的变迁，会在产业发展过程中形成体现自身特点的产业发展类型，逐渐在参与全球专业化分工和国际合作竞争过程中建立起代表国家竞争力的优势产业，并在此基础上转向品牌化发展，从而形成独具特色的国家行业品牌。

培育"中国服务"的行业品牌，要聚焦重点领域，促进生产性服务向专业化和价值链中高端延伸，生活性服务向精细化和高品质转变。积极扩大通信、金融、保险、计算机和信息服务、研发设计、知识产权、会展等资本、技术和知识密集型服务出口，优化服务贸易行业结构，提升"中国服务"在国际市场的形象认知。强化新兴服务行业标准建设，支持通信、互联网、物联网等领域标准海外推广，推动通信、计算机和信息服务、金融、电子商务等领域积极参加国际标准和规则制修订，打造知名服务品牌。运用现代技术手段改造提升旅游、运输、建筑等传统服务业，打造跨界融合发展的产业集团和产业联盟，加快实现向品牌化发展转型。扩大文化创意、数字出版、动漫游戏、教育、影视、中医药服务等出口，重点培育承载中华文化核心价值的特色品牌。

3. 培育"中国服务"的城市品牌

城市是空间维度上品牌建设的主要承载区域，也是现代服务业集聚发展的主要载体。培育城市服务品牌，是工业经济向服务经济转型的客观规律使然，是扩大服务业开放、产业由低端迈向中高端、城市竞争逐层递进的必然要求。城市服务品牌要有众多知名服务企业及其产品品牌、行业品牌等支撑，但绝不是城市所属品牌的简单叠加，而是要体现城市服务经济的包容性和独特性，更具抽象性，更加情感化，对提升城市功能、聚集高端要素、培育核心竞争力具有战略性意义。

培育"中国服务"的城市品牌，要扩大服务业双向开放，围绕多层级服务贸易和服务经济中心布局，打造服务业开放发展的品牌经济形态。强化北京、上海、广州、深圳国际服务枢纽和文化交流门户功能，提升全球产业链、供应链、价值链、创新链层级和地位，打造全球服务中心城市。依托服务业基础较好的国家和区域中心城市，搭建全国性、区域性公共服务平台，提升服务业层次和水平，建设国际知名的服务名城。依据产业基础、地缘区位、语言文化等，培育若干具有特定服务区域、特色领域竞争优势的服务经济城市品牌。发挥品牌引领带动效应，形成城市群服务经济网络，加快构建面向全球、体系健全、互补协调、优势突出的服务经济新格局。

三、培育"中国服务"国家品牌的重要举措

国家品牌建设是复杂的集合概念，具有自上而下的特点，需要多个层面因素有效结合。走中国特色社会主义服务品牌发展道路，要坚持改革创新，有效市场与有为政府并举，创建服务品牌工作机制，汇集各方力量和要素资源，完善支持政策体系，优化创新创业环境，强化整体宣传推广，尽快树立"中国服务"新形象。

（一）建立"中国服务"国家品牌工作机制

建议在国务院服务贸易发展部际联席会议制度下，组建"中国服务"国

家品牌建设委员会，委员会主任、副主任分别由服务贸易发展部际联席会议召集人、副召集人担任，委员会办公室可设在商务部，方便承担委员会日常工作。此外，可聘请服务业和服务贸易领域行业协会代表、专家学者、企业代表及品牌专家等组成咨询团队。

研究制定"中国服务"国家品牌顶层规划，建立品牌决策制定机制、决策执行机制、宣传推广机制、反馈机制、奖罚机制。针对"中国服务"国家品牌建设所需的专业性服务，在引入竞争机制的基础上交给专业性机构来承担，形成政府与社会力量有机结合、互为支撑的工作体系，保证决策科学性、可操作性和执行力。密切与中国品牌发展促进委员会、世界品牌实验室等交流合作，统筹"中国服务"与"中国制造"品牌建设，联合打响做强中国品牌。

（二）构建"中国服务"国家品牌支持政策体系

探索建立"中国服务"品牌评价体系，建立服务品牌统计监测分析体系，更好地发挥财政资金的引导和激励作用。设立"中国服务"品牌发展基金，给予示范引领效果好、辐射带动作用强的品牌企业贴息或补助；对达到一定营收规模和出口规模的品牌企业给予一定的所得税优惠等政策；对具有一定国际影响力且带有显著中国文化特色的自主品牌给予研发、宣传推广支持。

创新金融产品和服务，加大对国际市场开拓、国际并购等的支持力度。支持服务企业开展无形资产评估，鼓励符合条件的服务企业利用资本市场融资。研究实施服务出口重点领域促进政策，加大行业品牌建设支持。开展城市品牌行动计划，建立服务品牌重点项目库，加速品牌经济进程。加强人员流动、资格互认、标准化等国际磋商与合作，为专业人才和专业服务"引进来"与"走出去"提供便利。

（三）优化"中国服务"国家品牌创新发展环境

推进服务行业基础性法律修订工作，清理和规范服务行业规章。完善专利权、商标权、著作权、商业秘密保护等法律法规，建立健全互联网、大数据、电子商务等领域知识产权保护规则。健全知识产权侵权惩罚赔偿制度，建立健全信息安全保护制度，发挥司法保护知识产权的主导作用。

加强众创空间等创新创业载体建设，培育和保护企业家精神。通过国家科技计划（专项）等引导服务企业增加研发投入，提升创新能力，培育核心竞争力。简化优化知识产权审查和注册流程，推进知识产权基础信息资源共享。加强服务市场诚信建设，构建跨地区、跨部门、跨领域守信联合激励和失信联合惩戒机制。支持服务领域专业资质认证，建立健全企业质量管理体系。推动优势企业成为国际标准的参与者和国家标准、行业标准的实施主体，鼓励制定联盟标准。

（四）树立"中国服务"国家品牌整体形象

加强"中国服务"国家品牌形象整体策划，加大境外整体营销支持力度。构建以中国（北京）国际服务贸易交易会为龙头、以各类专业性展会论坛为支撑的服务贸易会展格局，鼓励其他投资贸易类展会增设服务贸易展区。

支持服务企业赴境外参加国际知名服务贸易展览展示活动，在境外重点展览会上增设服务贸易展区。支持在境外举办服务贸易综合类展会和专业性展会。鼓励领军型企业搭建行业公共服务平台，支持行业内中小服务企业融入全球价值链。加快培育各类中介服务机构。探索构建境外利益保护体系，健全企业海外知识产权维权援助机制，研究制定境外业务纠纷和突发事件处理办法。

第六篇　我国承接"一带一路"服务外包助推服务业开放新格局[*]

朱福林

2013年9月和10月习近平主席分别出访中亚和东盟时相继提出共建"丝绸之路经济带"和"21世纪海上丝绸之路"。十八届三中全会《中共中央关于全面深化改革若干重大问题的决定》将"一带一路"建设上升为国家战略，成为实施新一轮全方位对外开放的重要内容之一。"十九大"报告指出，要以"一带一路"建设为重点，坚持引进来和走出去并重，遵循共商共建共享原则，加强创新能力开放合作，形成陆海内外联动、东西双向互济的开放格局。"一带一路"倡议成为我国对外开放的重要组成部分，有利于促进双方贸易投资深度合作，从而为我国服务外包发展提供了难得的历史机遇。

"十三五"期间，我国国际服务外包产业面临着严峻的转型升级压力，国际服务外包市场竞争激烈，开拓难度不断加大，迫切需要寻找新的市场发展机遇。同时，欧美发达国家的服务外包市场受国内保护主义影响而出现一些不确定性。而"一带一路"沿线国家和地区在服务外包领域蕴含着巨大的潜在市场。据安永公司研究报告，2018年中东北非地区的服务外包市场规模达70亿美元，从而为我国服务外包产业国际化发展提供了新途径。承接"一带一路"沿线国家和地区的服务外包将有利地促进我国服务业开放新格局形成，并为我国企业在服务外包国际化经营策略方面积累经验。

---

[*] 此文发表于《全球化》2018年10月。

一、我国承接"一带一路"服务外包现状与特点

随着"一带一路"倡议逐渐受到国际社会,尤其是沿线国家和地区的认可与响应,我国与"一带一路"沿线的政治经济合作逐渐大规模展开,"一带一路"成为我国对外投资的重点区域。通常来讲,企业国际化过程必然会产生大量生产性服务需求。鉴于文化、语言、习惯等方面的客观原因,跨国公司通常会采用来自母国公司提供的信息与服务,以达到降低交流沟通成本、控制信任危机等目的。实际上,我国企业在"一带一路"沿线国家进行投资时,对这些国家政策商机的发布、企业资源要素配置等内容认知还较为薄弱,从而需要我国专业提供服务商为企业"走出去"提供咨询、设计、法律、金融等方面的生产性服务。因此,随着我国与"一带一路"国家和地区对外投资规模的加大,我国服务外包产业将拥有更为广阔的国际市场。另外,"一带一路"沿线国家和地区自身也面临着发展经济、解决人口就业等社会问题,而且全球范围内信息化技术革命与产业融合不断加深,这些国家也不例外,须不断利用信息技术来促进整个经济和社会发展,从而产生了大量内生的服务外包需求。近年来,"一带一路"沿线国家和地区逐渐成为我国服务外包合作的重要区域,并日益成为我国离岸服务外包的新增长点。

(一)我国承接"一带一路"服务外包增长迅速

首先,从规模与增速上来看,近年来,我国承接"一带一路"服务外包合同额和执行额均保持稳步增长态势,有力地促进了我国服务外包国际市场多元化发展。2014—2017 年期间,我国承接的"一带一路"服务外包合同和执行额分别增长 2.5 和 1.6 倍,高于同期我国服务外包总额增幅。

如图 1 所示,2014 年我国承接的"一带一路"服务外包合同金额和执行金额分别为 125 亿美元和 98.4 亿美元,同比增速达 25.2% 和 36.3%。2015 年的合同金额和执行金额分别为 178.3 亿美元和 121.5 亿美元,同比增速为 42.6% 和 23.4%。受全球经济不确定因素影响,2016 年随着我国整体上服务外包承接业务有所放缓,"一带一路"服务外包市场额和增速均出现下降。经过 2016 年的短暂调整,2017 年我国"一带一路"服务外包业务出现较大幅度

增长，合同额增长大大高于执行额，分别达312.5亿美元和152.7亿美元。说明随着"一带一路"战略的推进、双方互信程度的加深，"一带一路"沿线国家与我国服务外包领域合作意愿得到加强，服务外包订单数量增加，服务外包潜在市场不断被挖掘。

但是，"一带一路"沿线的大部分国家和地区还是经济欠发达或新兴经济体，许多国家还处于工业化初期，仍以基础建设开发和基本工业体系建设为主要任务，服务业与服务贸易发展程度还不充分，导致我国与它们之间的服务贸易总体规模增长幅度不大。此外，"一带一路"各项措施还处于积极推进中，相关的软硬件支持体系还在不断建设与完善中，而且沿线国家服务外包需求也容易受到国际、周边和本国经济政治环境变化的影响，可能出现不稳定，加上我国服务外包企业在"一带一路"的拓展与布局也需要一个过程，因此作为新开创的国际市场，"一带一路"服务外包市场表现出较大年际波动。

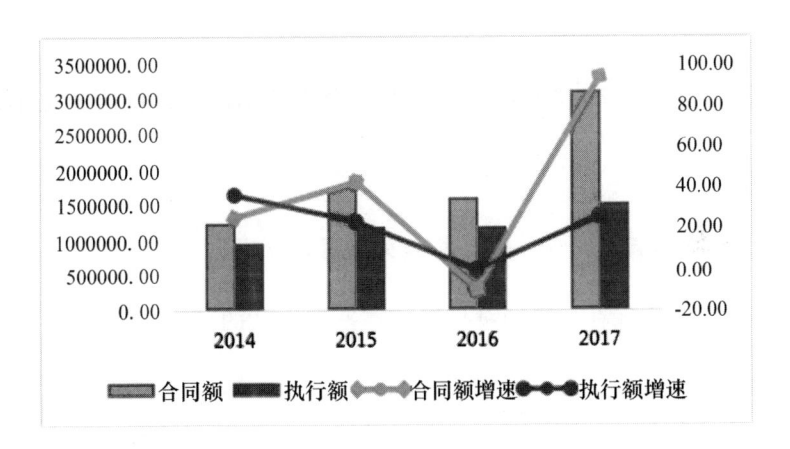

图1 我国承接"一带一路"服务外包规模（单位：万美元；%）

数据来源：中国商务部。

其次，从占比来看，近几年来，随着"一带一路"服务外包规模增速显著，逐渐成为我国服务外包的重要承接来源地区。如图2所示，"一带一路"服务外包占我国总体离岸服务外包的比重稳步提升，表明其在我国离岸服务外包中的地位和重要性逐渐提高。2014—2017年期间，"一带一路"服务外包合同额占比分别达17.41%、20.43%、16.95%和28.1%；执行额占比分别达17.6%、18.79%、17.22%和19.17%。随着我国与沿线国家的经贸、投资及互联互通进一步快速发展,"一带一路"正成为新时代我国服务外包重要的承接来源地和服务外包提质增效的新动力源泉。由于服务外包产业具有一定的滞后特征,随着"一带一路"沿线国家和地区经济结构不断提升,以及我国对沿线国家和地区对外投资不断加大,未来服务外包需求将进一步释放,"一带一路"服务外包在全部外包中的份额还有可能再获新高。

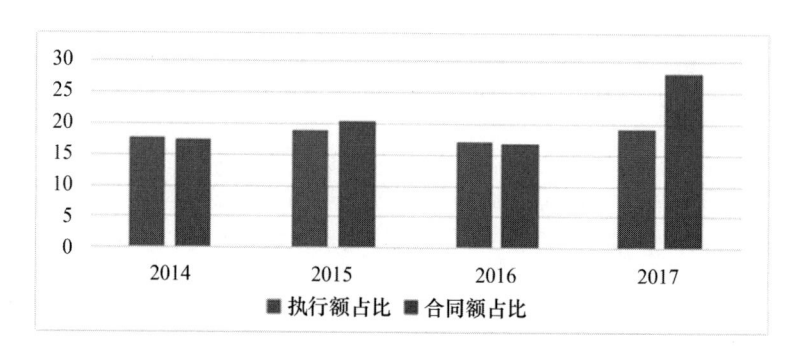

图2 我国"一带一路"服务外包占比分布

数据来源:中国商务部。

(二)我国承接"一带一路"服务外包国别分析①

首先,从片区来看,我国承接沿线国家和地区的离岸服务外包主要集中

---

① 东南亚11国:新加坡、马来西亚、印度尼西亚、越南、泰国、菲律宾、柬埔寨、缅甸、老挝、文莱、东帝汶。
西亚北非16国:沙特阿拉伯、伊拉克、伊朗、土耳其、阿拉伯联合酋长国、埃及、以色列、科威特、阿曼、卡塔尔、叙利亚、约旦、黎巴嫩、巴林、巴勒斯坦、也门共和国。
南亚8国:印度、巴基斯坦、孟加拉国、斯里兰卡、马尔代夫、尼泊尔、不丹、阿富汗。
俄罗斯蒙古中亚5国:俄罗斯、哈萨克斯坦、蒙古、土库曼斯坦、乌兹别克斯坦、塔吉克斯坦、吉尔吉斯斯坦。
中东欧16国:波兰、捷克共和国、匈牙利、斯洛伐克共和国、克罗地亚共和国、罗马尼亚、保加利亚、立陶宛、塞尔维亚、拉脱维亚、斯洛文尼亚共和国、阿尔巴尼亚、马其顿、爱沙尼亚、波黑、黑山。
独联体其他5国及格鲁吉亚:白俄罗斯、乌克兰、阿塞拜疆、格鲁吉亚、亚美尼亚、摩尔多瓦。

在东南亚地区（如图3所示）。2014—2016年，我国承接东盟11国离岸服务外包执行金额分别为53.8亿美元、63.2亿美元、65.7亿美元和78.8亿美元，占沿线比重分别为54.7%、52%、54.2%和51.6%。据商务部官网数据，2017年上半年，承接东南亚11国外包执行金额232.4亿元，约占"一带一路"沿线国家的60%，占比与前几年相比有所提高，说明东南亚服务外包在"一带一路"推动下得到较大释放。相对其他区域来讲，东盟地区服务外包业务发展较为稳定，服务外包市场相对比较成熟，市场发展程度较高，因此未来一段时间内东盟地区仍将是我国"一带一路"服务外包市场的主要来源地区。从图3中看出，除东盟之外，西亚、南亚也是我国服务外包重要的合作伙伴。2017年，我国与西亚北非、南亚服务外包合同与执行金额分别为34亿美元和22亿美元，占"一带一路"服务外包的22.3%和14.5%。

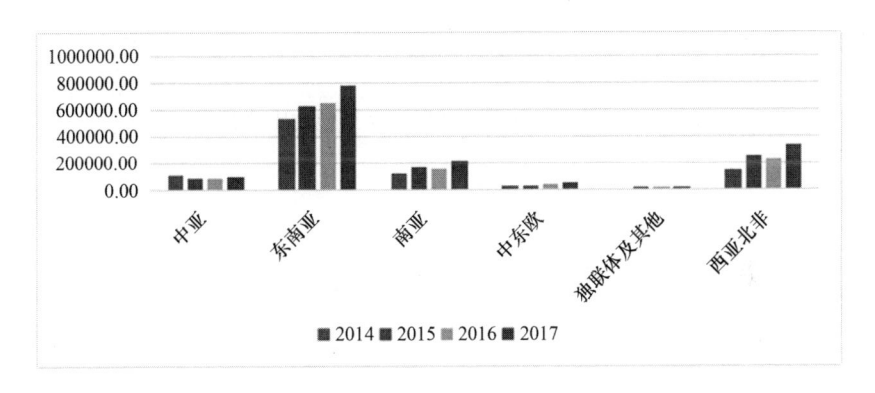

图3　我国"一带一路"服务外包来源区域分布（单位：万美元）

资料来源：商务部。

其次，从单个经济体情况来看，"一带一路"沿线国家和地区当中有些就是我国传统的服务外包来源地，如香港地区、韩国、台湾地区、印度等。每个片区中都有几个重点市场，在东南亚，新加坡、马来西亚、印度尼西亚是该区域的主要发包国；沙特和伊拉克是西亚北非区域的主要发包国；印度和巴基斯坦是南亚地区的主要发包国；俄罗斯是中亚地区的主要发包国。就合作规模来看，我国与新加坡、印度、俄罗斯的服务外包合作更为密切，这些国家的服务外包产业均具有一定规模基础。在"一带一路"倡议促进下，一些新的服务外包市场增长加快。2016年，来自拉脱维亚、乌兹别克斯坦、捷克、爱沙尼亚等中东欧国家的服务外包业务增长迅速，增长均超过80%。[①]

（三）"一带一路"部分沿线国家成为我国服务外包企业走出去的重要目的地

为充分利用国外人力资本优势，缓解国内高成本压力，实现快速交付和本地化提供等战略目的，以及发挥离岸、近岸和在岸多种模式结合带来的综合优势，我国许多服务外包企业加大了在海外建立交付中心、研发中心和分支机构的步伐。美、日、欧是我国服务外包企业的主要业务来源地，自然也成为企业建立国外业务机构的首选目的地。然而，随着"一带一路"合作机制的不断深入，"一带一路"沿线国家和地区日益成为我国服务外包企业设立海外中心的重要目的地。博彦科技不仅在其主要离岸市场美国和日本建立了分支机构，也在印度和新加坡服务外包高端目的地设立了交付中心。文思海辉与印度尼西亚Jatis集团成立合资公司，目的就是提升亚太市场开拓和全球交付能力。2015年华为宣布在班加罗尔成立新的研发中心，希望将该中心打造成面向全球客户的重点开发和交付中心。

二、我国承接"一带一路"服务外包面临的挑战

近年来，在国家大力推动下，我国承接"一带一路"服务外包从无到有、由点及面，成果超出预期，但也面临着诸多挑战，"一带一路"沿线国家和地区存在的风险不可忽视。

首先，从风险状况来看，"一带一路"国家具有重要的战略位置，很多处于国际能源供应带和地缘政治敏感带，是大国博弈的焦点区域，不可避免地与大国地缘政治战略相碰撞。美国提出的重返亚太及亚太再平衡战略，以及最近特朗普提出的"印太战略"都具有非常明确的针对性。"一带一路"战略可能也与沿线国家自身政治战略主张形成对撞，2014年莫迪政府提出"季风计划"，试图抗衡中国的"21世纪海上丝绸之路"。印度还对中巴经济走

---

① 中国商务部数据。

廊、中国与斯里兰卡的合作也大为不满。"一带一路"还存在战争风险,其中,战争的起源包括三种情况:(1)域外大国为霸权利益以各种理由强行介入带来的战争;(2)一些国家内部因民族、宗教等矛盾激化引发的内战;(3)上述两种势力搅和在一起导致的战争。另外,"一带一路"沿线国家很多处于恐怖主义人员和活动频繁的"高风险"区域。一些欠发达国家,政治上不太稳定,国家没有明确的长期发展规划,有的国家执政党一旦更替,新的执政党上台后不认前任的帐,从而产生政权更迭风险。例如,2018年,马来西亚总统一上台就宣布重新评审与中国的投资合作项目。有些国家和地区由于担心资源、能源或重要物资被中国利用,或对中国介入当地政治存在顾虑,对中国投资或多或少产生焦虑和担心。由此看来,"一带一路"国家和地区范围局部地缘政治相对不稳定,将给我国"一带一路"国家的服务外包项目带来财务、法律、合同等方面的风险。

第二,从市场合作成熟度来看,与成熟的美、日、欧发包方不同,"一带一路"沿线是我国新兴的国际服务外包市场,产业、企业与市场等不同连接层面的稳定性还不高。"一带一路"沿线国家和地区经济基础发展程度差异较大,经济合作程度深浅不一。在"一带一路"倡议之前,我国与这些国家之间的合作比较松散,未能形成明确的经贸合作共识。"一带一路"沿线部分国家经济体量相对较小,国际贸易发展缓慢,经济全球化步伐滞后。这些因素的存在使得服务外包国际业务风险提高。我国服务外包产业经历了十余年的快速发展,总体实力得到提高,但与发达国家相比,在行业成熟度、操作经验上仍有欠缺,尤其是在国际开拓方面的新市场、新问题、新环境上娴熟处理的能力还不是很高,导致在开发国际新市场方面经验不足。

第三,从国别差异来看,"一带一路"沿线跨越多个大洲,相关国家和地区数量众多,各个国家和地区的经济发展水平、开放程度、政治文化环境存在很大差别,服务业发展基础参差不齐。除少数国家和地区之外,"一带一路"沿线国家和地区经济发展与信息技术水平整体上还不高,因此,除了与传统服务外包市场具有深度合作基础之外,与其他国家和地区的之间的服务外包领域层次和水平还很有限。另外,"一带一路"国家和地区多元文化、多种社会体制,无形中增加了我国服务外包企业与"一带一路"发包方在分工协作、沟通交流上的困难,从而更给服务外包合作项目带来诸多风险隐患。

第四,从营商环境来看,相比美欧、日韩等发达国家,"一带一路"国家地缘政治相对不稳定。这种不稳定可能给中国与"一带一路"国家的服务外包项目带来财务、法律、合同等方面的风险,对业务拓展形成挑战并产生不利影响。有些"一带一路"沿线国家的经贸、金融体制、信用经济还不是很健全,我国企业容易造成资金损失。另外,有些"一带一路"沿线部分国家经济体量较小,国际贸易发展缓慢,知识产权和法律制度不健全,知识产权和信息安全保护意识薄弱,这些因素的存在无形中提高了业务风险,不利于服务外包合作的开展。

三、我国承接"一带一路"服务外包的发展趋势

(一)"一带一路"合作基础不断夯实[①]

从政治上来看,我国"一带一路"倡议不断获得国际关注,也多次被联合国写入其决议。尤其在沿线国家和地区,"一带一路"倡议影响不断深入。我国与"一带一路"沿线国家元首首脑访问43次,与11个国家签署15份推动双边关系发展文件。2017年在北京举行的"一带一路"高峰论坛,共有18个"一带一路"沿线国家元首首脑访华,其间中国与相关国家签署270多项经贸等多领域合作文件。截至2017年5月,我国已与沿线36个国家及欧盟、东盟分别签订了双边海运(河运)协定。而且"一带一路"沿线国家和地区与中国的政治互信程度较高。鉴于多种原因,很多国家在经济发展领域更倾向于与中国开展合作,并且有上合组织、"一带一路"论坛等多种国际协调机制,从而使"利益共同体"和"命运共同体"在经贸合作中的可能性大大提高。这都为我国与"一带一路"沿线国家服务外包合作创造了良好的政治环境。

从联通上来看,中欧班列开行近7000列,运行线路57条,国内开行城市35个,到达欧洲12个国家34个城市。截至2017年5月,中国民航已与43

---

① 中国一带一路网:一带一路数据观,https://www.yidaiyilu.gov.cn/xwzx/gnxw/43662.htm,2018年1月12日。

个沿线国家实现空中直航,国外航空公司新开 18 条"一带一路"沿线国家航线。截至 2017 年 11 月,我国国家交通运输物流公共信息平台实现与全球 31 个港口的物流信息互联共享。我国已与沿线 12 个国家建有 34 条跨境路缆和多条国际海缆。2017 年 12 月 3 日,在第二届世界互联网大会上,我国与老挝、沙特、塞尔维亚、泰国、土耳其、阿联酋等国家相关部门共同发起《"一带一路"数字经济国际合作倡议》。截至 2017 年 7 月,我国已与 24 个沿线国家实现公民免签或落地签,并逐步向西亚北非、中东欧等地区扩大。

从金融上来看,亚投行成员总数增至 48 个,其中"一带一路"沿线国家占 42 个,共批准 20 多个投资项目,总额超过 37 亿美元。线路基金已签约 17 个项目,承诺投资 70 亿美元,支持项目涉及总投资金额达 800 亿美元。6 家中资银行在沿线 19 个国家设立 80 多家分行、支行、代表处等。中国银联卡覆盖沿线 50 多个国家,超过 400 万商户和 40 万台 ATM 机。中国出口信用保险公司为沿线近 20 个国家合作项目提供各种类型保险服务,并与白俄罗斯、格鲁吉亚等国签订了合作协议。

通过以上分析,不难看出,在"一带一路"框架下我国与沿线国家合作机制进一步完善、合作基础得到巩固、合作领域不断扩大,为我国服务外包产业向"一带一路"沿线拓展奠定了坚实基础。

(二)"一带一路"服务外包市场空间巨大

首先,从经济基本面来看。2013 年,"一带一路"沿线国家和地区经济总量为 23 万亿美元,人口共计约 45 亿人。若加之欧盟诸国,则"一带一路"周边国家的经济总量将占世界比重的 50% 以上,人口占比达到 70% 以上。2017 年,我国与"一带一路"沿线国家贸易额 7.4 万亿元人民币,同比增长 17.8%,增速高于全国外贸增速 3.6 个百分点。

其次,从发展阶段来看。"一带一路"沿线 65 个国家之间工业化水平差距较大,大部分国家和地区总体上还处于工业化进程中,且大多数还处于工业化中后期,大体呈现"倒梯型"的结构特征。[①] 一些国家工业化水平、科

---

① 中国社会科学院工业经济研究所课题组:《工业化蓝皮书:"一带一路"沿线国家工业化进程报告》,2016 年。

技发展水平与中国还有一些差距。随着这些国家经济的发展,工业化与信息化进程中必然产生大量服务外包需求。

第三,从我国对外投资角度来看。在"一带一路"战略深度合作推动下,我国对外直接投资将继续以每年约20%的速度增长。2015年习近平总书记在APEC工商领导人峰会上表示,未来10年我国对外投资将达到1.25亿美元。随着中国对"一带一路"沿线投资增长,"跟随型"服务外包市场将持续扩大,而且投资项目将由基础设施、制造业、能源等少数行业逐渐向全产业不断拓展,从而产生巨大服务外包产业需求。据统计,2014年以来,我国对"一带一路"沿线国家的投资已超过500亿美元,与相关国家的企业合作共建项目近2000个。[1]

第四,从双边合作推动机制来看。在重大项目推进上,东非铁路网起始段肯尼亚蒙内铁路竣工通车,中老铁路首条隧道全线贯通,中泰铁路一期工程开工建设。中国—白俄罗斯工业园、埃及苏伊士经贸合作区等成为"一带一路"经贸合作的典范。自贸区建设方面,中国与格鲁吉亚、马尔代夫签署自贸协定,与摩尔多瓦、毛里求斯自贸协定正在积极谈判,推动区域全面经济伙伴关系协定(RCEP)谈判取得积极进展。对外援助方面,启动"共筑援助之桥、畅通'一带一路'"行动,落实重大援助举措,积极为沿线发展中国家提供力所能及的援助。同时,稳步推动改善民生的援助项目,开办南南合作与发展学院,举办专题培训班,帮助受援国增强自主发展能力。

(三)"一带一路"拓展我国离岸服务外包国际市场多元化格局

"一带一路"朋友圈不断扩大,有利于拓宽我国与沿线国家和地区在服务外包产业方面的合作空间和市场机会。"一带一路"沿线国家和地区有些本来就是全球服务外包市场重要的组成部分,当中包含着不少全球服务外包重要角色。以印度为核心包括中国、菲律宾等在内的东南亚地区是全球第一大离岸业务承接区;以波兰、保加利亚、捷克为中心的中东欧地区是承接欧洲服务外包的重要聚焦地;俄罗斯凭借其高科技人才优势在高端研究服务外包方面占有一定独特优势;处于丝绸之路另一端的爱尔兰是全球著名服务外包发

---

[1] 国家发改委:《中国对外投资报告》(2017)。

源地，是全球中高端服务外包重要聚焦区（姜荣春，2015）。

从产品、技术及整体解决方案上来看，我国服务外包的提供方式可能更接近于亚洲一些国家和地区的市场需求。"一带一路"沿线国家和地区对于服务提供高技术、标准、能力成熟度等方面的具体要求与我国服务外包企业的能力更加匹配。2017年我国"一带一路"服务外包合同金额增长近一倍，说明服务外包的谈判项目与日俱增。美、欧、日等发达国家和地区是我国服务外包传统市场，随着"一带一路"国家战略的实施和我国传统产业尤其是制造业的转型升级，"一带一路"相关国家服务外包业务加速释放，在岸市场规模快速增长，我国服务外包产业有望形成发达国家、新兴国家和国内市场"三位一体"的产业新格局。

（四）我国"一带一路"服务外包领域呈现非均衡性、特色性分布

"一带一路"沿线国家和地区整体经济发展和信息产业水平差异很大，导致我国"一带一路"服务外包具体业务结构因出口区域不同而呈现巨大差异。对于相对落后的国家和地区来讲，相关基础设施投资、能源等方面的服务外包具有很大市场空间。硬件设施的建设往往需要配套服务的跟进，在其国内相关服务业发展还不充分的情况下，这些国家和地区需要通过服务进口来弥补，为我国服务外包企业"走出去"提供了市场。以高铁出口来说，轨道交通设备及高速车辆出口还带动了运营、管理、养护、维修、安全监控等后期运维服务及相关人才技能培训服务的出口。对于需要发展高铁、机场、公路等基础设施的沿线国家和地区来说，与基础设施投资相关的服务外包就能获得发展。而对于经济发展水平和信息产业基础较为完备的沿线国家和地区来说，尤其是第三产业相对发达的国家和地区来讲，除信息技术外包之外，业务流程外包及知识流程外包均具有较大发展空间。此外，在沿线国家和地区有些制造业基础比较良好的国家，制造业外包具有很大需求。总之，"一带一路"沿线服务外包由于各国和地区的经济基础、产业条件等因素存在很大差异，在不同国家和地区的服务外包业务范围也具有较大差异。

（五）新兴服务外包领域具有很大发展空间

随着"一带一路"沿线国家和地区的信息技术水平不断提高，其互联网、

大数据、移动电子商务等新兴服务业态也逐渐壮大，势必产生大量新兴服务外包需求，为我国新兴服务外包的出口提供了潜在市场。此外，随着我国"一带一路"对外投资合作的加深，企业"走出去"所需的生产性服务业种类、标准逐渐提高，将会产生更多的工业技术服务、信息化解决方案、专业服务需求，BPO 和 KPO 等企业中高端服务外包逐渐增加。据中国服务外包研究中心研究，我国与"一带一路"沿线服务外包应深化七大领域合作，分别是：信息技术运营维护和工程技术服务、供应链管理服务、检验检测服务、云计算、数据处理分析和电子商务平台服务、软件研发和技术服务、工业设计和 IC 设计服务、医疗和医药研发服务。这些领域未来有可能成为我国"一带一路"服务外包的主要领域。

（六）我国"一带一路"服务外包与对外投资协同发展

根据《国际服务外包产业发展"十三五"规划》，深化"一带一路"相关国家合作，推动"装备+服务""工程+服务"和中国服务标准的国际化进程，开展工业、能源、软件和信息技术、文化创意、金融、交通物流等领域的跟随服务，"一带一路"将成为我国对外投资的重要市场。国际经验表明，企业对外投资需要服务先行，我国跨国公司"走出去"开展对外投资也不例外。我国"一带一路"服务外包的发展有力地推动了我国对外投资项目的落地，为对外投资提供了必需的配套服务支持。由于"一带一路"沿线国家法律制度、社会政治、宗教文化、经济条件和商业环境等差异很大，投资往往具有很大的风险，投资过程极具复杂性和不确定性，企业对投资咨询、法律顾问、风险管理、应收账款等外部高水平专业性服务产生巨大需求，需要大量先进生产性服务的支持。随着"一带一路"建设广度与深度的推进，我国与沿线国家和地区在贸易、能源资源、金融、旅游、文化以及生态环保等方面不断加强对接与合作，涉及服务外包产业合作领域将不断扩大，从而带动中国与沿线国家服务外包产业合作，"一带一路"对外投资规模扩张将为我国服务外包企业带来新一轮国际化浪潮。反过来，"一带一路"服务外包的发展也有力地促进了我国在"一带一路"沿线国家对外投资的扩大。服务外包在对外投资前期、中期和后期都发挥着至关重要的角色，很大程度上影响了对外投资的成本与收益。因此，服务外包与对外投资合作有望形成相互辅助、互相促进、相互提升的良性互动局面。

三、"一带一路"服务外包对我国服务业开放的促进效应

(一)"一带一路"服务外包有利于促进我国服务业转型升级

母国相关市场效应对于一国和地区产业国际竞争力具有重要支撑作用,这是波特国家竞争模型强调的重要因素之一。反过来,相关产业国际市场占有率的扩大将进一步带动母国相关产业的开放发展。通过"一带一路"获得的服务外包边际增量可通过产业关联和波动效应推动我国信息服务产业的发展。另外,随着新一轮信息技术革命的突破,基于互联网和现代信息技术的服务外包产业不断与其他产业融合,制造业、批发零售业、交通运输业、能源业、金融业、医疗卫生健康业、生活性服务等垂直行业与信息产业协同发展趋势加强,因此服务外包产业的发展不仅能促进信息产业的增长,而且对其他产业的转型升级也具有强大支持作用。再者,基于低成本优势的传统发展模式已不能适应新阶段发展,"十三五"期间我国离岸服务外包产业面临着严峻的向高起点迈进的挑战,国际市场开拓难度有所增加,通过"一带一路"服务外包的发展,可以搜寻到新型发展机会,以突破全球价值链低端锁定陷阱,加快产业转型升级。

(二)"一带一路"服务外包促进了我国与沿线国家和地区服务贸易增长

近年来,我国与"一带一路"沿线国家和地区服务贸易进出口总额由 2012 年的 17979.9 亿美元增至 2016 年的 19373.9 亿美元,平均增速为 1.9%。[①] 2016 年我国与沿线国家贸易额占我国贸易总额比例由 25.4% 上升至 25.7%。[②] 服务外包是服务贸易出口的重要方式,而且是新兴服务贸易领域的主要贡献力量,因此,"一带一路"服务外包的发展不仅促进了我国与其服务贸易的发展,也有助于提升我国对沿线国家服务贸易行业结构。"一带一路"

[①] 商务部:《中国服务贸易发展报告》(2017)。
[②] 中国一带一路官网:https://www.yidaiyilu.gov.cn/xwzx/gnxw/33799.htm。

沿线国家和地区大部分还是发展中经济体，"一带一路"倡议扩大了我国服务贸易与服务外包在发展中国家和地区的市场份额，有助于我国服务贸易国际市场多元化格局进一步形成。在传统服务出口市场，包括美国、日本、欧盟、中国香港等得到巩固的同时，新兴"一带一路"市场份额继续扩大，增强了我国服务贸易抵御国际市场变动风险的免疫力。另外，"一带一路"沿线分布着诸多新兴和转型经济体，它们的服务贸易还刚起步，对技术、金融、管理和人力等高级生产要素需求比较迫切，正好为我国服务外包相关优势领域进入这些市场提供了机遇，从而有助于提升高附加值服务贸易的国际竞争力。

（三）"一带一路"服务外包为"中国服务"标准走向国际化提供契机

国际贸易的竞争很大程度上在于标准、规则和话语权的博弈。我国虽然是贸易大国，但在国际贸易规则的制定方面还不具有决定性影响力，而通过"一带一路"这个平台可以推广中国标准，尤其是在我国具有一定比较优势的先进领域。相对于有些"一带一路"沿线国家和地区，我国服务外包技术与质量水平具有显著优势，因而，在承接"一带一路"服务外包时，我国逐渐形成统一、透明的服务标准，有利于培育优质中国服务外包品牌，增加我国服务外包在标准设定上的话语权，从而进一步提升"中国服务"竞争优势并为我国高端服务外包业务提供巨大市场。在一些市场空白的地区和领域，通过抢占先机率先构建与推广我国的行业、技术、服务标准，可以在相关国家和地区逐步建立有利于我国的中高端外包标准和规则制定主导权。

（四）"一带一路"服务外包带动服务贸易人才结构提升

服务外包的价值创造在于按比较优势进行分工协作，价值链活动分解将创造出大量新的工作机会，尤其是产生大量高技术含量的就业岗位。服务外包产业对人才知识、技术、及综合素质要求较高，使服务外包产业成为知识型、复合型人才的重要培育摇篮，通过承接服务外包可以促使服务外包人才不断提高自身业务综合能力。2018年我国普通高校毕业生达820万，大学生就业形势仍十分严峻，而服务外包雇员构成中有近70%为大学毕业生，服务外包产业成为吸纳大学生就业的重要产业部门。随着"一带一路"服务外包市场潜力不断被挖掘，促进我国外包总体承接规模不断扩大，进一步扩大对高学历人才有效需求。而且服务外包业务内涵已逐渐升级，开始由非核心业务向更高层次的系统解决方案和价值创造转变，从而对服务外包人力资本要求更高，对高学历服务外包人才的需求更大。通过"一带一路"扩大我国承接服务外包规模，将对服务外包人才规模的扩大产生积极作用。而服务外包人才的壮大为我国服务贸易发展提供了充备的人才资源基础，从而进一步推动服务贸易相关产业发展。

（五）"一带一路"有利于促进中西部服务外包产业发展

"一带一路"倡议为中西部服务外包发展提供了机遇。我国中西部地区处于亚太经济圈和欧洲经济圈的中间地带，在"一带一路"战略实施中发挥着重要作用。"一带一路"战略的推进扩大了我国中西部地区与俄罗斯、中东欧甚至西北欧等国际服务外包发达地区的经贸联系，从而使得我国西部地区的服务外包与服务贸易获得更多发展机会，有利于缓解我国东西部地区间服务贸易发展的不平衡，带动我国中西部地区发展。相关研究指出，西北经济区域信息技术发展程度变量指标对"一带一路"国际服务外包承接竞争力具有显著正相关（戴军和韩振，2016）。随着"一带一路"建设步伐加快，我国中西部地区将大幅提升基础设施、营商环境及产业条件，带动更多国内外服务外包企业瞄准中西部进行产业布局或转移，使中西部地区低成本要素优势得以有效发挥。"一带一路"为更多中西部企业参与国际化项目、培养国际化人才提供了绝好机遇与平台，为中西部服务外包企业国际化经营打下良好基础。

四、政策与建议

"一带一路"服务外包产业具有很大发展潜力，但也应充分清醒地意识到，我国离岸服务外包市场主要来自美国、日本、中国香港等发达市场经济体，这些地区制度健全，商业文化发达，人口素质和技能水平较高，市场可预期程度较高。而"一带一路"沿线不少国家和地区还是处于经济转轨过程的发展中国家，经济发展水平、营商环境、法律法规等不健全，与我国在语言、文化、宗教方面差异也较大，劳动力素质和技术水平偏低，虽然潜在市场需求很大，但我国企业对开展发展中国家的服务外包业务经验还不是很足，因此风险不可低估。为更好地促进我国"一带一路"服务外包市场的发展，提出如下建议。

（一）构建"政府搭台、企业唱戏"政企合作模式发挥各自优势

政府主要是在国家顶层的沟通和协调、沿线国家的投资环境、政策法规、商机等信息提供、相关公共服务平台搭建、专项基金扶持、财政与金融政策等方面发挥自身优势与作用，着重发挥资源与信息对接功能，加强我国与沿线国家和地区之间政策、资源与信息国际平台建设，为国内参与"一带一路"各市场主体和机构之间建立信息共享平台。涉及营利性质的经营性平台应该由企业来具体建设与运营，如郎坤为中国化工、中国建材搭建的平台运行就较为成功。在我国企业"走出去"过程中，政府应做好支持工作，充分了解"走出去"企业的真实需求，不断提高国际治理能力。

另外，有关国际市场开拓的成功案例可仿照香港的做法。在香港企业过去几十年的历史进程中，政府、半官方机构和各大商会"三位一体"的组合，是协助企业"走出去"的重要机制。而且各个机构各司其职，政府引导经济和企业发展大方向；半官方机构如贸易发展局、生产力促进局等扮演"探射灯"角色，集中力量国际贸易协商和市场开拓；中华厂商联合会、香港工业总会等各大商会则弥补政府部门和半官方机构的不足，通过分析研讨会、实地调研考察等方式，为企业会员提供新兴市场详尽的投资指南，以及金融、基建、商贸等各方面具体需求的服务（梁海明，2016）。[1]

（二）与国外先进服务提供商合作共同承接"一带一路"外包业务

一些跨国公司在华机构大多具有高水平国际化能力与经验，国内服务外包企业可与这些跨国公司开展战略与业务合作，共同开发"一带一路"服务外包市场。通过与在华跨国公司合作，一方面可与发达国家和地区的企业合作增加主动近距离接触先进技术的机会，学习其技术运营管理等经验，提升

---

[1] 梁海明："'一带一路'项目的风险防范应借鉴香港经验"，光明网（理论频道），2016年。

服务外包技术实力，反过来，也有利于我国企业承接"一带一路"沿线国家和地区的服务外包；另一方面还可以利用跨国公司在项目分析、风险管理、国际化运营等方面的优势，保障服务外包项目的成功实施。相对来讲，我国企业的国际化经营还不是很多，与欧美等发达国家跨国公司相比国际化经营的整套经验还比较缺乏，与跨国公司在华机构进行合作共同开发"一带一路"服务外包市场不仅能增强彼此之间的关系，为承接跨国公司欧美母国服务外包创造机会，还可以有效地降低国际化经营风险。

（三）利用境外经贸合作区、自贸区等平台促进"一带一路"服务外包产业

目前，境外经贸合作区已经成为推进"一带一路"建设和国际产能合作的重要载体和重要抓手，以及中国企业"走出去"的平台和名片。合作区不仅使中国优势产业在海外形成集聚效应，也降低了中国企业"走出去"的风险与成本。境外产业园区不仅为驻在国创造了就业、税收和技术进步，还主动承担社会责任，积极为当地经济和社会发展做贡献，树立了良好的中国企业形象。在实际运行中，我国企业集体入驻境外园区，共同应对当地政策市场变化、争取更多市场话语权，有效缓解了企业运营压力，降低了中国企业海外投资的风险。有企业负责人还建议，在境外产业园区形成全产业链，要想形成综合竞争优势，必须由政府牵头，大家抱团出海，集群式"走出去"。另外，融资难是困扰园区发展升级的一大阻力。企业在海外建设产业园区，投资周期长，回报率低，需要加强融资方面的政策支持。政策补贴不宜取消，考核标准应该更加充实完善。另外，自贸区建设是"一带一路"建设中的重要内容。据媒体报道，[①] 截至 2017 年 5 月，我国已与 22 个国家和地区签署并实施了自贸协定，其中涉及到"一带一路"沿线国家的有 11 个。而且与沿线国家的自贸区研究和谈判工作还在积极进行中，将与 20 个沿线国家推进自贸区建设。这些自贸区协定大多对服务业双边扩大开放提供了很多优惠，从而为双边服务贸易便利化发展创造了良好的政治环境。

---

① 商务部：将与 20 个 "一带一路" 沿线国家推进自贸区建设，中国证券网，2017年 5 月 10 日。

（四）"一带一路"服务外包要坚持稳步推进并注意防范风险

从总的方向来看，"一带一路"是一个长期战略，通过支持沿线国家经济增长并同时增加我国与这些国家之间的经济融合，形成新的长期增长动力。政府及市场主体在开拓"一带一路"服务外包市场过程中要注重风险防范，实施稳步推进的策略。在政府方面，我国驻"一带一路"沿线国家大使馆应及时发布所在国政治动态信息，在保障中国企业、人员、财务等安全方面发挥最大限度的作用。经济商务参赞处应对所在国投资政策、产业规划、法律法规等进行详细说明，多组织国际投资洽谈会、说明会等活动，加强与当地专业性商会、协会的密切联系，了解并发布所在国服务外包项目需求。在企业方面，我国服务外包企业在向"一带一路"沿线国家和地区"走出去"过程中，应仔细核准评估项目风险，充分做好前期相关可行性调研及风险预判。必要时可聘请第三方评估机构对投资目的国进行风险评估，甚至通过实地考察切身感受对象国的投资环境。

第四部分

热点专题类

第一篇　抢抓"一带一路"建设机遇高水平打造西部国际门户枢纽城市[*]

李　俊

在改革开放40周年的历史背景下，成都召开全市对外开放大会，这是深入学习贯彻党的十九大精神构建全面对外开放新格局的战略部署，是全面落实习近平总书记四川视察重要讲话精神的务实举措，是成都抢抓"一带一路"建设重大历史机遇，加快打造高水平西部国际门户枢纽城市的具体行动，将为实现成都"三步走"战略提供强大开放动能，为治蜀兴川再上新台阶提供重要支撑。

一、"一带一路"建设为成都深化开放提供了重大机遇

"一带一路"倡议是以习近平总书记为核心的党中央主动应对全球形势深刻变化、统筹国际国内两个大局做出的重大战略决策。它以亚欧非大陆为主要方向，以陆上和海上经济合作走廊为依托，以共商、共建、共享为基本原则，以和平、合作、发展、共赢为基本理念，以政策沟通、设施联通、贸易畅通、资金融通、民心相通为合作重点，以构建人类命运共同体为最终目标，

---

[*] 此文发表于《先锋》2018年6月。

努力把"一带一路"建成和平之路、繁荣之路、开放之路、创新之路、文明之路。

"一带一路"建设为成都构建对外开放大通道提供了重大机遇。通道是国际经贸合作的枢纽和桥梁。设施联通是"一带一路"建设的五通之一，也是"一带一路"建设的重点。随着"一带一路"建设的深入推进，通道的效率和服务支撑能力尤为关键。我国可充分借鉴欧美等发达国家集空中、陆路、海上、网络于一体的通道优势，支撑服务制造和服务业高质量发展和新兴经济创新开放合作，推动我国经济向产业链价值链高端拓展延伸。当前，中国不断加强与"一带一路"相关国家在道路、港口、桥梁等基础设施以及电力、物流、网络等领域的互利合作，以此提升支撑区域经贸合作的能力。成都作为西部地区的交通枢纽，具备构建"一带一路"合作大通道的条件和优势。为此，成都要充分发挥优势，抢抓"一带一路"建设机遇，加快布局"48 + 14 + 30"的国际航空客货运战略大通道（即形成覆盖全球 48 个重要航空枢纽城市、经济中心城市的精品商务航线，形成覆盖 14 个全球重要物流节点城市的国际全货运航线，形成 30 条服务对外交往、国际消费的优质文旅航线），加快构建以成都为枢纽、联系太平洋和大西洋的新亚欧大陆桥，规划建设服务"一带一路"供应链枢纽城市和供应链资源配置中心，这必将为成都参与"一带一路"国际合作写下浓墨重彩的一笔。

二、"一带一路"建设为成都构建开放发展大平台提供了重大机遇

当前，世界经济在低速增长的轨道上有所回升，联合国展望报告预计 2018 年世界经济增速将达到 3.2%，是自 2011 年以来最为强劲的增长。其中，中国 2018 年的经济增速预计为 6.5%，对世界经济增长的贡献率已超过 30%。但同时，世界经济贫富分化日益严重、贸易保护主义抬头趋势明显、地缘政治紧张局势加剧，和平赤字、发展赤字、治理赤字，是摆在全人类面前的严峻挑战。在这种国际背景下，在中国改革开放 40 周年的历史背景下，在成都召开全市对外开放大会，这是深入学习贯彻党的十九大构建全面对外开放新格局的战略部署，是全面落实习近平总书记四川视察重要讲话精神的务实举

措,是成都抢抓"一带一路"建设重大历史机遇,加快打造高水平西部国际门户枢纽城市的具体行动,将为实现成都"三步走"战略提供强大开放动能,为治蜀兴川再上新台阶提供重要支撑。"一带一路"广大沿线国家携起手来,推动产业、金融、设施等方面的优势互补、互惠合作,可以为"一带一路"沿线国家振兴经济提供强大开放动能,同时推动世界经济朝包容普惠方向发展,为构建人类命运共同体添砖加瓦、聚沙成塔。成都要借力"一带一路"建设,积极构建面向相关国家的开放合作新平台、新载体,推进国别产业合作园建设,加强面向"一带一路"国家的贸易投资合作,为振兴世界经济,构建人类命运共同体贡献成都力量。

三、开放大会为成都打造西部国际门户枢纽城市指出了战略方向与实施路径

按照新时代、新思想、新目标的部署,成都确立了"三步走"战略目标,即到2020年,高标准全面建成小康社会,基本建成全面体现新发展理念的国家中心城市;到2035年,加快建设美丽宜居公园城市,全面建成泛欧泛亚具有重要影响力的国际门户枢纽城市;到本世纪中叶,全面建设现代化新天府,成为可持续发展的世界城市。在"三步走"战略的指导下,2018年6月2日,成都市召开了对外开放大会,指明了未来成都打造高水平西部国际门户枢纽城市的战略方向,其中以下五个方面值得重点把握。

一是全面提升成都在全国开放格局中的战略地位。成都开放大会指出,要高水平规划建设西部国际门户枢纽,建设泛欧泛亚、向西向南开放全球城市网络节点,全面提升成都在全国开放新格局中的战略地位。同时,成都将由"国家中心城市"的定位,进一步升级到"国际门户枢纽城市"和"世界城市"战略定位,彰显出这个昔日偏居西南、人口众多的"内陆腹地"想要华丽升级为"开放前沿"的雄心壮志和磅礴气势,也展现了新时代城市管理者对城市发展的深刻见解与远见卓识。

二是以全球视野谋划国际战略通道建设。国际通道是打造国际枢纽城市和建设国际交往中心的核心与关键。大会提出要依托国际空港、铁路港"双枢纽",构建"空中丝绸之路走廊"和"国际陆海联运走廊"战略通道,形

成以成都为核心的亚蓉欧"空中丝绸之路+陆上丝绸之路"立体大通道体系。要依托7条国际铁路通道和5条国际铁海联运通道,构建以成都为战略支点的东、西、南、北四向铁路大通道。这些举措必将进一步增强成都作为西部地区交通门户的地位,同时将为建设开放的枢纽和门户提供强大的通道保障。

三是以供应链思维谋划国际物流体系建设。构建四通八达、高效便捷的国际物流体系是开放门户和本开放枢纽城市建设的应有之义。成都开放大会提出,要打造面向全球的制造型企业配送枢纽,面向泛亚的国际区域分销企业配送枢纽,与全球接轨的国际供应链服务保障体系。以供应链思维建设国际物流体系,将能够为成都国际物流体系建设导入新思维、注入新动能。

四是以自贸试验区为载体谋划国际投资贸易平台建设。自由贸易试验区是我国改革开放创新发展的最新平台,是开放程度最高、政策最便利的区域。要依托成都作为国家自由贸易试验区的制度和政策优势,以服务业开放和服务贸易发展为重点,带动新产业、新模式、新业态发展。开放大会提出,要率先形成国际采购交易、综合保税、国际物流、国际会展、国际金融结算和国际财经资讯六大功能,基本形成比较完备的国际贸易中心核心功能框架。要深化国家服务贸易创新发展试点,大力推动新兴贸易快速发展。这些措施必将大大提升国际投资贸易平台的发展能级,也将推动自由贸易试验区成都片区发展到新的高度。

五是以服务国家总体外交谋划国际交往中心建设。国际交往中心是开放门户和开放枢纽的具体体现和核心标志。成都开放大会提出,要建设国际资源集成转化高地,提升国际交往承载能力,拓展国际交流合作渠道。可以相信,这些举措的成功实施,必将大大推进成都开放的深度和开放的质量,也将是成都打造开放门户和开放枢纽的核心举措。

四、调动各方力量汇聚各方智慧努力把美好蓝图尽早变成现实

成都打造西部国际门户枢纽城市是一个长期而复杂的系统工程,要广泛调动力量,善于借助外脑,努力把美好的蓝图变成实际发展成效。在这一过程中,要着力把握好以下几个关系。

一是战略思路与具体实施的关系,即设计图与施工图的关系。成都开放

大会为打造国际门户枢纽城市勾画了美好蓝图，提出了创新性的思路和重点发展方向。面向 2035 年的成都发展战略设计图已经绘就，下一步需要更加专业而系统的施工图。针对未来的发展思路和方向，要分部门分领域编制实施方案和行动计划，一项一项落实，从目标任务、实施路径与步骤、保障措施等方面具体落实。要善于调动外部专业力量和相关智库，协助成都落实开放的创新思路，努力把美好蓝图尽快变成发展的成效。

二是长远规划与当前实施重点的关系，要积极研究落实开放大会目标的路线图、时间表与任务书。成都开放大会提出了一系列扩大和深化开放、建设"一带一路"开放高地的创新性举措，要瞄准 2035 年发展目标，结合当前实际，制定分阶段的工作重点和任务措施。例如，建设自由贸易试验区、争取设立内陆自由贸易港、建设服务贸易创新试点和国家服务外包示范城市，以及打造成都国际会议中心和国际贸易中心核心功能、"一带一路"金融服务中心等项目相对有条件有基础，对于迅速形成高水平开放新格局具有重大意义，建议优先实施、迅速行动。而"四向"铁路大通道建设由于受到建设周期长、自然地理和地质条件限制多、所需资金大、协调部门多等因素的影响，则需统筹谋划、费心思量，可先做好前期协调和规划研究工作，然后择机推进。

三是借鉴国际国内经验与探索成都特色开放模式的关系。内陆开放型经济有其自身发展规律，建设国际开放门户枢纽也有通行的基本要素，这些都可以从世界和国内其他城市发展实践中加以借鉴，因此，应以开放的思维建设成都国际门户枢纽。要加强对法兰克福、新加坡、迪拜等国际门户枢纽城市的深入研究、实地考察，以资其发展借鉴，总结其经验教训，形成后发优势。也可借鉴国内先进城市发展经验，扩大交流合作。但同时，要立足成都实际，充分考虑成都作为内陆中心城市的特殊之处，以及成都参与"一带一路"建设的重大机遇，要形成符合成都实际的发展定位、开放模式、开放合作的重点国别和重点领域，要在学习借鉴探索中逐步形成具有世界影响、中国气派、川蜀特色的国际门户枢纽城市。

第二篇　建立自由贸易港推进形成全面开放新格局[*]

朱福林

一、引言

"十九大"报告指出，赋予自由贸易试验区更大改革自主权，探索建设自由贸易港。自由贸易区的功能和形态与特定的经济发展阶段相对称，我国通过各种类型的自由贸易区实现了国际贸易大国的地位，但随着经济发展向更高阶段过渡，原先的自由贸易区在形式与内容上均已不能满足现实需求，而且国际高标准自由贸易区不断涌现也加剧了我国提高自由贸易区规格的压力。因此纵观国际国内形势，建设自由贸易港是我国新时代推动形成全面开放新格局的重要举措。

自由贸易港作为经济全球化与区域经济一体化的重要产物，近代以来已变成加快各国尤其是发展中国家经济与社会发展，促进经济增长、产业发展、科技及制度创新等的重要平台。特别是二战以后，自由贸易港成为世界主要发达国家和发展中国家促进自由贸易、振兴本国经济及推动经济全球化的重要政策手段，一些发展中国家和地区更是把发展自由贸易港作为其实现工业化、城市化及区域经济一体化的重要战略举措，并取得了非常可观的经济与社会效益。因此，发展自由贸易港对目前我国建设现代经济体系、提高经济

---

[*] 此文发表于《全球化》2018年第6期。

发展质量均具有重要推动作用。

二、自由贸易港的概念、类型与发展趋势

(一) 自由贸易港的概念界定

目前学术界尚未形成较为统一的自由贸易港概念，但国内外学术界基本认可自由港是最早出现的自由贸易区或自由经济区。自由港概念最早起源于欧洲。史上有据可查被正式命名的自由港产生于1547年，位于意大利西北部斯卡纳地区热那亚湾的雷格亨港（今里窝那港），距今已有471年的历史。随后，意大利的一些著名商业城市，进而欧洲其他一些重要城市也相继效仿，或开设自由港、或在港区划出自由贸易区，发展转口贸易。这个自由港之风就从意大利刮向整个欧洲并蔓延至全球。二战后，无论是发达国家还是发展中国家或地区，都力图通过各种途径加强国际经贸联系，以取得有利的竞争地位，促进自身经济发展与就业增长，采用最普遍的一种方式就是各种类型的自由贸易港（区）形式。目前全世界约有600多个自由贸易港（黄志勇和李京文，2012）。[①] 香港、新加坡、汉堡、巴拿马、亚丁、贝鲁特等著名的自由港已发展成国际贸易枢纽、集散地和交易中心。

李建萍（2013）认为，自由港又称"自由口岸"，是指设在一国或地区境内、海关管辖之外的，货物、资金、人员可以自由进出、全部或绝大多数进出商品免征关税，且以港口为核心的区域。李金珊和胡凤乔（2014）认为，自由港是一个海关特殊监管区域，其所具有的"免关税""自由通行""免于海关监管"等基本特征都是针对海关关税体系而言。李九领（2011）认为，自由港是指划在一国"关境"以外的全部或绝大多数外国商品可以免税进出的港口，又可称为自由口岸、自由贸易区、对外贸易区，自由港是世界上诞

[①] 由于自由贸易港定义与范围还未统一，学者们对全世界自由港的数量判断也存在较大差异。马晓燕（2011）指出，全世界已有近千余个自由港。而刘明笑（2011）则认为，经过近500年的发展，全世界类似自由港、自由贸易区的经济特区已经超过1200个。

生最早的一种经济特征。刘明笑（2011）认为自由贸易港也称自由港或自由贸易区，是指一国政府在本国某些主要港口和周围区域设定的封闭地带，实行区别于国内其他地区贸易和投资便利化政策而建立的经济特区。但有研究指出，自由港是自由贸易区的一种，并且是自由贸易区最早出现的一种形式（胡凤乔，2016）。自由贸易区的概念更为广泛，是指为投资者提供离岸区域、提供先进商业基础设施、拥有灵活弹性商业投资、具有吸收力的税收和低投资、低运营成本的商业经济区。显然，自由贸易区还包括保税仓库区、出口加工区、银行自由区等（李莉娜，2014）。从更广程度来看，崔卫杰（2017）指出，自由港是海关特殊监管区的一种。大多数情况下，国内外学者常常用自由贸易区来囊括各类开放区和特殊经济区。事实上，世界上一些特殊经济区行自由港政策之实，但由于国别语言传统、行政法规措词等习惯不同而采纳了多种形式的名称，很多文献将自由港与自由贸易区作为同等概念看待。

根据以上分析，本研究认为，自由贸易港（简称自由港）是指划在一国或地区港口周边、关境之外、不属于任何一个国家海关管辖的港口或海港区，外国货物可以享受进出口免税政策，并且可以在该港内进行加工、制造、贮藏、分拣、改装、修理、装卸，以至再出口或在港内销售。自由港本质上是实行比国内其他地区更大程度贸易与投资便利化政策的封闭地带或经济特区，通常认为自由港是自由度最大的经济特区，其最突出的特点就是"境内关外"和"进出自由"，但外国船舶进出时仍须遵守有关卫生、安全、移民等政策法令。为避免概念上的不确定而导致实务中名称选择的困难，本研究认为，自由港应主要用来特指那些附带有港口的实行高度自由化政策的综合性海关特殊监管区。而对虽然行自由港政策之实，但没有港口的、自由化程度不高，且不具综合功能的其他海关特殊监管区可用其他名称来表示。[①] 而自由港应是这些海关特殊监管区中开放程度最大的一种。

---

① 常见的符合"自由经济区"概念内涵的相关概念至少有19个（Kusago & Tzannatos，1998）。其中，使用广泛且经常出现在正式法律文本中的包括：自由区、自由贸易园区、自由区、自由贸易港区、对外贸易区、出口加工、自由边境区、免税/自由工业区、保税仓库区、保税港区、投资促进区等。

（二）自由贸易港的形态与分类

不言而喻，自由港的核心要点在于"自由"两字，主要表现在商品、资金、人员等要素的自由流通，免除外国货物、资金进出港区的配额限制，准许外国货物在没有海关手续限制和不支付关税的情况下，在港区内进行改装、加工、长期储存、展览和再出口。但自由港因某些特征而表现出差异，具体分类如下：（1）按商品免税程度划分，自由港可分为完全自由港和有限自由港。完全自由港对所有商品进出口免税，这种自由港在现实中十分少见；占主导的是有限自由港，仅对少数商品征收少量关税，如香港实施典型的零关税政策，一般进出口货物均无须缴付任何关税，但有4类商品除外，分别为烟草、酒类、碳氢油和甲醇。（2）按空间范围划分，自由港可分为自由港市和自由港区，前者是指港口及所在城市全部地区均属于自由港范围，外商可在此长期自由居留及从事有关业务，如新加坡和香港；后者仅包括港口或所在城市的部分封闭区域，不允许外商自由居留，如哥本哈根等。（3）按地理位置划分，自由港可分为临海自由港和内陆自由港，前者比较常见，世界上不少主要著名自由港属于此；而瑞士国内的自由港则基本属于后者。（4）按功能划分，自由港可分为转口贸易型、工贸结合型、旅游消费型和综合型。转口贸易型自由港功能局限于转口贸易，工贸结合型是在转口贸易基础上增加了加工、制造等工业内容，而综合型自由港在贸易与工业基础上又扩展到金融、旅游等功能。如香港的发展起始于转口贸易，而后过渡到加工贸易型，现在已发展成综合型自由港。而旅游消费型自由港主要是为发展旅游产业、购物为目的的，一般不允许加工制造活动，以委内瑞拉的马格里塔和哥伦比亚的圣安德烈斯自由港为代表。

（三）现代国际自由港的发展新趋势

自由贸易港是国际经济贸易自由化的产物，如果所有国家都取消关税、非关税等贸易壁垒和边境安全限制，其命运也将随着贸易自由化和经济一体化而终结。然而，只要有国际关税、非关税壁垒及国家海关主权安全顾虑依然存在，自由港就一直具有存在的价值与意义，只是其功能和形态将随着世界经济发展形势而不断演化。

两次世界大战之后，在《关税与贸易总协定》和 WTO 等多边贸易谈判体制推动下，以全球市场与国际分工为主要内容的国际贸易投资体系得以确立。20 世纪 70 年代之后，随着经济全球化与科技革命的进一步加深，自由港的单一贸易功能逐渐难以满足现代国际经济贸易的发展需求，出口加工、科技研发、物流分拨、离岸金融、旅游零售、国际教育等现代服务功能逐渐加入到自由港的功能体系之中。自由港发展形态也呈现出多元化的趋势，在全球不同地区产生了出口加工区、保税仓库区、对外贸易区、自由贸易区、科学工业园区、国际物流中心、离岸金融中心等主体功能不同但基本内涵一致的不同形态，并且逐渐向综合型自由港形态发展。

在国际贸易自由化与市场全球化的推动下，自 20 世纪 90 年代开始，世界范围内跨边境、跨边界自由贸易区不断出现，甚至跨越国界组成跨国自由贸易区，呈现出巨大发展潜力，自由港也呈现出跨区域合作形态。在 WTO 多边谈判机制受挫背景下，越来越多的国家和地区开始通过缔结双边自由贸易协定并建立自由贸易区以实现更深层次的国际经贸合作。

三、世界自由贸易港的基本特征

自由贸易港在各国加强国际经贸关系和发展对外经济过程中发挥着不可替代的作用，这与其具有非常鲜明的特征密不可分。

（一）自由港的地理区位优势明显

自由港的产生是商品经济与对外贸易发展到一定阶段的历史产物，在以经济全球化为特征的现代世界海洋经济体系中，作为关键的进出口汇集点，一些具有地理区位优势的天然港口在被施与政策优惠之后成为经济意义上的自由港。可见，地理区位优势是许多港口得以被注入优惠政策的原始出发点，世界上许多著名自由港大多是由处于枢纽航线的港口形成，优越的地理位置是自由港形成的先决条件。当然，这种地理位置的优越性往往随着全球化经济发展而显现。

（二）自由港享有很高经济自由度

自由港是自由区的几种形式中自由度最高、容纳层次最多、内容最为复杂从而要求也最为严格的一种自由区（陈永山等，1988）。首先，自由港具有"境内关外"的政策优势，即"国境之内、关境之外"。货物与服务贸易可免于惯常的海关监管制度，实施开放的企业准入制度、保税制度、优惠的税收与产业政策等。其次，自由港税收优惠幅度大。一般商品进出口无须缴付关税，此外，企业还可享受到土地租金、所得税、折旧等方面的政策性减免优惠。最后，自由港具有宽松的营商环境。除了对货物进出口给予免税待遇之外，往往还对外资资金流动、企业外汇留存、货币兑换、外汇利润自由汇出及人员往返等方面提供更为宽松的环境。

（三）自由港拥有先进的商业基础设施

纵观世界自由港发展演变历史，某一地区一旦被选定为自由港，国家通常会以国际标准在此区域加大先进基础设施方面的投资，投入使用最先进的信息技术，打造最便捷的物流周转方式，提高基础设施质量与公共服务水平，以满足跨国公司全球资源配置效率的要求。不论是处于沿海还是位于内陆的自由港，除需占据优越的地理位置外，还需具备优良的港口运输与装卸设备及有利于快速开展货物储存、分级拣选、改装重组的各种硬件设施，以便快捷和高效地为商品集散与转口提供服务。

（四）自由港经济关系具有国际化特征

自由港区内企业生产的产品主要出口国外市场，而非东道国市场。自由港区不分国别和社会制度，对企业和投资者一视同仁，鼓励国内外资本投资和贸易往来，是国际经济交汇的地方。自由港往往代表着一国经济开放程度的至高点，是东道国与国际经济联系程度的直接体现，是衡量其对外开放水平的重要实体参照。本质上，自由港是国际政治经济关系的一种表现形式，是将本国领土资源的一部分权益让渡给他国，借助于国外生产要素取得经济高效益和高质量发展。

(五) 自由港具有综合化功能

随着国际竞争的加剧，世界自由港的总体发展趋势为向多功能、多方位和综合化形态转变，即除转口贸易、出口加工等传统基本功能外，还兼具旅游消费、金融保险、人员往来等现代服务经济扩展功能。随着国际自由贸易协定的推进，传统的以转口贸易为单一功能的自由港已经不具备原先的竞争力，自由港的竞争优势越来越体现于其综合性及现代服务业的开放。另外，自由港的综合性还体现于其综合的优惠政策体系，包括免税优惠、外资投资、金融外汇、股利汇出及出入境自由等一些特殊政策与措施，从而保障自由港综合功能的最大发挥。概括来讲，自由港已由传统的贸易中转自由向综合经济自由发生转变。

四、自由贸易港的经济效应

(一) 促使本国货物与服务生产进一步融入全球价值链

自由港是国际货物与服务贸易枢纽，是连接国内市场与国际市场的重要结点。自由港实行更高自由度的对外开放政策，在关税、财政、金融、贸易等方面具有更大的灵活性，使其成为各地区经济发展的增长点及吸引外商投资的热土。自由港先进的商业基础设施与高度市场化的环境在为外商进入我国创造条件的同时，也为国内企业更多地参与国际市场竞争架起便捷的桥梁，从而促进我国企业出口贸易、转口贸易、出口加工及现代服务业的发展。

(二) 加快货物资金周转实现全球资源配置

跨国公司及从事贸易的国内企业从境外进口货物免税进入自由港，而且根据全球订单及市场需求，从自由港内向境外目标市场进行分拨。自由港内的分级拣选可以实现买卖双方的交易而无须变更货物的地理位置，收货人便可根据市场信息向世界其他地区进行分拨运输。国内货物进入自由港即视为出境，不仅可以办理出口退税，还可以通过合同洽谈提前收汇。自由港内外汇资金可自由出入，因此国内外企业可以省却大量汇总手续与风险，贸易企业可以方便使用外汇资金进行交易等活动。因此，自由港可以通过加快货物及资金等周转速率实现更高的全球市场资源配置效率。

（三）自由港具有很强的腹地经济辐射效应

自由港在区域经济发展中扮演龙头作用并具有很强的腹地辐射效应。世界自由港发展经验表明：自由港能带动腹地，甚至是较远地区的经济与产业的发展。例如，汉堡港、不莱梅港、鹿特丹港和安特卫普港依托发达的辽阔腹地，是连接欧洲大陆及其与国际市场的重要出海口，以这几个港为中心半径 500 公里以内，人口覆盖超过 1 亿人，自由贸易港的辐射作用几乎触及西欧所有重要城市。作为中国经济的引擎，长三角与珠三角的发展也印证了自由贸易区对周边腹地经济的促进作用，在自由港背后形成的产业集群优势与组装、物流等制造与生产性服务供给能力的提升成为周边经济发展的重要创造者。

（四）加速东道国产业结构升级与经济发展

随着科技革命的不断发展与演化，发达国家一些产业向外扩张，而自由贸易港是承接发达国家的产业转移的重要力量。由于发达国家新产业、新工艺和新技术不断涌现，产业转移的技术含量不断增加，自由港产业结构也处于不断调整与更新换代之中。自由港通过吸引国外资本，弥补了发展中国家资本不足的局面，引进先进技术与管理方法，发展了出口工业，扩大了对外贸易，增加了外汇收入，扩大了就业，培养了一大批技术管理人才，这一切都加速了本地区经济的发展。20 世纪 70 年代以后，许多自由港由完全劳动密集型和资本密集型逐渐向知识与技术密集型过渡。

（五）自由港具有促进劳动就业、增加收入、科技创新等社会效应

一定程度上，创造就业是构成建立自由贸易区的首要原因。据联合国亚太经济社会委员会报告，自由港为广大发展中国家无偿家庭雇员、年轻女工、农村转移劳动力及中学毕业生等一大批就业前景不佳的群体提供了工作可能。大多数自由贸易区内的薪资及工作环境与东道国其他区域具有一定优势，多数超过政府设定的最低工资标准，从而提高了社会低技能职工的社会福利。

吸收外资是自由港成立的另外一个重要原因。作为跨国公司在全球资源配置布局的节点，自由港通过良好的基础设施与制度环境引进外资、技术、管理及研发人才等要素促进国内外生产要素相结合。跨国公司参与国际竞争的需要，往往会加大产品与技术的创新活动，从而有利于产生国际研发溢出效应。有些以科技创新为特征的新型自由港形态——科学产业园更是发挥了科技创新、产业创新的领头作用。

五、世界自由贸易港运营与监管模式

自由贸易港能否运行成功与产生成效，除了优惠的政策条件及良好的基础设施之外，管理起着决定性作用。国外自由港的经验表明：高效的运营管理机构不仅是吸引国外投资者的一个重要标准，而且是一个自由港成败的关键之一。

（一）世界自由贸易港运营模式

世界上，国外自由港的管理模式可大致分为两种：第一种是政府管理模式，即以法律形式设立政府行政机构作为主体负责管理，如美国和韩国分别设立对外贸易管理局和自由出口贸易区管理局。这种模式在实际中又可分为两种：（1）公营模式，由行政机构代表国家进行具体运作管理，比较常见于发展中国家和地区。如巴西的玛瑙斯自由贸易区就是由通过政府法令成立的自由贸易区管理局统一管理。这种模式往往存在资源浪费、服务质量不佳、经营效率低等问题。（2）混业模式，由国家拥有港口土地、岸线及基础设施，同时把港口码头租赁给国内外贸易企业和船运公司进行经营，实现所有权与经营权分离。这种模式的优点在于由政府出资建设基础设施，从而摆脱了前期资金投资大、回收期长的制约，同时私营企业可以高效运行。该模式又可称为地主型管理模式，比较常见于发达国家和地区。第二种是公司型管理模式。经政府审批成立自由港董事会、理事会或投资公司，对自由贸易港进行运营管理。以爱尔兰香农自由贸易区为代表。在公司型管理模式中私有化程度最高的要数香港，其所有港口设施均为私人投资和私人经营。香港的葵涌码头19个泊位由和记黄埔、美国海陆、韩国现代和中远4家公司掌控，由于很少受到政府行政干预，实行完全市场自由定价，高效可靠的环境对外资具有很大吸引力。但公司型管理模式由于受到市场失灵效应影响也有不少不足，诸如追加投资的积极性不是很高、不注重长远发展等。

（二）世界自由贸易港监管模式

监管问题是各国设立自由贸易港面临的最重要问题，也是我国新阶段建设自由贸易港亟待解决的现实突出问题。在此需要明确的是，自由港的核心在于"自由"，否则就不是自由港。因此，自由港的监管本质上是为了促进国际贸易与国际物流的高新运转，监管应以不影响国际贸易投资的便利为宗旨，采取尽可能简便灵活的方法与手续。目前，国际上自由港的监管主要体现在区域监管、进出口货物的监管和监管便利化措施三个方面。

1. 区域监管：世界各国对自由贸易港一般实行封闭区域管理。如汉堡自由贸易港由一条被称为"关界围墙"的金属栅栏与其他港区隔开，进出自由港区的陆上通道关卡有25个，海路通道关卡有12个。① 新加坡的7个自贸区都以围墙与外界隔离，进出自贸区的通道由海关查检站管理，进出人员和车辆都必须接受检查。

2. 进出口货物的监管：自由港区内的货物进出口免于一般的海关手续，但为了保障自由港的运行，相应的监管必不可少。在新加坡自由贸易区，进出口货物所有人或其代理人只需填写和交验有关单证即可，但按规定必须得到有关部门批准方可进口的货物，如药品、化妆品和危险品等在报关时须出具批准通知或许可证。在自由港区建立或经营保税仓库，须获得批准并与海关签订合约、交纳保证金。海关对高关税商品和有疑问的商品采用重点抽查方法，通常事先会获得一定线索，如果发现问题可追究相关公司责任，甚至取消其在自由港内经营资格。

3. 监管便利化措施：自由港监管便利化的优越性主要体现在监管便利

---

① 值得提出的是，与亚洲国家开展自由贸易区的建设热潮正好相反，在欧洲，自由港的消失成为一种趋势。2008年实行的《现代化欧洲共同体海关法典》使欧盟凭借低关税和内部市场一体化成为一个整体自由贸易区，单个的自由港已经失去原有意义。自2013年开始，由围栏和检查站组成的汉堡港自由贸易区正式终结了其125年的历史。

与监管效率等方面。世界自由港大多实行 24 小时通关服务,货物可在自由港长期停留而无须交纳费用,船舶正常航行很少受到干预。随着科技的发展,世界著名自由港均充分利用网络通讯技术实现手续简化、缩短办事工作周期等目的。新加坡通过贸易网络系统公共数据平台连接海关、检验检疫、税务、军控、安全、经济发展局、企业发展局、农粮局等 35 个政府部门,与进出口贸易有关的申请、申报、审核、许可、管制等全部监管流程均通过该系统进行。

六、目前我国自由港建设面临的问题与挑战

2018 年,我国改革开放 40 周年。改革开放以来,我国通过多种途径与方式的对外开放成功融入国际经济体系,我国经济市场化、国际化、现代化取得举世瞩目的成就。但也应深刻注意到,我国的市场化进程还有很长一段路要走、营商环境还有很大提升空间。目前,实施自由港战略还面临一些制度层面和技术层面的问题与挑战,这些障碍很多是由前期改革不彻底、开放不充分造成的,因而对更大幅度的国际贸易投资自由化感到不适。

(一)制度层面的问题与挑战

(1)政府管理制度和理念尚不完全适应高度市场化的运行机制,从而无法摆脱政府过度干预市场的惯性冲动。(2)行政管理体制尚不适应自由港运营管理要求。在现行行政管理体制下,港口运营管理部门与周边地区政府部门、口岸管理机构(海关、出入境检验检疫、边检及海事局等)还难以适应完全市场经济的运营。(3)多重政府目标影响自由贸易港实施效果。基于不同的诉求,政府管理部门之间存在目标不一致的情况从而影响到自由港的运营效率。比如,上海自贸区尝试负面清单管理模式,但在具体操作过程中,由地方政府制定的负责清单还须征求各部委的意见,因此负面清单的改革效果并未充分展现。

(二)技术层面的问题与挑战

(1)现有保税港区的基础设施与配套服务与自由港的要求还存在一定距

离。虽然中国内地港口的吞吐量、基础设施并不比新加坡、香港差，但在管理能力、管理体制、效率和国际化服务上还有不少差距。（2）海关、检验检疫、出入境边检和海事局等主要口岸管理机构的监管方式、监管水平离国际惯例还存在一定差距。（3）目前来看，自由港还缺少宏观上的总体方案和规则，以及微观上的具体、精细和透明的操作规章和流程。（4）长期以来，我国的对外经济主要集中于出口加工制造业，有关现代服务业，特别是金融业的开放经验与管理还很薄弱，人民币资本账户国际化及应对汇率、国际游资炒作等国际金融风险的策略与人才还有很大缺口。

（三）其他方面的问题与挑战

（1）我国整体营商环境还存在不小提升空间。据世界银行营商指数报告，2016年我国在全球190个经济体中排名第78位，比2015年上升了两个位次。虽然高于金砖五国中的巴西（123）、印度（130），但低于南非（74），与俄罗斯（40）差距更大。[①]（2）美国特朗普政权对公平贸易的理解与政策实施、周边国家和地区自由贸易区建设都对我国沿海地区建设国际区域物流中心、金融与贸易中心构成激烈竞争态势。（3）区域政治不稳定影响到各国推进国际自由贸易进程的力度，如朝鲜问题、南中国海争议、印度局势等一系列地缘政治对区域国际贸易增长造成很大的负面影响。

七、我国发展自由贸易港的思路与对策

早在1988年6月，邓小平就高瞻远瞩地提出"我们内地还要再造几个香港"的伟大构想，这里的"香港"更多意义上指的就是自由贸易港。据统计，我国对外贸易的90%由远洋运输来完成，港口成为中国进出口贸易的"桥头堡"。然而，就拿我国对外开放层次最高、政策最优惠、功能最齐全、区位优势最明显的保税港区来说，其与真正的自由港还存在很大差距。按国际贸易与投资便利化程度标准，目前我国国内层次最高的保税区与自由贸易区均不能与自由贸易港相提并论，这与我国作为世界货物与服务贸易大国的地位很

---

① 括号中数字为这些国家在2016年世界银行营商环境指数中的排名。

不相称。

(一) 战略思路

1. 将自由贸易港建设上升到增强国家经济实力的高度

早在20世纪90年代,在"南巡讲话"的激励下,沿海地区筹建自由港的呼声日渐高涨。当时国内学术界对自由港展开了较为丰富的研究与探索,许多学者曾呼吁应尽快建设自由港。但现实中种种客观原因和顾虑致使自由港的推进停顿了一段时间,导致我国自由港建设存在一定延缓。造成这种现状的重要原因之一在于对自由港的战略地位认识还略显不足,未能从增强国家竞争实力、提高经济质量的高度予以重视。

2. 明确制定各自由贸易港的功能定位与特色

在十九大报告的鼓舞下,上海、天津、广东等地开始筹划自由港的申报与建设。由于政绩及声誉等多方面的现实考虑,地方政府可能会参与到自由港的盲目竞争与攀比,容易导致未能根据腹地产业优势、地理区位及港口优势形成错位经营,对自由贸易港的特色功能与定位不明确,从而形成恶性竞争的不良局面。

由于我国港口总体上软实力还较弱,为应对国际自由贸易区的激烈竞争,应从沿海港口中筛选出最具实力和潜力的、离国际性枢纽港最为接近的港口作为我国首批自由港的建设对象,并根据区域经济社会综合禀赋选择合适的自由港类型及具体功能与内容。

按我国目前情况,多个自由贸易港将不同程度地存在功能同构性,如离岸贸易、离岸金融和物流航运等功能不可或缺。但各地的经济产业重点、优势及特点不尽相同,所承担的任务也不一样,主导产业发展可以有所侧重,因此需要国家和地方政府进行共同制订发展规划。

3. 发挥制度创新平台作用形成可复制可推广改革经验

由于区域基础与发展不平衡,中国经济增长在一定程度上遵循了一条增长极带动下的"点"到"面"雁行推展模式,而在增长极体系中各"特殊经济区"发挥着重要的经济引领作用。现阶段,我国自由港应兼具扩大出口与地区开发双重功效,并达到牵一发而动全身的效果。自由贸易港的建设不仅要使局部地区经济与社会发展受益,而且要通过自由贸易港建设更大程度地加强东部沿海在总体发展及对外开放总体格局的带动作用,探索更高自由度下开放型经济管理新模式,从而为建设现代经济体系过程中理顺政府与市场关系提供可复制可推广经验,发挥制度创新平台的积极作用,进一步释放改革活力与增强经济体系的创造力。

(二) 对策措施

1. 加强自由贸易港立法

从国际著名自由港实践的成功经验来看,自由贸易港的运行与发展均离不开国家层面的法治制度保障,使国外投资者合法权益得到有效维护从而增强外资进入信心。如美国制定和修改的《对外贸易区法》从法律上取消了手续繁琐的退税制度和海关监管障碍。欧洲议会通过了《共同海关法典》修订版,进一步简化了欧盟海关程序及扩大了集中清关范围。韩国议会于2002年颁布了《设立和运营经济自由区法》,并随后建立了仁川、釜山、光阳自由贸易区。而且,为把济州岛打造成商贸型国际自由港,韩国政府还颁布了《济州国际自由城市特别法》。

自由贸易港实行许多不同于东道国其他地区的特殊政策,尤其是涉及到现代服务业的开放,因此能否良好稳定发展需要具有相当约束力的法律保障。目前我国试点的上海自由贸易区虽然获得全国人大在法律层面上的一定豁免与支持,但与国外成熟自由贸易区相比仍有一定差距。因此,为统一协调未来各地区自由贸易港的申报与管理,应尽快出台符合国际游戏规则的自由贸易港法律体系。

2. 大力完善与发展自由贸易港服务贸易功能

从世界经济形势与国内发展要求来看,我国自由贸易港在继承转口贸易与加工等传统功能基础上,还应积极推动自由港现代服务贸易功能的发展,增加自由贸易港内生产性服务贸易产业布局,并加快金融创新、积极探索离岸贸易与离岸金融等新型功能、增强自由港金融服务功能。

在新时代,我国的自由港除建立必要的加工制造业之外,物流、金融、免税零售、旅游休闲、资讯、医疗、教育、产权贸易等开放度不高的服务业应为主要产业选择。在自然人流动方面,外国人可在自由港与境外之间直接往返,允许外籍居民长期居住。例如,在上海自由贸易试验区,可先行尝试人民币资本项目兑换、金融市场利率市场化、人民币跨境使用，允许设立外资银行、民营资本与外资成立中外合资银行等资本项目内容，从而进一步推动贸易与投资便利化。在天津自由贸易试验区，可通过金融改革实现区内资金的自由流动，打造北方金融自由区。

3. 创新运营与监管体制

国外大多数自由贸易区采取的是单一管理模式，即由中央政府直接成立某个机构代表国家进行管理。在目前我国政府主导体制下，采取这种模式的好处在于通过中央权威管理机构有利于政策制定，可以在中央层面全面协调各部委配置改革，对各地区自由港发展重点进行统筹安排，对遇到的政策问题进行统一梳理，获得信息交流、经验共享、共同进步等协同效果。同时，对自由贸易港的具体管理权限应下放给地方，由地方所属的专门机构进行处理，有权对外直接谈判、吸引外资、出租土地等，地方政府有权颁布与法令精神一致的具有法律效力的条例等。

由于港口建设及相关工程资本投入巨大，自由港基础设施可通过公私合营形式吸收民营资本，或引进外资成立中外合资公司对港口基础设施进行长期投资，并让渡一部分经营管理权。在具体微观经济管理体制上，实行政企分开，并在市场成熟时逐步过渡到企业主导运营模式。

推行贸易监管方式转变，由"事前监管"向"事中监管"和"事后监管"转变。建立企业诚信信息系统及评价框架，对企业经营诚信记录良好的企业实行更大的优惠激励，并严惩不守法的企业，取消其在自由港的经营权。按照"一线放开、二线管住、区内自由"的原则，运用先进信息技术系统，按国际标准简化报关通关手续，加强货物种类识别，探索基于"舱单数据"的高效监管。

第三篇　世界自由贸易港演化特征与规律及对我国自由贸易港建设的借鉴[*]

朱福林

一、引言

设立自由贸易港是为了通过暂停实施关税及其他限制性规定来吸引外国投资，增加外国资本流动并刺激就业与增长。自由贸易港作为经济与资本全球化的重要产物，已成为世界各国促进贸易与经济增长的重要政策工具。尤其是发展中国家和地区更是将自由贸易港作为经济增长的重要引擎，以带动本国工业化及区域经济协调发展。

改革开放40年以来，中国经济"增长奇迹"主要是通过开放促改革这一路径得以实现，其中各种形式的"经济特区"在这一由外到内的"倒逼机制"中发挥着不可或缺的推动作用。在某种程度上，中国经济所取得的成就与分布在全国各地的"经济特区"密不可分。而且，在相当长一段时间内，通过"经济特区"这种形式进一步扩大改革开放仍将是一条重要的深化国内改革之路径。

建设自由贸易港是当前我国应对世界开放水平不断提升的重要举措。虽然美国退出了TPP，但TPP是公认的国际高水平贸易与投资协定，也比较符合发达国家的基本诉求，并逐渐得到整个西方发达国家的拥护与推动（陈波

---

[*] 此文发表于《改革》2018年第8期。

和张程程，2017）。党中央、国务院一再明确自贸试验区改革试验是为了创立"制度高地"而非"政策洼地"，因此对标国际先进经贸体制就成为新阶段我国适应国际开放经济形势发展的必由之路。另外，国际贸易业务模式逐渐由在岸贸易向离岸贸易转变，这也迫切要求我国加紧建设高水平自由贸易港。我国现行海关管理方式主要是以在岸贸易和部分转口贸易而设计，而目前国际贸易业务已逐渐过渡到离岸贸易，从而对进出口港自由度、行政效率及交易时间要求更为严格。自由贸易港的核心就是离岸贸易，在"一线"几乎没有海关等部门的监管从而极大地刺激离岸贸易活动的开展，吸引货物、资本、服务等全球资源的汇集。

吴敬琏同志在对 2018 年亚布力论坛寄语中提出，过去高速增长阶段靠的是改革开放，在新的时期，高质量发展阶段更需要靠改革开放。随着我国经济社会的发展阶段不断提升，社会主要矛盾、供给侧结构改革、现代化经济体系建设等重大问题的解决呼唤更高层次的改革开放。我国原先设立的各种形式的"经济特区"在形式与内容上已不能满足新时代推进形成对外开放新格局的高需求，也很难形成对国内高质量改革的强大倒逼动力。因此，探索建设最高层次的自由贸易港成为当今迫切需要解决的重大课题。

二、国内外自由贸易区理论及自由贸易港概念

纵观世界自由贸易港和自由贸易区近 500 年的发展历史，已经出现过自由区、自由经济区、自由贸易园区、对外贸易区、出口加工区、自由边境区、过境区、保税仓库区、投资促进区、科学工业园区等 10 余种名称（Kusago & Tzannatos，1998）。在具体实践中，对相关概念的运用，不同国家、地区和国际组织有着不同偏好。在美国，自由贸易区统一被称为对外贸易区（Foreign Trade Zone），在墨西哥、萨尔瓦多等国则为出口组装工厂（Maquiladora），在喀麦隆和加纳习惯上被称为工业自由区（Industrial Free Zone）。虽然具体名称不同，但基本上具备自由贸易区的核心要素。就性质与功能而言，它们具有许多相似之处，主要包括"境内关外""免关税""自由通行""免于海关监管"等。显然，这里说到的自由贸易区主要是指 1973 年《京都公约》中的自由贸易园区，即"缔约方境内的一部分，进入这一部分的任何货物、就进口

税费而言，通常视为关境之外"（赵晋平和文丰安，2018）。依此来看，自由贸易港本质上是自由贸易区的一种特殊形态，因此，自由贸易区理论自然也是自由贸易港的理论基础。

（一）国外自由贸易区理论

国外学者对自由贸易区（FTZs）基于不同角度给出了定义，首先是从政治和国际关系视角来看，Muzwardi（2007）认为自由贸易区就是"自由企业"之区域，是具备行政机构、基础设施、建筑物及服务的封闭区域。在自由贸易区内从事的业务活动包括制造和生产、服务、科技、物流、健康产业和其他一般服务业。他还认为自由贸易区可在全国所有地区设立，通常大多选择港口或机场附近、公路或铁路主干道来保证货物与原料的便捷供应。他将自由贸易区分为三类：私有、公有和混合。公有自由贸易区设立在封闭区域，私有自由贸易区可设在区外，即全国的任何地方。公有与私有自由贸易区均享受同等政策、法规及经济激励，两者的明显区别在于：私有自由贸易区的投资者负责购买土地，而公有自由贸易区从政府租地，从而前期投资费用差别很大。依据这个理论，自由贸易区就是一块刺激自由企业活动的特定区域。不难看出，美国的对外贸易区（Foreign Trade Zone）正是基于这种思想设立，体现了较高的自由度和灵活性。

第二种定义是基于地理视角。Bost（2011）将自由贸易区定义为具有不同大小边界、授权业务可豁免东道国正常管理体制的区域。也就是说，在自由贸易区内的业务并不属于东道国领土，而是被视作关境之外。相应地，自由贸易区由于具有独特的自由贸易地位因而象征着更大的自由交易，包括关税和税收减免及进出口手续的灵活政策。这是目前使用较为广泛的定义。从经济地理及国家主权角度来看，自由贸易区是一块经济飞地，即让渡一部分关税主权，就相当于经济领域的"外国使馆"。目前很多国家和地区的现行自由贸易区基本符合这个定义。

第三种是从社会发展角度，认为自由贸易区是一种新殖民主义表现，作为操作当地政治的工具，而且通过对廉价劳动力的使用实现资本主义天堂式梦想，从而进一步扩大了贫富差距（De Bremond，1993）。虽然这并不一定获得主流学术界的认可，但该论点也提出了一些较为现实的社会伦理问题，值得社会关注。

（二）自由贸易港概念辨析

1547年，意大利的雷格亨（今里窝那港，英文为 Livorno）成为世界上第一个正式以自由贸易港命名的自由贸易区，标志着世界经济进入到自由贸易区时代。自由贸易港被认为是出现最早的自由贸易区形式。目前国内外学术界对自由贸易港的概念未形成统一意见，也未形成公认的定义。据大英百科全书的定义，自由贸易港是指从事货物可自由卸港、搬运、制造和转口等活动而不受海关当局干涉的地区。根据维基百科的定义，自由贸易港是以经营贸易为主的经济特区，在港区内可自由进行装卸、搬运、转口和加工、长期储存等，且区内的外国货物可免征关税及免于海关人员检查。

国内学者尝试对自由贸易港的定义进行了阐述，虽然存在一定差异但主要观点基本相似。赵晋平和文丰安（2018）指出，自由贸易港一般是指设在一国（地区）境内关外、货物资金人员进出自由，绝大多数商品免征关税的特定区域。符正平（2018）则认为，自由贸易港是指在国境内依托特定海港或内陆空港、铁路港，划出特定空间区域作为关境之外的区域，外国货物的进出可享受免税政策，此外还包括货物分拣、包装、分拨、简单加工、存放、仓储、保税展示交易等活动。① 崔卫杰（2017）也认为，自由贸易港的名称只是一个代号，港口并不是其设立的必要条件，长江经济带沿线河港、内陆空港和无水港区域也可以建设自由贸易港。余淼杰等（2018）认为自由贸易港是指全部或除少数特殊商品之外，绝大多数外国商品可以免税进出的港口，主要特征为"境内关外"，是港口国际化的标志。李建萍（2013）认为，自由贸易港又称"自由口岸"，是指设在一国或地区境内、海关管辖之外的，货物、资金、人员可以自由进出、全部或绝大多数进出商品免征关税且以港口为核心的区域。上述定义均指出自由贸易港的地理区位为港口或其附近区域。李九领（2011）也认为自由贸易港的地理位置在港口，自由贸易港是指划在

---

① 实际上，就自由贸易港是不是必须依托临海港口而建一直存在争议。有些专家学者认为港口是建设自由贸易港的前提条件，而有些专家认为这种观点源于对自由贸易港建设的目的和内涵把握不准所致（崔卫杰，2017）。

一国关境之外的全部外国商品可以免税进出的港口，但他认为自由贸易港又可称为自由贸易区、对外贸易区。李友华（2008）指出，自由贸易港是划在本国或地区关境以外的不属于海关管辖的港口或海湾地区，在区内外国货物可以免征关税和自由进出，而且可以进行储存、改装、拣选、维修、加工、装卸、买卖和销毁。另外，也有文献提出自由贸易港区（Free Trade Port Zone）的概念实质上就是特指在港口，而不是其他区域实行自由贸易区政策。

根据前期国内外相关文献研究成果，为避免实操过程中的混乱，本研究认为自由贸易港是指划在一国或地区海洋港口或临近区域享受"境内关外"的特殊政策，包括免税、自由通行及免除通常海关手续的区域，并且可以在区内进行加工、制造、贮藏、分拣、改装、修理、装卸等产业活动，以至再出口或在港区内销售，只有当货物需要进入本国区外其他地方时才实施关税等正常手续。即自由贸易港实行"一线放开、二线管住、区内自由"海关监管政策，而更高形态的自由贸易港涉及到更多服务贸易开放及投资便利化领域，如金融、自然人流动等。我们认为自由贸易港应主要用来特指那些附带有海洋港口的海关特殊监管区，即施加了自由贸易区政策的"港"；而对虽然行自由贸易港政策之实，但不具有港口的内陆或其他地区则可称为自由贸易（园）区。

三、世界自由贸易港发展现状分析

为响应经济全球化所带来的国际贸易高度竞争，世界范围内各国和地区纷纷设置集商业、贸易、加工、科技、研发于一体的自由贸易港。由于概念与统计标准的不统一，全世界范围内自由贸易港的具体数量还不十分确切。目前，全世界约有 600 个自由贸易港（黄志勇和李京文，2012）。新加坡、迪拜、巴拿马等著名自由贸易港已成为国际贸易中心和金融中心。依托世界第一大货物出口国、第二大货物与服务进口国地位，以及我国推进全面深化改革的决心，自由贸易港正逐步进入中国时代。

（一）世界自由贸易港地理布局

欧洲是自由贸易港的发源地。1547 年，意大利热那亚的雷格享港宣布为自由贸易港,这是世界上第一个正式以"自由贸易港"命名的特殊经济区,一般被认为是世界经济特区的鼻祖。17世纪开始,欧洲一些贸易大国将主要港口和城市开辟为自由贸易港,如德国汉堡和不莱梅、丹麦的哥本哈根等。在世界自由贸易区版图演变过程中,欧洲的自由贸易港(如德国的汉堡、比利时的安特卫普等)发挥着重要的引领作用。另外,现代自由贸易港功能的综合化转型也离不开爱尔兰香农自由贸易区的成功效应。受远程喷气式飞机的发展影响,爱尔兰香农机场作为国际航空加油补给站的地位丧失,于是,1959年爱尔兰政府在香农国际机场附近划出一片自由加工区,利用税收减免优惠政策吸引外资入驻。一般认为,爱尔兰香农是世界上最早从事出口加工活动的自由贸易区,是现代自由贸易区的先驱。

与欧洲相反,自由贸易港和自由贸易区在美洲大陆的出现时间要比其他地区晚,但由于美国加入到自由贸易的扩建队列当中,北美成为全球自由贸易区发展最为迅速的地区之一。据第78次美国外贸自由区报告,截至2016年,美国已批准的对外贸易区为263个,活动的对外贸易区为195个。在中南美洲地区,许多国家如智利、洪都拉斯等也相继成立了自由贸易港。其中,巴拿马的科隆自由贸易区已发展成为西半球最大、世界第二大自由贸易区,其功能以货物集散为主。虽然自由贸易港的概念源于欧洲,但却在发展中国家和地区找到了充分发挥其潜力的真正市场。亚洲自由贸易港蓬勃发展,也是自由贸易港效应发挥最具成效的地区之一,其中以东南亚地区自由贸易港表现最为抢眼,如韩国通过自由贸易港政策实现了工业产业升级与经济增长与繁荣。

(二)世界自由贸易港经济先导功能显著

自由贸易港往往在靠近世界主要航道的港口设立,如新加坡占据"东方十字路口"的优越地理位置,拥有众多天然良港,因而是世界各国和地区加强经贸关系的纽带。相对于其他形式的经济特区,自由贸易港在贸易、投资、航运、雇工、经营、人员出入境等方面自由度更高。贸易与投资的聚焦发展对国际资金汇总产生巨大需求,因此自由贸易港大多是区域或国际金融中心。可见,自由贸易港对一国和一个地区具有重大的开发与开放价值,它已不仅是区域经济"增长极"和"发动机",而且逐渐成为开放政策、制度创新的试验田，通过在区内先行先试取得可复制经验并推广至全国。因此，自由贸易港在一国和地区经济发展中发挥着重要的先导作用。

然而，鉴于各国经济历史条件等原因，自由贸易港的建立对于各国产生的意义与实际效果存在较大差异。欧美等发达国家的各种自由贸易港对推动转口、出口贸易等具有积极作用，但其在整个国民经济体系中的比重较为有限。而对一些面积狭小的国家和地区，如巴拿马、新加坡、毛里求斯等来说，自由贸易港对实际经济发展效应具有举足轻重的作用，其意义和地位十分重要。对一些落后的发展中国家和地区来说，自由贸易港发挥着重要的涉外窗口作用，对整个国民经济、对外经济等具有很大的带动作用，因此意义相当重要。

四、世界自由贸易港最新发展趋势

世界自由贸易港的发展已走过几百年的历程，经历了由渐近到加速发展，从量变到质变的过程。自由贸易港是一定经济、政治和技术等因素条件下的产物，也是经济全球化、世界产业结构演变、全球价值链重组及科技变革的直接反映。现如今，自由贸易港的发展程度与地位已不可同日而语，逐渐成为要素聚焦的区域性经济中心，成为全球经济版图中的热点，发挥着不可替代的枢纽与价值创造作用。今天的自由贸易港已不再是传统意义上的狭义概念，从中国香港、新加坡、鹿特丹等著名自港发展来看，自由贸易港同时加入了高水平区域一体化、自由贸易协定、共同市场或单一市场。正因为此，全球已形成以自由贸易港为枢纽的货运网络。

（一）世界范围内自由贸易港多元化增值功能增强

随着世界经济市场结构及科技革命的推动，世界自由贸易港发展进入了崭新阶段，原先以转口贸易为单一功能的自由贸易港已经不能完全满足个性化、多样化客户需求对现代供应链的严苛要求。全球产品个性化需求特点导致制成品的最终形成时间延后，迫使自由贸易港逐渐增加深加工及复杂组装等高附加值工业活动，自由贸易港的功能范围得到扩展。另外，在世界经济服务化及"微笑曲线"下凹趋势的推动下，生产性服务成为国际市场竞争的重要领域，驱使自由贸易港的金融业、通讯、现代物流等生产性服务业得到较大发展，现代服务要素的融入可提高企业利润水平，使得自由贸易港仍保持足够吸引力。据《FDI》杂志对全球 120 个国家和地区 600 个自由贸易区的排名，最成功的十大自贸区中七个是大型多元化自贸区。因此，推动功能多元化已成为众多全球先进自由贸易港成功的标志。

（二）自由贸易港内产业高端化趋势显著

在 20 世纪 70 年代至 80 年代初，随着众多发展中国家实施出口导向型政策及发达国家的制造业产业转移，发达国家的资本与发展中国家的低劳动力成本形成完美对接，出口加工区成为当时发展中国家和地区自由贸易港的主要形式。但随着技术革命及世界经济结构的变迁，发展中国家和地区又出现了以外国高科技设备和人才为重要内容的科技工业园。有些自由贸易港还以开发技术和知识密集型产品为主要业务，并逐步转向专门化和高科技化形态。再者，世界主要自由贸易港均十分重视金融开放发展，现代金融业已成为全球自由贸易港发展优势的集中体现，大部分自由贸易港同时也是国际金融中心（张远军，2017）。这都标志着世界自由贸易港进入了产业高端化发展阶段。

（三）发展中国家和地区自由贸易港发展迅速

在发展早期，自由贸易港主要集中于经济繁荣的欧美等发达国家。蒸汽革命之后资本主义向垄断阶段过渡时，一些处于国际重要航道和贸易集散中心的殖民地港口开辟为自由贸易港。二战后，全球范围内自由贸易港的数量不断增长，发展中国家和地区成为自由贸易港的主战场。据国际劳工组织统计，在 20 世纪 90 年代末近千个自由经济区中，新增加的绝大多数分布在欧洲以外的发展中国家和地区。在欧洲，自由贸易港因欧盟关税一体化而面临消失的同时，发展中国家和地区对建设自由贸易港仍然十分积极。而且发展中国家和地区自由贸易港的划定地域范围往往较大，如巴西的马瑙斯自由贸易区面积达 221 万平方公里，占全国领土的 26%，甚至没有明显的物理边界，成为世界上最大的自由贸易区。

但另一方面，全球自由贸易港的发展也受到多重挑战。在欧洲，随着关税同盟的全面实施，欧盟成员国内部大部分货物已实现免税流通，欧盟区内自由贸易港失去了存在意义。2013 年，汉堡自由贸易港围栏拆除，终结了 120 多年的历史。另外，全球经济一体化在"加深全球化"与"逆全球化"之间徘徊，这将对全球自由贸易港的发展产生重要影响：其一，全球化、自由化进程的加快将挤压自由贸易港生存空间；其二，经济全球化受挫将打击自由贸易港发展积极性。但在可预见的未来，只要存在海关制度，自由贸易港仍然是很多国家和地区实施对外开放的平台。

五、世界自由贸易港功能形态演化规律与特征

作为国际经济的重要形式，自由贸易港的功能势必随着世界经济政治环境的变化及科技变革的推进而不断演变，探索这一过程的规律与特征将有助于更好地利用自由贸易港这一政策工具为新时代我国形成海陆内外联动、东西双向互济的全面开放新格局而服务。早期的自由贸易港主要从事转口贸易活动，这与当时生产与贸易国际化水平还处于初级形态相适应，单一转口贸易功能就能满足当时国际生产力发展需求。二战后，随着世界范围内经济联系密切程度的加深，原先单一功能的自由贸易港已远不能满足当时国际化生产的需求，因此自由贸易港转向工贸结合型，将加工贸易与转口贸易集于一身。此后，随着经济全球化程度及要求进一步加深，世界自由贸易港又呈现出综合型趋势。

（一）全球范围内自由贸易港的开放功能逐渐提高

世界贸易自由化及投资便利化等多边谈判以及信息科技革命的发展大大促进了全球开放经济水平的提高。二战以来，在《关贸总协定》及以 WTO 为代表的国际贸易组织的推动下，全球贸易整体关税水平得到大幅下降，进出口手续便利化程度极大地提高，再加上电子信息化技术深入而广泛的应用，世界范围内贸易自由开放程度普遍提高，从而对自由贸易港的发展具有推动与鞭策作用。全球开放程度的提高自然使得自由贸易港的开放"水涨船高"。另外，在较高开放水平环境下的自由贸易港也必须实施更大的自由化、便利化优惠政策措施才能显现出吸引力，从而倒逼各国主动

增强自由贸易港的开放性。现代自由贸易港在开放范围、贸易自由度、开放领域、税负水平等方面均显著增强，高水平的自由开放成为现代自由贸易港的重要本质要求。

（二）自由贸易港功能综合化与服务化趋势重叠

随着国际经济体系的加深，传统单一功能的自由贸易港逐渐向多功能、综合型形态转变。在全球市场竞争激烈程度加剧及个性化、多样化需求特点增强的趋势下，作为国际经济联系重要枢纽的自由贸易港其功能也逐渐增强以适应这一变化。传统的制造功能已经不能有效地解决当今供求之间的新矛盾，只有通过多样化生产性服务的嵌入才能很好地缓和这种冲突。自由贸易港功能的多样化，很大程度上就是自由贸易港服务业与服务贸易功能的增强。现代世界自由贸易港的一个重要特征是多元化现代服务功能的增加，如金融、保险、旅游、投资等，这是其区别于传统自由贸易港的一个重要标志。

（三）自由贸易港功能定位和形态受国别、区位等影响因素

自由贸易港的功能与模式由所在国各自政治、经济及地理环境所决定，一般来说，人多地少、资源匮乏的国家和地区往往采取出口加工区形式，如爱尔兰；处于世界交通要塞的国家和地区普遍采取转口贸易类型，如巴拿马的科隆自由贸易港；对于具有良好腹地产业条件的国家和地区来说，发展多功能自由贸易港往往成为首选。另外，相对来讲，发达国家自由贸易港更注重功能的多元化，自由化程度比较高，优惠政策少，往往是通过制度优势吸引跨国投资，而发展中国家和地区比较注重数量增加，优惠政策较多，自由化程度较低。

需指出的是，世界自由贸易港功能形态呈现多样化特征，但并不意味着同一自由贸易港具备全部功能，而是不同自由贸易港采取了不同的功能形态，从而增加了世界范围内自由贸易港生态圈的多样性。但就单个自由贸易港而言，即使在今天，功能单一性仍是可以存在的，如巴拿马的科隆自由贸易港主要从事转口贸易，但总体上对自由贸易港而言，综合型是发展趋势所向。

六、对新时代我国建设自由贸易港的经验借鉴

早在1986年,邓小平先生就提出"我们内地还要再造几个香港"的构想,这里所说的"香港"就是指自由贸易港。2018年4月14日,党中央、国务院决定建设海南自由贸易港,按照海南全岛3.5万平方公里的面积来算,海南将成为全球最大的自由贸易港,面积远超新加坡、迪拜等。习近平同志在博鳌论坛主旨演讲中向世界宣告:"中国开放的大门不会关闭,只会越开越大!实践证明,过去40年中国经济发展是在开放条件下取得的,未来中国经济实现高质量发展也必须在更加开放条件下进行"。显然,以海南自由贸易港建设为代表的新一轮改革开放正是通过更高程度开放为经济高质量发展创造条件的重大举措。面对以美国为首的新一轮贸易保护主义风潮,建设自由贸易港是我国新时代的历史性任务,向全世界传递了中国继续推进改革开放的庄严讯息,也是习近平新时代中国特色社会主义思想在对外开放中的重要实践(余淼杰等,2018)。

从新加坡、鹿特丹等发展来看,自由贸易港投资和贸易便利化程度与市场自由化程度很高。中共中央政治局常委、全国政协主席汪洋发表在人民日报上的署名文章《推动形成全面开放新格局》,称自由贸易港为"目前全球开放水平最高的特殊经济功能区"。因此,我国从自由贸易港建设开始就应采取高水平贸易投资便利化与自由化来增强吸引力。目前全球自由贸易港之间的竞争日趋激烈,亚太地区更是重要的角逐之地,我国自由贸易港建设必须对标国际标准,否则将不具备与其他现有成熟自由贸易港的竞争优势。鉴于我国国情的特殊性,我国自由贸易港建设不能简单复制其他国家和地区的经验,也不能排除现代自由贸易港应有的组成成份,而是应基于自身情况、坚持"特殊"与"统一"的原则思路,有步骤、分阶段地推进我国自由贸易港建设。

(一)应尽快出台我国《自由贸易港法案》及具体管理细则

"先立法,后设区"是国际上自由贸易港成立的主要做法。通过判定《自由贸易港法案》,确定自由贸易港"境内关外"的法律地位,并为自由贸易港

的经营活动自由提供法律保障。如美国迈阿密相关法律规定，海关人员不得擅自进入对外贸易区、不能干涉对外贸易区内正常国际贸易活动等。欧盟则通过《现代化海关法典》对海关新型管理进行了确定，海关程序简化及效率提升得到法律层面的背书。韩国自由贸易港运行较为出色，其也都颁布了各自相应的自由贸易港法案，对自由贸易港的成立与运营进行了详细规定。因此，我国应仿照发达及发展中国家和地区有关自由贸易港的法律规范，并结合自身特点，尽快出台自由贸易港法案。在此基础上，管理当局机构应根据《自由贸易港法案》精神制定具体操作细则，包括申请程序、入区资格、具体优惠等内容。另外，在港口管理方面，应采用国际上通行的企业化运营模式，在法律中应明确政府与企业的职责边界，并对企业设立条件、组织架构、绩效考核、动态调整等做出明确规定。

（二）发展自由贸易港应注重与区域经济发展相契合

鉴于我国社会主义初级阶段长期性、疆域面积大、区域发展不平衡等原因，在今后相当长一段时间内，通过经济增长做大蛋糕、实现整体发展仍是硬道理。而且与新加坡等经济与人口规模较小的单独关税区不同，我国内地经济规模庞大，自由贸易港的建设必然要考虑到其与内地产业联系的问题。因此，我国自由贸易港区建设至少具有促进腹地及周边区域经济发展与社会就业的目标，因而在自由贸易港的选址问题上应兼顾区域布局的合理性。既要进一步发挥沿海地区产业聚焦和传统开放等先发优势，也要考虑选择内陆及沿河节点带动区域经济振兴，还应照顾到边境自由贸易港的发展。可参考巴西马瑙斯的做法，依据内河港口或空港在相对贫穷地区设立以相关特色产业为主的自由贸易港。可仿照日本冲绳自由贸易区做法，通过设立产业扶助基金引导新兴技术产业聚集、雇佣当地劳动力奖励金等办法服务当地经济社会增长。另外，为配合"一带一路"倡议和西部大开发战略，也可以考虑在中西部地区关键核心点选择依托中欧班列及空港的内陆自由贸易港或无水自由贸易港，从而带动我国中西部地区开放水平的提高，缓解区域经济发展不平衡问题。

(三) 注重自由贸易港软件制度环境建设与提升

世界上各国或地区办得比较成功的自由贸易港，如韩国的马山出口加工区、新加坡的裕廊工业区等，究其原因，都在于为跨国资本创造良好的投资环境，为前来投资的国际公司提供种种优惠待遇，并建立起一套以"不干预"为宗旨的高效的管理体制和配套措施。现阶段自由贸易港的吸引侧重点不能再继续单纯地依靠传统上割喉式（cutting-throat）的政策洼地，而应更多地通过营商环境提升来吸引全球资本。目前，我国现有的六种海关特殊监管区主要是侧重制造业贸易或为制造业贸易服务，然而现代自由贸易港的建设更加注重吸引服务业聚焦，而服务业外资对软环境更敏感，要求更高，因此未来自由贸易港要在扩大服务业开放、服务贸易与投资便利化、服务业人才生活配套措施等方面加大建设和更新力度。据世界营商环境报告显示，通过近几年大力推动以"放管服"为核心的商事制度、税制等一系列改革，我国整体营商环境连续得到提升，但仍有很大提高空间。我国可仿照新加坡、韩国等国的做法，加大自由贸易港内经济活动的多样化与自由化，以及政策优惠力度。可考虑在区内免除一切间接税，海关则采取集中报关、单一窗口等世界成功自由贸易港的通行做法。

(四) 自由贸易港的功能定位因"势"而宜

世界自由贸易港发展经验表明，每个自由贸易港的功能侧重点是不同的，不同功能形态的自由贸易港均有比较成功的案例，如鹿特丹港为物流型、香农国际机场为出口加工型、新加坡是世界著名综合型自由贸易港、杰贝阿里自由贸易港促成了迪拜成为世界经济和金融中心。因此，自由贸易港的功能设定要根据区位条件、贸易流量、腹地经济产业状况及设立目标等来确定。由于我国国土面积大、地区发展不平衡及各地区经济产业水平参差不齐等多种客观因素，各地自由贸易港的功能定位与目标设定也不可能全部相同。同时，我国多样性的地区结构又为发展不同功能的自由贸易港提供了天然条件。可采取"基本功能+扩展功能"的思路来进行自由贸易港的具体功能定位设计，就基本功能来说，各个自由贸易港不分大小、区位都应具有如贸易、物流等基本功能，而一些扩展功能则根据该自由贸易港所在地点实际情况按

"一事一议"原则酌情加入，扩展功能主要侧重于服务业的开放，如金融、人员自由流动等。另外，自由贸易港的功能设定也要体现国家重点发展战略思路。例如，考虑生态环境保护，中央提出海南自由贸易港不能以转口贸易和加工制造为重点，应以旅游业、现代服务业、高新技术产业为主导。

第四篇　新形势下稳外资需破解四个"不稳"[*]

聂平香

一、中美贸易摩擦对我国稳外资造成直接冲击

自特朗普上台后，中美贸易摩擦不断，2018年愈演愈烈。与此同时，美国已经将中国定位为"主要战略竞争对手"，中美贸易摩擦更可能是中美大国之间竞争的序幕，美国通过不断加码贸易摩擦、技术封锁以及投资限制等对中国经济进行全方位打压。从两国竞争的态势看，这种打压应是长期的，因此我国稳外资将面临更加复杂的形势。2018年上半年，尽管我国实际利用外资实现了小幅平稳上升，同比增长4.1%，但利用外资的下行压力也不断加剧，各地对外资增长预期是相对悲观的。

（一）出口型外商投资受到直面冲击

1. 生产成本的显著提升将对出口型外资企业新增投资形成直接抑制

中美贸易摩擦给在华投资的企业包括国内和外资企业，特别是业务涉及较多中美进出口的企业造成了直接影响，外资企业在中国投资成本将显著上升。数据显示，2013—2017年，我国产品出口中平均有44.8%的份额是由外资企业完成的，并且外资企业出口比重不断提升，从43.2%上升到47.3%。

---

[*] 此文发表于《决策参考》2018年8月。

同时，高技术产品出口中外资企业一支独大，份额超过70%，独资企业超过50%。外资企业是我国产品出口尤其是以高技术产品出口的重要主体。贸易战中美国的目标集中于中国高新技术领域，打击"中国制造2025"计划，抑制中国科技创新能力。因此，美国降税及加征高额关税等手段提高了外商对华投资成本，直接抑制出口型尤其是以高新技术产品出口为主的外资企业新增投资。

2. 区域内现有产业格局和价值链的打破将对在华出口型存量外资造成明显冲击

尽管中国庞大的技术工人群和相对完整的产业链使得中国的制造业短期内还有相当的优势，但中美贸易争端的长期预期，在华投资出口型外资制造业成本显著上升将促使企业重新评估、选取制造业基地，对现有全球的尤其是东亚区域内的产业格局和价值链造成实质性损害。不但在华的美资企业受到直接影响，在产业链和价值链上的日韩台资制造企业也在考虑重新布局。如中美日益加剧的贸易战推动了台商制造业加大在亚洲其他地方寻求新的生产基地，包括世界最大的鞋类代工商宝成，三星更多地将工厂从中国搬到越南等。

（二）预期悲观导致市场型外商投资将更加谨慎

1. 全球经济投资增长的不确定性制约了外商对华投资

尽管主要国际机构预测世界经济在近两年仍将保持较快的增长，但随着美国政府频频出台贸易限制措施，世界经济下行风险明显增加。根据IMF的模型估算，预计到2020年，全球经济增长将下降0.5个百分点。由于世界经济增长的复杂性和不确定性加大，以及投资回报率下降、贸易投资保护主义显著抬头，世界投资的增长势头非常脆弱，处于过去10年的低水平。全球投资增长的疲软态势以及全球直接投资竞争的加剧将使我国稳定外资增长和外资规模的挑战和压力不断加大。

2. 市场预期不乐观将使市场型外商在华投资更为慎重

市场寻求型投资最为看重的就是市场，对经济增长保持乐观预期是其扩大对华投资的重要条件。尽管中美贸易摩擦对国内经济增长的负面影响有限，据IMF估算，未来一年半最多放慢0.5个百分点，不足以影响整体经济稳中求进的大趋势，但对经济增长预期产生的负面影响值得高度关注，目前国内市场出现严重分歧，悲观预期急剧上扬，包括投资者和消费者信心不足、人民币加快贬值、股市加剧下跌等。中国欧盟商会《商业信心调查2018》显示，尽管大部分企业对中国宏观经济增长保持了乐观，但全球经济增长放缓、中国经济增长放缓、产能过剩以及人民币汇率波动等宏观经济风险对欧盟在华投资的挑战不断加大。2013—2018年，考虑扩大在华业务的欧盟企业比例从86%降到55%，而计划削减成本的企业比例从22%升到46%。中国美国商会发布的《中国商务环境调查2018》数据也显示，美国企业对中国作为三大投资目的地之一的比例从2012年的58%降到2017年的37%，下降超过20个百分点；同时受成本快速上涨和调整战略布局等影响，过去三年约有23%的美国企业已经或计划将中国产能转移到亚洲其他国家或美国等国家。而欧盟商会和美国商会投资信心调查是中美贸易摩擦没有升级之前完成的，现阶段对华投资更悲观。一旦外商对国内宏观经济增长形成了长期下降预期，将对我国吸引市场型外资构成重大打击，这应该引起我国的高度重视。

二、我国利用外资主要面临四个"不稳"

从当前利用外资形势和发展特点来看，我国利用外资主要存在以下四个"不稳"。

（一）在华经营预期不稳引发外资整体规模不稳

除了成本不断上升、合格人才不足等商业风险以及中美贸易摩擦扩大引发全球经济增长和中国经济增长放缓等不可控的宏观经济风险外，在华外资企业反映中国存在的政策法规监管障碍和市场准入壁垒等突出问题也是影响在华经营预期不稳的重要因素。尽管我国在知识产权保护、环保法规的平等执行等方面有很大改善，但是现存的模棱两可的条令和法规、行政问题、自由裁量式执法、市场准入壁垒和投资限制、复杂且不清晰的产品许可要求或注册过程、无法预测的立法环境、知识产权保护不到位、在公共采购及监管执法等方面对外资的歧视等都是外资在华经营所面临的主要挑战。这些长期存在的、外商又特别关注的重点难点问题是我国政府必须正视而且需要积极解决的问题。尤其是在中美贸易摩擦升级的背景下,更多对华有投资需求的外资企业正处于观望阶段。一旦中国承诺的进一步对外开放并不能落地和实施,投资环境中的焦点问题没有呈现改善的趋势,外商对在华投资悲观预期长期形成时,中长期中国利用外资规模就无法保持稳定。

(二) 中西部利用外资不稳引发外资区域结构不稳

从 2013 年"一带一路"倡议提出并不断推进,中西部地区尤其是西部地区从开放末端逐步走向了开放前沿,开放的区位优势不断凸显。但从外资角度看,与东部相比,中西部整体投资环境不但没有优化,还相对恶化。相比东部沿海地区,中西部地区在人才、产业配套、物流成本等方面存在先天不足。而现存的西部大开发以及鼓励外资投向中西部等政策对外商缺乏足够吸引力,同时 2017 年国家允许地方在法定权限范围内出台招商引资优惠政策还进一步削弱了中西部地区的政策优势。因此,近年来,中西部地区利用外资占比呈下降趋势,利用外资能力和效果不断弱化,外资区域结构未得到很好改善,反倒恶化。2012—2016 年,中部地区在全国外资中份额从 8.3% 降为 6.3%,2015 年还一度降到 5.6%;西部地区占比从 8.9% 降到 6.2%;而东部地区占比从 82.8% 升到 87.4%,中西部地区利用外资潜力还有待大幅挖掘和提升。

(三) 国家级经开区外资不稳引发核心平台外资不稳

一直以来,国家级经开区作为先进制造业集聚地和区域经济增长极,是我国对外开放的重要载体,利用外资的重要平台,为我国形成全方位、宽领域、多层次的对外开放格局做出了突出贡献。随着国家级新区、自贸试验区等新的开放平台的设立,国家级经开区原有的在税收、财政、土地、人才、知识产权等方面享有的综合性优惠政策不断淡化和弱化,对外开放窗口的示范和利用外资主阵地的作用呈快速下降趋势。数据显示,2012—2016 年,尽管纳入统计的国家级经开区数量从 171 家增为 219 家,但国家级经开区实际利用外资占全国份额却从 45.3% 降为不到 20%,仅仅五年下降幅度超过 25 个百分点。调研过程中我们发现,某中部省份的一家国家级经开区外资数量从 1998 年超过 400 家锐减到目前的 13 家。尽管中央层面已经看到国家级经开区在对外开放中的作用不断下降，也出台了文件和政策，但力度远远不够。

（四）制造业外资不稳引发外资产业结构不稳

我国作为全球制造中心和制造大国，金融危机后的 2009—2017 年，制造业外资比重下降超过 25 个百分点，2017 年仅为 25.7%。当然，东南亚等亚洲发展中国家经济开始发力，劳动力成本低廉，外资优惠政策力度大吸引了不少劳动密集型外资企业从我国转移产能，但是我国成本的快速上升也是抑制外商扩大在华制造领域投资的重要原因。在我国从事生产制造的企业税费负担很重。世界银行营商环境报告显示，尽管我国企业的企业总税收与利润比值从 2007 年的 84% 降为 2017 年的 67.3%，但仍高于周边的越南（38.1%）、马来西亚（39.2%）、印尼（30.0%）、泰国（28.7%）等发展中国家，也远高于美国（43.8%）、德国（48.9%）、英国（30.7%）等高福利发达国家。实体经济税费负担重，利润薄，生存困难，推动更多的外资流向房地产等利润高的行业，造成制造业外资快速下滑，外资产业结构改善成表象，宏观经济更容易出现工人失业增加、产业空心化等严重后果。

三、新形势下稳外资思路和举措

新形势下，稳外资的重要性不断凸显，外资稳则外贸稳，外资稳则宏观经济稳。我国不但要在短期内保持外资稳定，更要在中长期内保持外资稳定，充分利用外资促进我国经济高质量发展。当前，我国巨大的市场规模和市场潜力，尤其是中产阶级的兴起依旧对外资形成了巨大吸引力。因此，稳外资的重点方向是稳市场型外资，核心举措是通过进一步扩大改革开放，下大力气解决外商进入中国市场面临的焦点和难点问题，稳外资预期。同时，出台有力措施，稳定中西部地区利用外资、核心平台利用外资以及制造业利用外资。

（一）稳预期：完善制度和加大开放力度

1. 加快外资立法为外商提供稳定透明的政策环境

加大清理并修订外国投资相关法律法规、规章和政策文件，尽快制定并颁布《外国投资法》，全面落实外商投资负面清单管理制度，保护外商在华的合法权益。通过立法明确外资的主管部门，规避事出多门的、过度的行政监管和审批，减少政府审批、简化现存审批和申请程序，能够极大地规避外商进入中国面临的模棱两可的条令和法规、行政问题、自由裁量式执法以及无法预测的立法环境等法规监管问题和不公平对待问题。

2. 进一步加大并落实对外开放措施减少外资市场准入壁垒

市场准入能够极大地影响外商在华的投资决策，中国欧盟商会的调查显示，一旦市场准入条件改善，83%从事法律的企业、75%的金融企业、67%的土木工程与建筑企业、67%的制药企业、66%的汽车企业、65%的专业服务企业、62%的环保企业、57%的信息技术和电信服务企业、56%的机械制造企业、56%的医疗设备以及55%的航空航天企业更有可能增加在华投资。因此，我国应首先加快落实和实施已出台的重大开放政策，扩大相关行业市场准入，更好地引导外资进入。其次，针对外商企业重点希望扩大开放的行业，如上所提的法律、建筑和工程、制药、汽车、专业服务、环保、信息技术、机械制造、医疗设备以及航空航天等领域，在不损害国家安全和利益的前提下，应加快进度、加大力度对外开放。

（二）稳中西部外资：出台区域性引资优惠政策

1. 出台西部引资优惠政策

中西部尤其是西部地区逐步成为我国对外开放的前沿地带，战略地位日益突出，但开放程度与其战略地位还远不匹配，因此从国家层面应该出台更为优惠的引资政策，促进西部开放水平大跃升。建议国家出台的以及计划出台的所有开放措施优先在西部地区选点先行先试；在西部地区投资的外商适用自贸试验区版的负面清单。同时，在负面清单制度下，允许西部各个地区结合本地特色和优势出台外商投资鼓励目录，给予所有投资中西部地区鼓励类行业的外商投资企业15%所得税优惠政策，并允许目录的定期调整。

2. 出台实质性政策支持中西部地区承接产业转移

为充分挖掘中西部地区的引资潜力尤其是制造业引资潜力，促进外资区域协调发展，在加大西部开放的基础上，还应重视中部利用外资。国家一向鼓励和支持中西部地区积极承接沿海地区的产业转移，但由于缺乏实质政策，取得的效果并不明显。在新形势下，应对中西部地区承接产业转移示范区给予具体的政策支持，涵盖社保、税收、土地、融资、物流等方面。具体来说，社保政策应该更为灵活，对于已经参加新农合体系的农民工应该根据员工需求不交社保或降低社保费率；允许在示范区内投资鼓励行业的外商企业享受15%的所得税；对示范区内鼓励类外商投资项目，优先供应土地，在确定土地出让底价时应按照或参照不低于所在地土地等级相对应的《全国工业用地出让最低价标准》的70%等。

（三）稳核心平台利用外资：赋予其更开放的政策

1. 将自贸试验区政策向国家级经开区覆盖

由于国家级经开区大部分设立时间早，经济发展尤其是开放型经济方面已形成较好基础，一直是我国制造业引资的重要平台，同时在东中西部各个省市布局相对均衡，相比自贸试验区零散布局，国家级经开区辐射带动作用会更为明显，因此新时代国家应充分重视国家级经开区引资平台的作用，加大创新支持力度。首先应出台国家级开发区管理条例，从法律制度上进一步明确开发区在对外开放中的地位和作用。其次进一步保持国家级经开区的制度或政策优势，将自贸试验区开放政策向国家级经开区覆盖，如果一次性全部覆盖有困难的话，可以选取一批品牌开发区作为国家级开发区第一梯队试点，将自贸试验区的经验、政策、发展模式向试点开发区全覆盖，尤其是在服务业对外开放、境外投资政策、金融政策创新方面予以支持，促进国家级开发区实现第二次创业。同时，允许外资准入和审批权限向国家级开发区下放，推动从国家层面给予开发区用地政策倾斜。

2. 加大力度赋予自贸试验区更多改革自主权

通过进一步赋权激发自贸试验区的活力，提升引资能力。将中央部委权力清单中的有关权力最大限度下放至自贸试验区，大幅精简部委审批权，扩大自由贸易试验区重点领域事权。在现有负面清单基础上，允许自贸试验区结合自身情况提出动态调整建议，报商务部批准后实施更短的负面清单。允许自由贸易试验区在部委指导下对中资对外投资进行审慎管理。支持各自由贸易试验区就贸易便利化协定、政府采购协定等高标准经贸规则提出解决方案，赋予自贸试验区产业发展自主权以及改革创新试错免责权。

（四）稳制造业外资：大幅降低企业负担

加快税制改革，不断降低我国企业的宏观税负水平，逐步停征、降低和整合部分政府性基金，进一步清理、规范社会团体收费，凡涉企收费项目须公示目录清单。全面落实所得税、增值税、关税等税收减免优惠政策。通过加大财政支持以及延长上调年限等方式，降低社会保障费率，降低企业用工成本，为小企业、新创企业和经营困难企业制定优惠政策。将残疾人就业保障金率降低到合理水平，并采取更透明的方式来使用残疾人就业保障金。

第五篇 外商融资租赁发展现状、问题及对策[*]

聂平香

一、外商融资租赁发展特点

改革开放之初，为了更好地开辟利用外资新渠道，我国开始试点国际租赁业务，允许设立中外合资、合作融资租赁公司。1981年国内第一家租赁公司——中外合资的中国东方租赁有限公司成立。2001年我国加入世界贸易组织，承诺入世三年后允许外商设立独立租赁公司，2004年卡特彼勒融资服务和通用电气资本公司率先试点，融资租赁行业进一步加快了对外资开放的进程，外商逐步成为我国融资租赁行业的重要组成部分。

（一）外资成为融资租赁行业的重要主体

由于我国融资租赁市场高速增长，外资企业也加快了抢滩布局。怀特克拉克集团发布的《2017年全球租赁业发展报告》显示，中国2015年业务量达1364.5亿美元，同比增长26%，在全球排名前50的国家中增幅最高。根据监管主体的不同，我国融资租赁分为三类，分别是金融融资、内资租赁和外资租赁。外资逐步成为我国融资租赁行业最重要的主体，并且近年来发展势头不断加快。2006—2016年外资融资企业数量从54家增长为6872家，年均增

---

[*] 此文发表于《国际经济合作》2018年2月。

幅62.4%，尤其是2013年自贸试验区设立后，外资租赁公司增长幅度不断加快，2013年增加416家，增长76.5%；2014年增加1060家，增长110.5%；2015年增加2251家，增长111.4%；2016年增加2601家，增长60.9%。外资融资租赁公司注册资本总额从2006年的237亿元增为2016年的22463亿元，占全行业注册资本总额的比重相应从41.5%升为87.8%；业务总量从2006年的10亿元增为16700亿元，占全行业业务总额的比重从12.5%升为31.3%。

表1　2006—2016年外资融资租赁发展状况

年份	企业数量（家）	企业数量占比%	注册资金（亿元）	注册资金占比%	业务总量（亿元）	业务总量占比%
2006年	54	67.5	237	41.5	10	12.5
2007年	73	67	309	30.8	50	20.8
2008年	94	66.2	375	31.6	500	32.3
2009年	114	67.1	429	32.8	700	18.9
2010年	172	73.8	565	43.2	1300	18.6
2011年	283	76.7	735	37.6	2200	23.7
2012年	544	84.6	1317	51.1	3500	22.6
2013年	960	86.8	1740	56.9	5500	26.2
2014年	2020	91.7	4800	72.6	9000	28.1
2015年	4271	94.7	12780	84.3	14100	31.8
2016年	6872	96.3	22463	87.8	16700	31.3

资料来源：中国租赁联盟和天津滨海融资租赁研究院。

（二）区域分布集中于东部地区

来自中国租赁联盟和天津滨海融资租赁研究院的统计显示，截至2016年底，全国共有6872家外资融资租赁公司，分布在全国31个省市区，其中东部地区[①]是外资融资租赁企业最主要的集中地，总数量达 6590 家，占比达 95.9%。同时来自商务部的数据显示，2016 年我国不包括金融租赁的融资租赁企业注册资本，东部地区占比高达 94.6%，而这些企业中外资注册资本占据大部分。

同时，随着政策环境优化，自贸试验区改革创新的不断深化，投资便利化水平的不断推进，外资融资租赁加快在自贸试验区积极探索、先行先试，自贸试验区尤其是广东、上海以及天津等地融资租赁行业地区集聚效应不断凸显。2016 年年底，广东外资融资租赁企业数量为 2343 家，占全国外资租赁企业总数的 34.1%；上海 1939 家，占比 28.2%；天津 1154 家，占比 16.8%，三地合计占比高达 79.1%。

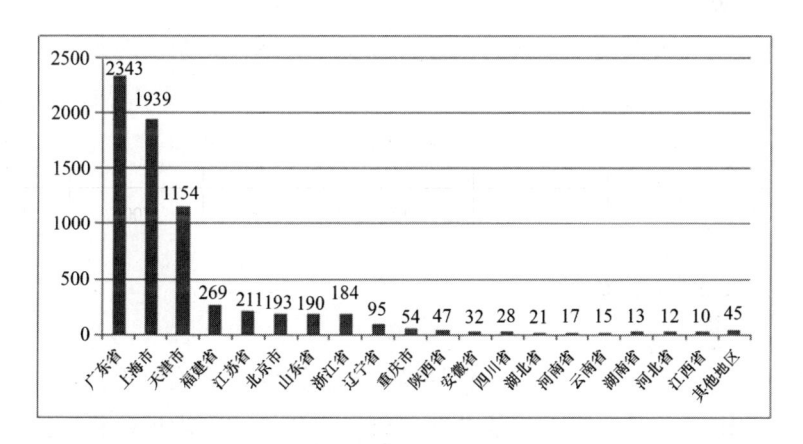

图 1 截至 2016 年底全国外资融资租赁企业地区分布（家）
资料来源：中国租赁联盟和天津滨海融资租赁研究院。

(三) 政策环境不断优化

首先，外商投资融资租赁行业的便利性不断提升。商务部作为监管部门，在 2004 年进一步开放融资租赁市场后，外资准入程序也不断简化，2009 年商

---

① 包括北京、天津、河北、上海、江苏、浙江、福建、山东、广东和海南 10 个省市。

务部下发《关于由省级商务主管部门和国家级经济技术开发区负责审核管理部分服务业外商投资企业审批事项的通知》，将包括融资租赁在内的总投资5000万美元以下外商投资企业的设立及变更事项明确由省级商务主管部门和国家级经济技术开发区依法负责审核、管理。2016年商务部发布《外商投资企业设立及变更备案管理暂行办法》，将包括融资租赁在内的不涉及国家规定实施准入特别管理措施的外商投资企业的设立及变更由审批改为备案。

其次，行业发展环境不断优化。国家积极鼓励融资租赁行业支持实地经济发展，2015年国务院办公厅专门发布《关于加快融资租赁业发展的指导意见》（简称《意见》）。相关部门针对融资租赁领域发布了支持政策意见，如财政部、国家税务总局全面推开营业税改征增值税试点，降低融资租赁行业税收负担。此外地方政府纷纷出台融资租赁发展实施意见，出台支持措施，为融资租赁行业发展提供了更好的发展环境。天津、广东、广州、东莞、厦门、晋江、漳州、内蒙古、贵州、西安、济南、武汉等多地通过出口退税、利息补贴、设立融资风险补偿金或融资租赁产业发展基金等方式，对符合条件的企业融资租赁项目给予补助奖励。

二、面临的主要问题

我国已经成为仅次于美国的世界第二大融资租赁发展大国，但与欧美等发达国家相比，融资租赁对行业的覆盖面和市场渗透率远远偏低，行业发展也存在管理体制不顺、法律法规不健全、市场发展环境不完善等问题，从利用外资的角度看，最核心的问题应该是制度建设跟不上开放形势发展，导致在行业准入和对企业的监管方面问题突出。

（一）外资准入部门协调力度不够

根据现有的法律法规，外商投资融资租赁业只需要向地方商务部门备案，外资落户简便易行，便于外资进入。但在实际工作中，由于国家层面缺乏顶层设计和部门协调，工商部门以及金融监管部门等准入部门认为融资租赁企业融资出现超经营范围开展民间借贷、集资等业务，风险大，反倒出现相比审批制下外资融资租赁项目不容易落地的问题。当然，商务部门、工商部门以及金融监管等准入部门对外资进入融资租赁行业协调力度不够也反映了我国对外资融资租赁监管缺乏事中事后手段，所以才在准入上设置门槛。

（二）外资融资租赁空置率高

据不完全统计，注册一年内无业务的融资租赁企业空置率很高，全国平均达到65%，其中外资租赁公司占据主导，这也可以从外资融资租赁企业数量占行业数量的比重高达90%以上，而业务总量仅占31%的数据上体现出来。导致外资融资租赁公司空置率高的主要原因有二：其一，外资融资租赁公司准入门槛较低；其二，国家对外资融资租赁公司外债管理相对宽松。根据监管主体的不同，我国融资租赁企业分为金融租赁公司、外资融资租赁公司和内资试点融资租赁公司，其中金融租赁公司由银监会监管，属于非银行金融机构；外资租赁和内资租赁公司由商务部监管，属于一般工商企业。目前三种融资租赁公司准入设立条件存在明显差异，其中外商设立融资租赁企业的核心条件有：向商务部门备案设立外方股东的总资产不低于500万美元；注册资本不少于1000万美元；外商投资比例不得低于25%；人员资质，要求具有相应的专业资质和不少于3年的从业经验。内资融资租赁试点公司的核心准入条件包括：由商务部和国家税务总局及其授权机构审批设立；符合相关条件并由地方商务部门推荐；注册资金不低于1.7亿元人民币；拥有相应的金融、贸易、法律、会计等方面的专业人员，高级管理人员应具有不少于三年的租赁业从业经验。而金融租赁公司的准入门槛包括：需要由银监会审批设立；有符合规定条件的发起人，包括在中国境内外注册的具有独立法人资格的商业银行，在中国境内注册的、主营业务为制造适合融资租赁交易产品的大型企业，在中国境外注册的融资租赁公司以及银监会认可的其他发起人；注册资金为一次性实缴货币资本，最低限额为1亿元人民币或等值可自由兑换货币；有符合任职资格条件的董事、高级管理人员，并且从业人员中具有金融或金融租赁工作经历3年以上的人员应当不低于总人数的50%。由于融资租赁三种公司准入门槛不一致，金融租赁公司的设立需银监会审批，并且注册资产要求不低于1亿元。内资融资租赁企业试点工作2004年才开始，目前还需商务部门推荐，并且注册资本要求达到1.7亿元。而外资融资租赁公司准入要求的注册资本只要求1000万美元，并且外资股比达25%即可，因此外资融资租赁公司准入门槛最低。地方政府针对融资租赁发展出台了不少扶持政策，从而涌现出大量外资融资租赁公司，当然也有不少是国内民营企业返程投资，也就是假外资项目。但是，融资租赁行业资金需求量大，再融资渠道不畅，风险控制要求高，中小融资公司经营限制条件多，因而容易形成空壳公司。同时，相比其他两种公司，国家对外资融资租赁公司外债额度管理相对宽松，杠杆比例高达1：10，使得外资融资公司容易成为热钱流入的渠道，融资租赁壳公司私下买卖兴起，这也导致融资租赁壳公司的大量存在。

（三）事中事后监管有待进一步强化和完善

随着融资租赁成为我国利用外资的热点领域，商务部逐步完善了对外资融资租赁公司的监督和管理。早在2001年，原外经贸部首次出台专门针对外资融资租赁的监管法规：《外商投资租赁公司审批管理暂行办法》（简称《暂行办法》），主要对外商投资租赁业的条件和业务范围进行了明确规定。2005年商务部出台《外商投资租赁业管理办法》，对2001年《暂行办法》中外商投资的准入条件和业务范围进行了完善，并进一步规范了对外商投资融资租赁企业的管理。2013年商务部办公厅发布《关于加强和改善外商投资融资租赁公司审批与管理工作的通知》，提出进一步加强对各地审批外商投资融资租赁公司的工作指导，包括加强投资融资租赁公司信息统计与后续核查，明确要求对在上一会计年度内未开展实质性融资租赁业务、年检不合格以及发生违法违规行为的企业，各地应责令其整改。同年商务部发布《融资租赁企业监督管理办法》，有专章明确了监督管理，要求省级商务主管部门应当建立重大情况通报机制、风险预警机制和突发事件应急处置机制，加强对融资租赁企业的日常监管等。2015年国务院办公厅发布《关于加快融资租赁业发展的指导意见》进一步明确加强融资租赁事中事后监管，加强行业监管机制，发挥行业组织自律作用。2013年商务部开发了全国融资租赁企业管理信息系统，通过信息化手段加大对融资租赁企业的监督管理。

尽管我国通过出台规章制度加大了对外资融资租赁企业的监管，但总的来看，我国对外资进入融资租赁行业的监管一直存在重审批轻事中事后监管的问题。融资租赁公司是介于金融与非金融机构之间特殊的金融性服务机构，其行业特性决定了其存在较高的金融风险和贸易风险,从目前监管现状看,审批制度取消后,现有的对外资融资租赁企业的监管条款原则性强而操作性不足,缺乏有效的监管手段和监管方式,同时监管力度也明显不够,容易引发行业风险。

三、对策建议

为了更好地规范并服务于外资融资租赁公司的发展,我国应该在制度建设、监管环境以及融资渠道完善等方面进一步加大力度。

(一)逐步统一内外资融资租赁企业准入和监管

首先,统一除金融租赁外的内外资融资租赁企业准入。2004年我国才允许内资企业开始试点融资租赁行业,目前也仅仅在7个自贸试验区下放了内资租赁企业融资租赁业务试点确认工作,从商务部和税务总局委托给各自贸试验区所在的省、直辖市、计划单列市级商务主管部门和国家税务局。内资企业从事融资租赁行业还处于试点阶段,并且准入条件明显高于外资企业,融资租赁行业中存在对外资的超国民待遇,对外开放远高于对内开放,从而导致目前外资融资租赁企业中假外资占据很大一部分比重。为了更好地促进融资租赁行业规范发展,我国应该放开内资融资租赁企业试点政策,降低内资融资租赁试点企业准入条件,进一步统一由商务部监管的内外资融资租赁企业的准入条件、设立审批,大量减少假外资现象。第二,逐步统一三种类型企业的监管。监管分割导致我国对融资租赁公司的分类与国际上不一致。国际上分为银行系融资租赁公司、厂商系融资租赁公司以及独立第三方融资租赁公司,我国分为金融租赁公司、外资租赁公司和内资租赁公司。从监管模式上看,美国等发达国家是由银行监管部门对银行系公司进行监管,对于厂商系和独立第三方融资租赁公司则主要通过行业协会以及市场机制来自动监管。我国虽然也借鉴了发达国家经验,将外资和内资金融租赁公司当成一般商业企业进行监管,但是由于我国资本项下外汇流动是受管控的,所以在资本项目未完全放开之前,为了更好地防止外资融资租赁机构成为热钱进入的渠道,最好将内外资融资租赁公司的业务和金融租赁一样并入银监会下监管，通过设定差异化的监管条件来支持不同种类的租赁公司的发展。

（二）完善法律法规进一步加强事中事后监管

第一，加快出台《外资投资法》，为融资租赁对外开放提供制度保障。随着利用外资形势的深刻变化和国家全面深化改革、扩大开放的发展要求，外商管理体制面临重大而深远的变革，在国家层面就应加强利用外资的制度性建设，从战略性、全局性、前瞻性的角度，为新形势下利用外资工作包括融资租赁提供法律和制度保障，因此应进一步加快外资立法进程，清理修订相关外国投资法律法规，尽快制定并颁布《外商投资法》，全面落实负面清单管理制度，这也是融资租赁行业对外进一步开放的根本制度保障。第二，尽快出台《融资租赁法》，为融资租赁行业监管提供法律保障。通过立法进一步明确租赁财产定义、资产管理和负债管理、合同规范、风险评估以及监管职责等，制定行业统一的监管指标、监管规则，极大减少行业风险的发生。第三，加强部门协调，创新融资租赁协同监管机制。进一步加大融资租赁相关部门的协调，积极促进外资融资租赁项目的落地。同时，除进一步完善全国融资租赁企业管理信息系统外，还需进一步创新协同监管机制，利用外商投资信息报告制度和信息公示平台以及行业协会指导委员会机制等，加大与工商、海关、银行、外汇、税收等部门加强信息互通，促进跨部门协调联动机制，加强对融资租赁企业经营模式的监督和核查，以便更好地对融资租赁公司形成联合惩戒工作机制。

（三）进一步完善融资渠道更好地支持外资企业发展

融资租赁公司融资能力的高低对资本成本和流动性风险控制具有决定性作用。从我国三种融资租赁企业融资渠道来看，金融租赁公司受益于牌照壁垒优势以及背靠银行等金融股东，能够从银行获得较低的融资成本；内资金融租赁公司由于股东也以国内中大厂商为主，容易获得银行以及其他金融机构授信，尽管资金成本要高于金融租赁公司，但相对来说还是比较容易获得国内资金支持；而对于很多没有国外厂商股东背景的中小独立外资融资租赁公司而言，一方面企业自营资金有限，另一方面，国内直接融资渠道不畅，外债额度有限，国内银行等金融机构对其授信有限，外资企业更多地通过国外融资，导致其资本不足，制约了企业业务的开展和创新。因此，为了给外资融资租赁发展提供更好的条件，我国政府应在融资渠道方面加大支持。一方面鼓励国内银行等金融机构进一步加大对外资融资租赁企业的倾斜力度，为外资企业提供更多的授信，同时鼓励外资融资租赁公司通过债券、股票等市场进行直接融资；另一方面在加强外汇监管，严防热钱进入的同时，简化融资租赁企业境外融资核准，适当放宽企业可借外债额度，在境外融资方面提供政策支持，同时根据行业发展趋势，适应转租赁、杠杆租赁、国际租赁等业务需求，进一步放宽贸易项下的限制条件。

第六篇　特朗普减税对全球 FDI 影响及我国的应对[*]

聂平香

自 2016 年美国总统大选以来，税改就成为共和党竞选人——特朗普的一大竞选口号，特朗普上台后一直在积极推进其税改提议，2017 年 4 月 26 日美国正式公布了税改方案，同年 11 月 17 日，美国众议院通过了税改方案，12 月 2 日，美国参议院通过了税改方案。作为 30 年来美国最大规模的减税改革方案，它的通过和实施必将对全球直接投资（FDI）流向产生重大影响，我国吸引外资也将面临更加严峻的考验。我国需要深入分析其可能产生的影响，出台应对措施，以避免我们吸收外资以及经济发展受到过大冲击。

一、特朗普税改的主要内容

美国税改有众议院和参议院两个版本，两个版本存在诸多分歧，经过磋商，参众两院达成一致，2017 年 12 月 15 日公布了税改法案最终版。其中对国际资本流动有重大影响的核心内容有：一是将企业所得税税率大幅下降，从 35% 永久降至 21%；二是美国将全球征税体制转变为属地征税体制，对海外子公司股息所得税予以豁免，同时针对跨国公司新增了 20% 的"执行税"，以限制跨国公司通过与美国之外的分支机构内部交易进行避税；三是降低企

---

[*] 此文发表于《国际贸易》2018 年 2 月。

业海外利润的一次性征税税率,从原来的 35% 降至 15.5%,从而鼓励美国跨国公司海外利润汇回。

表1 美国税改方案主要措施

项目	措施	备注
个人所得税	维持七档,分别为 10%、12%、22%、24%、32%、35% 和 37%,同时将现行最高档 39.6% 的个人所得税下调至 37%	采纳参议院版本
个税标准抵扣额度	抵扣额度接近翻倍,夫妇共同申报,从现行的 12700 美元提高到 24000 美元;对个人,从 6350 美元提高到 12000 美元	两院共识
儿童税减免	提高儿童税务优惠额度至 2000 美元,可全额退还的额度提高至 1400 美元	两院协商后达成结果
遗产税	保留,豁免额提高到 1100 万美元	两院协商后达成结果
企业所得税率	从 35% 下调到 21%,2018 年生效	两院协商后达成结果
替代性最低税	废除	采纳众议院版本
企业海外收入	企业需要为海外利润支付一次性的低税,其中对现金型资产征收 15.5% 的税,对非现金型的资产,比如用于购买设备的利润,征收 8% 的税	两院协商后达成结果
取消各州和本地的税收抵扣优惠	取消各州和本地的收入税抵扣,财产税抵扣最高额度为 1 万美元	两院协商后达成结果
房屋抵押贷款利息抵扣	对于新购房屋贷款可抵扣利息的部分,上限从 100 万美元下调至 75 万美元	两院协商后达成结果

资料来源:"美国税改最终方案出台",http://finance.sina.com.cn/stock/usstock/c/2017 - 12 - 16/doc - ifypsqka2895913.shtml? from = finance_ zaker。

二、降税对国际资本流动的影响

(一)税收对国际资本流动的理论分析

根据区位优势理论,投资国对外投资中最重要的一个因素是东道国的区位优势对投资国有吸引力,这也是东道国吸引外资的优势,包括原材料优势、成本优势、市场优势、优惠政策激励以及人文优势等。税收优惠或减免能够直接降低企业成本,吸引更多外来资本进入。同时,国内外学者在税收对 FDI 的影响方面也进行了大量的实证研究,[①] Hartman 运用计量模型对美国的税收与 FDI 之间的关系进行了较为系统的研究(1981,1984,1985),他得出的结论是:无论投资资金来源如何,税收对 FDI 的影响都很强。Boskin and Gale(1987)测算了美国 1981—1982 年税改后对 FDI 的影响,得出的结论是美国的 FDI 对税后收益率极为敏感,这次税改带来年均 20 亿—40 亿美元的 FDI 增长。Gropp 和 Kostial(2000)在力求减少非税因素干扰的基础上,分析税收对 FDI 流动的影响,利用 OECD 国家在 1988—1997 年的数据进行了回归分析,得出税率变化对 FDI 流动有显著影响,法定税率平均每上升 10 个百分点,则会减少 0.3% 的 FDI 流入,同时增长 0.2% 的 FDI 流出。Reuber(1973)研究表明,出口导向型 FDI 比市场寻求型 FDI 对税收刺激更为敏感。Coyne(1994)提出,中小企业比大型企业对税收激励措施更敏感。可见,很多研究表明,税收因素逐渐成为影响 FDI 决策的非常重要的因素,FDI 税收政策的有效性正不断提高。我国的学者,包括高培勇(1997)、马拴友(2001)、樊丽明(2002)、夏杰长(2004)等都认为税收优惠政策对我国利用外资产生了积极影响。

当然,在企业对外投资决策过程中,税收政策尽管是非常重要的因素,但不是唯一因素,土地、劳动力、资金成本、市场规模等均会对企业的投资选择产生重要影响。然而对于美国这样的发达国家,本身拥有巨大的市场、完备的制度、丰富的智力资源以及完善的营商环境,税收优惠对全球资本流向美国将会产生较大的积极影响。

(二)美国减税的实践经验

减税政策作为扩张性的财政政策,经常被当成刺激一国经济发展的重要手段,美国也不例外。以里根时期为例,里根总统上台后共实施了两次大规

[①] 这部分的文献梳理主要来自苑新丽:"公司税的外国直接投资效应研究",东北财经大学博士论文,2007 年。

模的减税方案。1981 年美国国会通过《1981 年经济复兴法案》，此法案主要包括将个人所得税最低税率 14% 和最高税率 70% 分别降至 11% 和 50%；颁布了加速折旧条例（ACRS），允许企业以"重置成本"来计提折旧。1986 年里根又签署了第二次税改方案，在公司所得税方面，把原来 15%—46% 的五级税率，改为 15%、18%、25%、33% 四档税率，并对特定的数额范围加征 5% 的附加税。将最低税率为 11% 和最高税率为 50% 个人所得税的 15 级累进税制改为 15% 和 28% 的两档税制，另对高收入者征 5% 的附加税。同时，降低资本利得税率，扩大研究与开发费用的抵免范围。美国经济分析局的数据显示，减税政策发布的 1981 年以及之后的 1982 年，美国吸收外资增长 30.9% 和 14.7%，而 1983—1985 年外国直接投资流入美国的平均增速为 14.0%。同时，第二次减税政策实施的 1986—1988 年间，外资平均增速升为 19.5%，随后的 1989—1991 年间外资增速又降到 10.0%。因此，从历史实践来看，美国降税对外国投资直接流入本国产生了积极的、正面的影响。

（三）特朗普税改对全球资本流动的影响

特朗普降税核心或背景是围绕"美国优先"的价值理念，通过降税刺激投资推动制造业回归以及创造更多就业机会。当然，制造业回归，奥巴马政府早已提出并积极付之实践，但奥巴马政府侧重于依靠创新发展先进制造业的"再工业化"路线，而特朗普政府通过降税政策力争将"流向海外的制造业就业机会重新带回美国"。从美国现有的投资环境看，作为世界第一大经济体，美国拥有巨大的市场规模，加上金融市场高度发达，市场体系和法律法规完善，科技和创新资源优势明显，因此美国保持了世界第一大利用外资大国地位，并且在世界金融危机后，美国对全球资本的吸引力不降反升。来自联合国贸发会议数据显示，2016 年全球直接投资流量为 17464.2 亿美元，还未达到危机前 2007 年的 20027 亿美元，与此同时，2016 年美国外国直接投资流入额从 2007 年的 2159.5 亿美元升为 2016 年的 3911.0 亿美元，年均增长 6.8%，相应地，美国外国直接投资流入占全球外资流量的比重相应从 2007 年的 10.8% 升为 2016 年的 22.4%。同时，奥巴马政府的制造业回归政策也取得了积极成效，来自美国经济分析局的数据显示，《重振美国制造业框架》发布之前的 2008 年，美国制造业外资占当年外资流入的比重仅为 31.8%，2016

年美国制造业外资占比增为 41.1%，上升了近 10 个百分点。

应该看到，尽管美国经济的全球竞争力和营商环境处于全球领先地位，但是美国企业部门的高税负始终为美国和全球企业所诟病，高税负和复杂的纳税程序已经成为影响美国经济全球竞争力和营商环境的主要负面因素。[①] 美国税改前，企业所得税名义税率 35%，在 OECD 国家处于最高水平，实际税率不到 30%，也处于较高水平。同时根据世行公布的数据，2017 年美国整体税负占企业利润的比重高达 43.8%。《2018 年营商环境报告》表明，美国营商环境总体水平在 190 个经济体中排名第 6，在十个指标体系中，融资环境、破产程序和合同执行位居世界前列，企业设立程序、电力获得以及保护中小投资者三个指标表现最差，分别排名第 49、49 和 42，税收负担、施工许可办理、产权登记保护、跨境贸易限制四大指标居于中间，分别位于全球第 36、36、37 和 36，因此税收负担也直接影响了美国的营商环境。

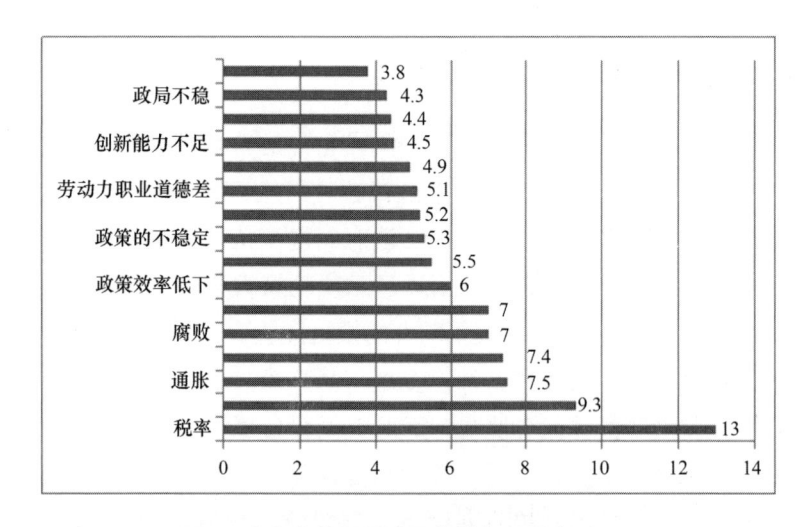

图 1　企业在美国影响面临的负面因素（%）
资料来源：世界经济论坛《2017—2018 全球竞争力报告》。

来自世界经济论坛发布的《2017—2018 年全球竞争力报告》显示，美国全球竞争力仅次于瑞士，在 137 个经济体中位居全球第二。美国的市场规模、

[①] 黄志龙："税改对美国意味着什么？"，《新理财》2017 年 5 月。

金融市场、创新能力、商业程度、劳动力市场的有效性、高等教育与培训等指标都位居全球前列，但世界经济论坛发布的《2017企业高管意见的调查》显示，企业在美国经营面临的负面因素中，税率和税收征管位列前二位，占比分别达到13%和9.3%，这直接反映了税率是影响美国全球竞争力的重要因素。

从以上分析中可以看出，尽管税收优惠并非驱动全球资本流向的唯一因素，但是作为世界第一大经济体的美国而言，其制度优势和环境优势明显，税收负担则是薄弱环节，因此特朗普大规模的降税弥补了其营商环境的不足，将对国际资本流向美国产生较大吸引力，尤其是在短期内（2—3年）将吸引大量的国际资本进入以及引导美国资本回流，相应资本的大量流入又将推动美元升值，美元升值则进一步吸引国际资本。当然，国际资本最终是流向实体经济还是金融市场，这还有待美国税改后相应政策出台后的实施情况。相比服务业，制造业尤其是中低端制造业对成本更加敏感，因此美国大规模降税对引导包括中低端制造业的回归效果将更加突出。从现有国际价值链的分工体系看，欧、美、日等发达国家占据了制造业中的研发、营销等价值链中的高端环节，中国、东南亚国家以及其他发展中国家成为全球制造业的生产加工中心，占据的是制造业的中低端环节。因此，美国大规模降税一方面将会对以德、英、法等为代表的与美国投资环境及产业结构相近的发达国家产生冲击，发达国家也在积极做出反应，如英国、德国、法国政府已经出台或者宣布出台相应的降税政策。另一方面，美国通过大规模降税引导制造业尤其是中低端制造业的回归将对现有的制造业国际价值链分工体系产生冲击，对包括中国在内的发展中国家的制造业发展形成较大负面影响。

三、特朗普降税对我国利用外资的影响分析

金融危机后，国内外形势出现重大变化，推动高质量发展成为我国经济发展的根本要求，外商直接投资进入到稳步增长的、以服务业为主的新时期，原有引资优势快速弱化，新的引资优势已有雏形，但尚未完全形成。在这个历史发展新时期，美国大幅度降税必将对我国利用外资产生负面影响，但这种影响应是短期的、可控的，并且相比服务业，对制造业的影响更为直接。

(一) 我国利用外资的现状及引资优势

商务部数据显示，我国外商投资实际金额从2007年的748亿美元增为2016年的1260亿美元，年均增幅为6.0%，与美国6.8%的年均增幅基本接近。但是分段看，2007—2011年，我国实际利用外资额年均增幅为11.6%；2011—2016年均增幅仅为1.7%，其中2016年同比下降0.2%，可以看出，我国实际利用外资从2011年开始进入低速增长。

我国制造业利用外资和服务业利用外资呈现分化。制造业实际利用外资金额从2007年的408.6亿美元降为2016年的354.9亿美元，同比下降1.6%，外资占比从54.7%降为28.1%。当然，制造业利用外资也呈现两个阶段，第一阶段是2007—2011年，依旧保持了6.3%的增幅；第二阶段2011—2016年，同比下降7.4%。以此同时，随着我国服务市场的进一步开放，服务业利用外资逆势快速攀升，从2007年的306.9亿美元增为2016年的885.6亿美元，年均增长12.5%，占比从41.4%升为70.3%。

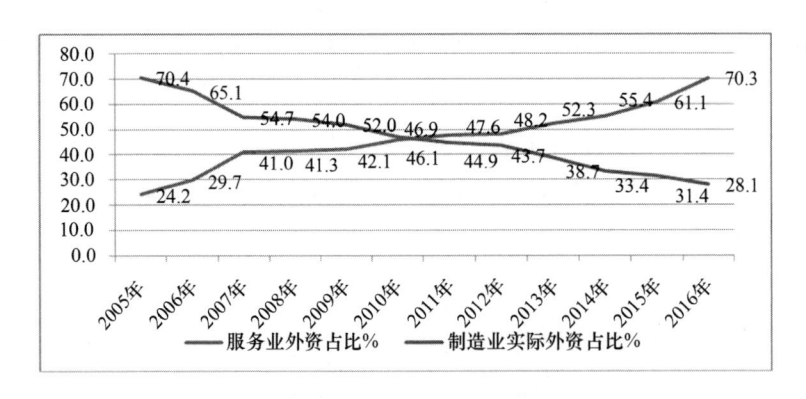

图2 我国制造业和服务业外资占比变化（%）

资料来源：商务部外资统计。

同时，我国引资优势发生了重大改变。一直以来，我国利用丰富的劳动力、廉价的土地等生产要素以及优惠的财税政策吸引了大量以出口导向为主的外资企业进入。随着我国经济稳居世界第二，对外资的普惠政策取消，国内劳动力、土地、环境等生产要素成本也不断攀升，原有的劳动力丰富且成本低廉的传统引资优势快速弱化,同时新的引资优势开始显现,如巨大的国内市场尤其是未完全开放的服务市场、完整的工业链和产业链以及大量训练有素的产业工人等。当然,新的引资优势有一定的吸引力,但也容易受到国际上其他国家政策的冲击。如危机后发达国家积极发起的制造业回归以及东南亚等发展中国家大幅度和大范围内的优惠引资政策都对我国制造业利用外资造成双面夹击,导致我国制造业外资的快速下降。

(二) 美国降税对我国利用外资的影响

尽管我国是仅次于美国的世界第二大经济体,但从国际竞争力与营商环境看,我国与美国的差距明显。《2017—2018 年全球竞争力报告》显示,中国全球竞争力在 137 个经济体中位居全球 27,美国第二;《2018 年营商环境报告》中,中国居 78 位,美国第 6。中美两国营商环境差距更为直接地体现在每年外国直接投资流入数据上,目前中国 FDI 流入金额在千亿美元边缘徘徊,仅为美国的 1/3 不到,相当于美国 2000 年的水平。

从税收负担具体指标看,世行报告显示美国在世界 190 个国家排 36 位,中国为 130 位。而从企业总税收与利润比值看,我国企业的税负水平尽管从 2007 年的 84% 降为 2017 年的 67.3%,但与美国、德国、英国、日韩,甚至是周边的越南、马来西亚、印尼、泰国等国家相比,企业承受的税收负担明显偏高,更是远高于美国未大规模降税前的 43.8% 的水平。

表 2 总税收占商业利润的比重 (%)

国家	年份										
	2007	2008	2009	2010	2011	2012	2013	2014	2015	2016	2017
中国	84	82.7	81.4	66.3	66.4	67.6	68.7	68.5	67.8	68	67.3
美国	45.7	46.4	46	46.5	46.4	46.4	43.8	43.8	43.9	44	43.8
越南	39.9	39.9	39.9	32.9	40	34.3	40.8	40.8	39.4	39.4	38.1
马来西亚	36	34.5	33.5	33.9	34.1	34.6	39.1	39.3	40	40	39.2
印尼	31.3	31.1	31.8	28.7	28.7	28.7	31.4	31.4	29.7	30.6	30.0
泰国	40.5	40.7	40	40	44.6	44.4	29.2	31.8	32.6	32.6	28.7
印度	72.7	70.3	66	64.7	62.6	62.5	60.8	60.6	60.6	60.6	55.3

续表

国家	年份										
	2007	2008	2009	2010	2011	2012	2013	2014	2015	2016	2017
英国	34.6	34.2	34.9	36.1	36.2	35	34.7	33.5	32	30.9	30.7
德国	49	49.4	43.9	47	45.6	45.9	49.1	48.8	48.8	48.9	48.9
法国	66.6	66.1	65.8	65.8	65.7	67.4	67.4	68.9	62.7	62.8	62.2
日本	51.7	54.7	55	47.7	47.7	48.5	49.8	51.3	51.3	48.9	47.4
韩国	31.6	33.9	32.3	30.2	34.1	33.9	33.3	33.1	33.2	33.1	33.1

资料来源：世界银行历年的营商环境报告。

因此，特朗普政府的大规模降税将进一步拉大中美两国企业税负差距，优化美国的营商环境，增强美国对国际资本的吸引力，从而相应地恶化我国的投资环境，短期内（2—3年）将对我国利用外资产生较大波动。当然，随着我国投资环境的不断优化以及进一步开放政策的到位，这种负面波动的影响将不断弱化，因此长期内应不会有太大冲击。同时，美国降税对于我国不同类型的外资企业以及不同行业的外国投资影响的程度应该有所不同。

首先，总体上，特朗普降税对我国利用外资的负面影响是可控的。原因主要有以下两点：一是税费负担尽管是外资企业抱怨中国投资环境的一个方面，但并不是主要因素，外商对中国投资环境的负面评价主要集中在市场尤其是服务领域的开放不够；政策法规的不稳定、不透明以及不可预期；执法的选择性大；知识产权保护不到位以及市场的不公平竞争等方面。而投资环境中的很多不足都是我国政府能够解决的问题。二是党的十九大以来，我国政府明确提出，推动我国经济高质量发展，这就意味着，我国利用外资也得牢牢把握高质量发展这个根本要求，引导更多外国资本投向中高端制造业和现代服务业发展。而技术先进型的制造业和服务业在我国是享受15%所得税优惠的，即使美国将企业所得税率降到20%，也依旧明显高于这些行业的税率，因此美国大规模降税对这些领域的影响有限。

其次，美国降税对进入我国以出口导向型为主的外资企业的冲击大于市场寻求型外资企业。一般来说，外资分为两大类，一类是以出口为主导的外国投资，另一类是市场寻求型外国投资。出口导向型外资企业在东道国布局最主要是为了降低成本，而市场寻求型外资企业在东道国布局最主要是看重当地经济发展潜力和市场空间，因此出口导向型企业比市场寻求型企业对成本更为敏感。改革开放初期，我国更多鼓励引进出口导向型外资企业，随着我国经济发展阶段的不断跃升，谋求在中国市场占据一席之地的外资企业越来越多。而目前，在我国设立的出口导向型外资企业目标市场主要还是集中于欧美等发达国家，因此美国大幅度降税对出口导向型外资企业的影响将会明显大于市场寻求型外资企业，极有可能引发部分追求降低成本的出口导向型外资企业回到美国这一最终消费市场。当然，在极端的情况下，贸易成本低于投资成本，市场寻求型的外资企业也将在美国投资，通过贸易再将产品返销中国。但是从中国宏观经济发展态势以及中国积极改善投资环境决心和努力看，市场寻求型外资企业大规模迁往美国的可能性较低。

再次，美国大规模降税对我国制造业尤其是中低端制造业利用外资的冲击会更明显，对服务业利用外资的冲击相对更小。一方面作为全球制造和生产中心，我国现存制造外资企业有很大比例是出口导向型企业，它们本身就对成本更敏感，尤其是中低端以及中小制造企业。美国大规模降税后，在我国未能享受所得税优惠的制造业企业需交纳25%的所得税，美国仅需20%，根据世行的数据，税费负担差距更大，因此美国降税对这类外资企业有较大吸引力。另一方面，我国的服务业外资企业以市场寻求型为主要目的，而我国的服务市场绝大部分还处于起步发展阶段，空间和潜力很大，对外资企业有较大吸引力。同时，从国际贸易角度看，服务本身的可贸易性低于产品，服务贸易的障碍也多于货物贸易，因此美国降税对我国服务业利用外资的冲击会相对较小。

四、对策建议

尽管美国大规模降税对我国利用外资的影响是在可控的范围内，但这必须在中国政府积极作为的前提下。在全球经济处于大调整大复苏的阶段，各国对国国际资本的争夺是激烈的，美国大规模降税有可能撬动全球降税潮，如果我国不积极采取有效措施，不但会影响外国投资流入，甚至本国资本也会出现大规模外逃。

（一）进一步深入扩大开放，提升国内市场对外商的吸引力

党的十八大以来，新一届政府以"一带一路"倡议为统领，围绕自贸试验区建设，以服务业开放为重点，积极扩大和深化对内对外开放。利用外资作为我国对外开放的核心和重点内容，国家给予了充分重视，2017年国务院针对利用外资专门出台了国发5号文和39号文，进一步放开外资准入并出台了具体的措施。党的十九大进一步明确要推动形成全面开放新格局，强调坚持引进来和走出去并重，全面实行准入前国民待遇加负面清单管理制度，大幅度放宽市场准入，扩大服务业对外开放，保护外商投资合法权益，为我国进一步开放及利用外资提供了方向和指引。从目前我国对外开放实际看，一方面，不少领域的开放力度和深度还有待提升，包括汽车、金融、电信、研发等领域；另一方面，国家层面虽有政策，但落地和实际执行还有很大的差距，如国发5号文和39号文中有不少具体领域开放措施，但各部门和行业对进一步扩大开放的认识有差距，并且涉及到不同部门的利益，导致政策落地难度大。目前是我国全面建成小康社会的决胜时期，经济发展转向高质量增长阶段，在这个关键节点上，美国大规模降税的影响不可小觑，我国政府应更加重视并且稳步推进对外开放，尤其是中高端制造领域、战略新兴产业以及现代服务领域等，加大对市场寻求型外商企业的吸引力，尽量减少负面影响。

全面深入扩大对外开放。从国家层面看，尽快出台并落实国发（2017）5号文和39号文的实施细则，拿出具体领域开放的时间表，以方便具体行业开放措施实际落地。同时，根据党的十九大提出的对外开放新要求和新任务，围绕实行高水平的投资自由化便利化目标，进一步大幅缩减负面清单外资准入限制条目，极大减少外资准入限制，为欧、美、日等发达国家高端制造业和现代服务业外资进入创造更好条件。包括全面放开一般制造业、会计、法律、管理咨询等领域外资准入；进一步加大对高端制造、智能制造以及绿色制造如汽车、新能源汽车、关键零部件、先进的轨道交通设备、医疗器械、生物医药等以及研发、银行、保险、电信、陆上运输、空运、研发设计和创新、现代物流、检验检测认证、信息技术、文化、娱乐、教育、医疗、标准等领域的开放力度。

全力破除外资准入的隐形障碍。我国鼓励和允许外商投资的行业不断扩大，相关行业主管部门以及地方政府应紧跟形势不断梳理并完善现有的外资管理政策和措施，严格按照内外资一致的原则支持外商投资进入相关领域，尤其是服务行业，全力破除"玻璃门""弹簧门"等隐性障碍。同时对于简政放权过程中大量出现的"放得下，接不住"问题，还需对相关措施进一步梳理，一方面坚决取消不用审批的事项，另一方面加大地方能力建设，提高地方审批效率。此外，对于负面清单上的行业和领域，还需不断优化和简化审批流程，提高审批程序的透明度和可预期性，减少因审批给外资带来的隐形准入壁垒。

（二）进一步降低制度成本和税费成本，提高制造业对外竞争力

由于我国对外资监管环境十分复杂，外资企业在华经营面临较高的制度成本，包括模棱两可的法规规定、不可预测的立法环境、行政管理问题等。同时，在华经营企业尤其是制造企业普遍反映国内税费水平负担重，尽管我国已经取消了很多不合理收费，但除正常纳税外，外商投资企业从设立、开工建设到正常运营过程中涉及到的非税收费、政府性基金名目众多。因此，我国政府还需进一步完善制度环境，同时减轻企业税费负担，从而提高在华经营外资企业的国际竞争力。

降低制度成本。进一步加快外资立法进程，加大清理并修订外国投资相关法律法规、规章和政策文件，尽快制定并颁布《外商投资法》，全面落实外商投资负面清单管理制度。在法律法规以及规章、政策文件的制定和修订过程中，提高开放度和透明度，加大法律法规的透明度和可预测性。进一步取消过度的行政监管和审批，减少政府审批、简化现存审批和申请程序，让市场机制真正发挥主导作用。

降低企业税费负担。加快税制改革，不断降低我国企业的宏观税负水平，逐步停征、降低和整合部分政府性基金，进一步清理、规范社会团体收费，凡涉企收费项目须再公示目录清单。全面落实所得税、增值税、关税等税收减免优惠政策。通过加大财政支持以及延长上调年限等方式，降低社会保障费率，降低企业用工成本，为小企业、新创企业和经营困难企业制定优惠政策。将残疾人就业保障金率降低到合理水平，并采取更透明的方式来使用残

疾人就业保障金。

(三) 全面给予外商国民待遇，营造内外资公平竞争的市场环境

外商对中国营商环境诟病较多的在于：相比国内企业，外资企业在很多方面受到歧视，尤其在研发资助、标准制定、政府采购、法规执行等方面表现明显。因此，我国政府应针对外商非常关切的领域进一步解决国民待遇问题，为所有企业营造公平竞争的市场环境。

在研发和创新领域给予外商国民待遇。给予外商投资企业拥有获得研发资助的平等机会，鼓励其参与国家级或省市级重大研发项目。在获得高新技术企业资质等方面进一步减少对外商企业的限制规定。提高中国知识产权法律在起草、完善以及执行过程中对外资企业的开放度。对外资企业实施与国内企业同等政策，为知识产权转让提供更多灵活性，推动其投资于在华的研发和创新。

加快完善标准的制定。在标准的修订过程中，提高开放度和透明度，尽量给予外资企业和内资企业同等地、全程参与标准的制定和修订过程。进一步提高中国标准与国际标准的一致性，以鼓励外资企业在华开展更多的研发活动。

为外资企业参与政府采购营造公平环境。进一步加快世界贸易组织《政府采购协定》（GPA）谈判，在互惠的基础上加大政府采购市场开放，为外资企业参与政府采购营造公平的制度环境。

提高政策法规执法的一致性。各地要依法建立公平竞争审查制度，确保执行国家和地方的法规政策一视同仁，提高政策法规执行的一致性，不得擅自增加对外商投资企业的限制。如实施更为严格的环境标准、法规与规定，并在制定阶段与外资企业保持沟通，建立促进地方高效且一致的执法机制。

第七篇 制度质量、国际 R&D 溢出与服务出口技术复杂度[*]

——基于跨国面板数据的实证研究

朱福林 赵绍全

一、引言

自 Hausman、Hwang 和 Rodrick（2006）提出"成本发现"模型探讨其经济蕴义以来，有关出口技术复杂度的研究迅速得到国内外学者的关注。学者们认为，一个国家的出口不仅在于数量与规模，更关键的是出口的质量和内容更能直接反映着国家禀赋、经济条件、产业水平等竞争优势差异。目前有关出口商品技术复杂度的研究大多集中于货物贸易（Rodrik，2006；Schott，2008；王永进等，2010；戴翔和金碚，2014；李小平等，2015），主要原因在于货物贸易仍牢牢占据了国际贸易的主导地位。然而，随着网络通讯技术的变革及产品工序、区段国际分工的细化，全球服务贸易发展十分迅速，服务贸易已成为推动国际贸易及世界经济增长的重要力量。2008 年全球金融危机后，服务贸易的增速仍高于货物贸易，再加上发达国家与发展中国家之间基于信息软件技术的离岸服务外包方兴未艾，大大促进了服务贸易的增长，服

---

[*] 此文发表于《经济问题探索》2018 年第 10 期。

务贸易成为一国国际竞争力的重要衡量指标。在服务贸易高速增长且重要性日益提高的背景下，探讨服务贸易出口的"质"成为一个热点问题。然而在经济全球化的大趋势下，国际 R&D 溢出能否促进东道国服务出口技术结构的提升，这一问题学术界还未给出十分确切的结论。本研究运用跨国面板数据对此进行实证分析，探究国际 R&D 溢出对服务出口技术复杂度之间的影响关系，并且进一步考察制度因素的作用机制。

根据 Grossman & Helpman（1991）、Romer（1991）及 Hall & Jones（1999）等的内生增长理论，以追求利润为宗旨的企业 R&D 活动是促进长期经济增长的关键源泉。在当今日益交错的国际经贸格局下，一国的 R&D 存量已不仅局限于本国自身投入，还有一部分可能来自于其他国家 R&D 的投入。科技的发展与制度改进不断突破国别限制，许多国家通过国际贸易与投资渠道获得相当丰富的国外 R&D 溢出，尤其是对发展中国家或转型经济体来说，由于国家体制、要素等因素研发效率整体上相对低下，获得技术先进国的 R&D 溢出是其实现产品革新、技术进步与经济增长的重要途径（Keller, 2009）。因此，国际 R&D 溢出不仅直接影响着一国科技产出和技术进步，还能通过国内经济传导机制对本国商品与服务的生产率具有助推效应，从而有利于本国服务出口技术含量的提高。自 Coe 和 Helpman（1995）的经典论文开始，国内外学术界对国际 R&D 溢出进行了大量拓展性研究，但到目前为止，探讨国际 R&D 溢出与服务出口技术复杂度之间理论与实证关系的研究还相当匮乏。

以 North（1990）、Williamson（1988）为代表的新制度经济学派认为，制度，而不是技术进步，是决定经济增长的根本因素，因为进步技术的基础在于制度，制度是先于技术、经济条件等环境的要素禀赋，因此制度"至关重要"。有关制度与国际贸易之间的关系研究是近年来世界经济学的研究热点，已有文献主要关注制度对贸易规模（Dollar & Kraay, 2003）、渠道（He et al., 2013）以及商品类型（Meon & Sekkat, 2008）的影响。而随着研究的深入，学者们发现制度对一国出口技术结构具有显著影响。Moenius & Berkowitz（2004）、Meon & Sekkat（2008）通过研究发现，制度的不断完善通过降低不同复杂度产品的交易与生产成本，促进一国生产与出口结构的复杂度逐步获得提高。戴翔和金碚（2014）对 1992—2010 年 62 个国家 HS92 六位数分类贸易数据进行了实证检验,结果表明制度质量与出口技术复杂度具有显著正向作用。

基于上述分析,本研究探索性地尝试将制度、国际 R&D 溢出及服务出口技术复杂度置于同一模型框架,旨在探讨制度因素、国际 R&D 溢出对服务出口技术复杂度的影响关系,并进一步构造制度因素与国际 R&D 溢出的交叉项解析制度因素在国际 R&D 溢出影响服务出口技术复杂度过程中的间接效应机制。论文结构安排如下,第一部分通过构建模型提出假设,第二部分数据搜集与整理说明,第三部分实证分析,第四部分稳健性检验,最后给出结论并进行讨论。

二、模型设定

通常来讲,在自由贸易条件下一国技术水平的提升路径主要通过自主创新和技术引进两种方式来实现。假设一国服务行业标准化企业的产出取决于资本、劳动及技术进步,其 C−D 生产函数形式为:

$$Y_{it} = A_{it}K_{it}^{\beta}L_{it}^{\alpha}\mu_{it} \tag{1}$$

其中,Y 为 i 国单个标准化企业的产出量,A_{it} 代表 i 国 t 期标准化企业的全要素生产率,K_{it}、L_{it} 分别代表 i 国 t 期资本与劳动,u 代表其他干扰项,在技术给定条件下产出满足规模报酬不变定律,即 $\alpha + \beta = 1$。将产品进行标准化并假定所有产品的世界价格为外生给定为 p。企业通过已有知识和技术库对生产要素重新组合产生创新,因此 A 越大说明企业生产率就越高,从而更有利于生产并出口技术化结构高的服务产品。假设技术为连续性分布密度函数,因此更高级别的产出需要更高的全要素生产率,而且一国所能生产的产品技术范围满足 $A \in [0, h]$,其中 h 代表一国所能达到的技能和人力资本总水平,因此如果一个国家 h 越高,则表明越能生产更高效率或复杂度的产品。由于制度的关键性作用以及国际 R&D 溢出可作为国内研发的重要补充,在不考虑其他因素的情况下,本研究认为影响一国标准化服务企业技术能力 A 的因素主要包括制度质量、国际 R&D 溢出及其他一些经济社会发展变量。仿照祝树金(2010)的做法,假设 A 是一个多元因素组合,但并不是简单加总,根据本研究思路得到:

$$A(\text{ins}, \text{rf}, \text{oth}) = \theta e^{\lambda \text{ins} + \gamma \text{rf} + \delta \text{oth}} \tag{2}$$

其中，ins 代表制度质量，rf 代表国际研发溢出，oth 代表重要的其他经济变量，如对外开放度、工业化率、服务业占比、城市化率等。

基于 Hausmann et al.（2005）的"成本发现"模型，单个服务行业企业在做出投资决策前无法获知自身全要素生产率的行业地位，通过在市场竞争中识别技术水平的高低就是一个"成本发现"（cost discovery）过程，虽然内在上存在不确定性，但这一随机游走过程对一国生产什么及财富总量具有贡献，也就是说，通过微观的"成本发现"机制可以促进技术与产出增长。企业投资项目为固定规模且需要一定数量的单位劳动，投资者只有当投资沉没之后才能发现某项投资的生产率。但当企业的"成本"发现完成后就变成一种共同知识而为其他企业所模仿，但模仿者只能以低于创始者的效率进行生产，设模仿效率为 ρ（0 < ρ < 1）。每个投资者只能选择一个项目，且在一旦发现自己所持项目的生产率后，就在选择坚持本项目或模仿其他投资者的项目之间进行权衡。投资者往往会在对比自己生产率 A_i 与所发现的最高效率水平 A^{max} 考虑中决策，因此企业的选择就在于 A_i 是否小于或大于 ρA^{max}。如果 $A_i >= \rho A^{max}$，则投资者 i 就坚持自己的项目，否则将模仿最高效率的项目进行生产。

现在进一步考察投资利润，假定 m 为企业数量，期望利润由投资者自己的生产率及最高生产效率所决定。不难看出，后者也发挥着特别重要的作用。显然，$E(A^{max})$ 是从事项目投资数量的增函数，在前述给定分布条件下，则

$$E(A^{max}) = hm/m + 1 \qquad (3)$$

当 m = 0 时，则 $E(A^{max}) = 0$；当 m 趋于无穷大时，则 $E(A^{max})$ 收敛于 h。

既然生产率是均匀分布，则投资者 i 做出坚持自己项目的概率为：

$$\text{prob}(A_i >= A^{max}) = 1 - \rho E(A^{max})/h = 1 - \rho m/m + 1 \qquad (4)$$

这种情况下的预期收益为：

$$E(\pi | A_i >= \rho A^{max}) = 1/2p [h + \rho E(A^{max})] =$$
$$1/2ph [1 + \rho m/m + 1] \qquad (5)$$

既然 $1/2[h + \rho A^{max}]$ 是在这个项目下的期望生产率，同理可得在模仿情况下的生产率和期望利润：

$$\text{prob}(A_i < \rho A^{max}) = \rho E(A^{max})/h = \rho m/m + 1 \qquad (6)$$

$$E(\pi \mid A_i < \rho A^{max}) = 1/2p\left[h + \rho E(A^{max})\right] = ph\left[1 + \rho m/m + 1\right] \quad (7)$$

综合两种情况，则得到整体期望收益率为

$$E(\pi) = ph\left[(1 - \rho m/m + 1)\,1/2\,(1 + \rho m/m + 1) + (\rho m/m + 1)^2\right] = 1/2ph\left[1 + (\rho m/m + 1)^2\right] \quad (8)$$

从而，最终得到企业部门的期望生产率：

$$E(A) = \bar{A} = 1/2h\left[1 + (m\rho/m + 1)^2\right] \quad (9)$$

因此，期望生产率、期望利润率取决于"成本发现"所得技能 h 和参与其中的投资者数量 m，此时也可将 h 看成全要素生产率，通过进一步代入，在规模报酬不变的假设前提下，得到服务部门出口复杂度的影响模型：

$$E(Y)/L = 1/2\left[1 + (m\rho/m + 1)^2\right]\theta e^{\lambda ins + \gamma rf + \delta oth}(K/L)^\beta(u/L) \quad (10)$$

基于上式，可以得到一国制度质量、国际研发溢出是服务出口技术复杂度的重要影响因素，其他因素则由控制变量来说明。基于上述模型，为考察制度质量、国际 R&D 溢出及两者交互项对服务出口技术复杂度的影响，本研究的计量模型设定为：

$$\begin{aligned}LnEXPY_{it} = {} & \beta_0 + \beta_1 lnrf_{it} + \beta_2 \sum lnins_{it} + \beta_3 lnRf_{it} * ins_{it} + \beta_4 im + \\ & \beta_5 ind + \beta_6 ser + \beta_7 urb + u_{it} + \sigma_{it} + \varepsilon_{it}\end{aligned} \quad (11)$$

其中，$EXPY_{it}$、rf_{it}、ins_{it} 分别代表服务出口技术复杂度、国际 R&D 溢出和制度质量，$rf_{it} * ins_{it}$ 为制度质量与国际 R&D 溢出的交互项；im_{it}、ind_{it}、ser_{it}、urb_{it} 分别代表一国货物与服务进口，工业化率、服务业指标和城市化率。μ_{it} 为国家（地区）固定效率变量，σ_{it} 为时期固定变量，ε_{it} 为误差项。考虑到不同变量标准存在差异，在估计过程中对关键变量进行了对数化处理，即被解释变量 $EXPY_{it}$ 和解释变量 rf_{it}。

三、数据整理与说明

（一）服务出口技术复杂度测算（$EXPY_{it}$）

本研究关注制度条件下国际研发溢出是否对服务出口技术复杂度具有显著影响，因此服务出口技术复杂度（记为 expy）即为因变量。目前有关出口技术复杂度的研究沿袭并拓展了早期有关国际出口竞争力的研究成果。Hausmann et al. (2007) 最早提出两步法来测算一国出口技术复杂度。第一步先测算出各贸易子项下每一种商品及贸易子项的出口技术复杂度，然后将各子项的技术复杂度施加权重得到各国出口技术复杂度。虽然后续研究对这个方法提出了一些改进建议，如杜修立和王维国（2007）以产品总产出的世界分布为权重，而不是以产品总出口的世界分布为权重进行计算，但学术界倾向于使用 Hausmann et al. (2007) 提出的公式。因此，本研究仿照戴翔和金碚（2014）的做法，继续沿用 Hausman 等（2007）的测算方法。具体计算过程如下：

第一步，测算服务贸易子类产品的技术复杂度，公式为：

$$PRODY_k = \sum \frac{(x_{jk}/X_j)}{\sum_j (x_{jk}/X_j)} Y_j \quad (12)$$

其中，$PRODY_k$ 代表一国服务贸易 k 类产品的出口技术复杂度，Y_j 代表 j 国人均 GDP，x_{jk}/X_j 为 j 国 k 产品占 j 国服务贸易出口总额的比重，$\sum_j (x_{jk}/X_j)$ 为样本国家 k 产品占该国服务出口总额比重的总和。实际上，k 类产品的出口技术复杂度（$PRODY_k$）就是以该商品显示性比较优势指数为权重对一国人均 GDP 的加权平均。Hausmann et al. (2007) 指出，采用显示性比较优势作权重的原理在于保证并不会由于国家大小差距扭曲某一产品排名，从而更客观地测量该产品的出口技术竞争优势。

第二步，在得到服务出口各子项的出口技术复杂度之后，就可以计算一国服务出口技术复杂度，公式为：

$$EXPY_i = \sum_k \left(\frac{x_k}{X}\right) PRODY_k \quad (13)$$

其中，$EXPY_i$ 代表 i 国服务出口技术复杂度，是由各服务贸易子项目出口技术复杂度 PRODY 的加权平均，x_k/X 为 i 国 k 类服务贸易子项出口占该国服务贸易出口总额的比重。有关服务出口技术复杂度的数据均来自于联合国贸发会数据库。

（二）国际 R&D 溢出存量估算（rf_{it}）

前期不少研究证实，FDI 是一种比较有效的技术引进或溢出途径方式。

Blomstrom（2001）认为，在先进技术转移上，最显著的途径是国际直接投资，而不是专利转让。跨国投资因避免经营环境变化导致管理成本上升、获得竞争优势，倾向于转移先进技术（唐末兵、傅元海等，2014），然后通过本地化运作、人员流动、示范、竞争等诸多效应，东道国企业可吸收外资先进技术进而提高本国技术进步水平，从而 FDI 获得国际 R&D 溢出的一条重要通道（keller，2009）。因此，本研究考察通过 FDI 渠道获得的国际 R&D 溢出。国际研发溢出通常由技术发达国家流向落后国家，因此根据通常做法，以 G7 国家为国际 R&D 溢出来源国（邓海滨和廖进中，2010）。

目前常用的有关国际 R&D 溢出计算公式可追溯到 Coe 和 Helpman 等（1995）的开创性研究，他们以双边贸易额之比为权重加权平均外国研发投入得到一国（地区）所获得的国际 R&D 溢出流量。但 Lichtenberg 和 van Pottelsberge（1998）指出这个权重并不能表达出 R&D 对实际经济增长的贡献，因为只有内化于增长中的 R&D 并通过出口才可能产生外溢效应，有些 R&D 投入未能产生实际效应就不应该算在内，因此提出应以一国（地区）进口额占来源国（地区）GDP 的比例为权重，从而可以将国际 R&D 溢出分解为来源国（地区）出口部分与东道国（地区）部分，更为合理地说明了国际 R&D 溢出的产生机制。本研究采用 Lichtenberg 和 Van Pottelsberge（1998）提出的方法（简称 LP 法）来测算通过 FDI 获得的国际研发溢出存量。另外，Madsen（2007）指出过往国际 R&D 研发溢出在当期仍有可能发挥作用，国际 R&D 存量应该是一个累积值，因此运用永续盘存法再进一步将 N 年份的国际 R&D 溢出包括进来一并核算。具体计算公式如下：

第一步，通过 LP 法（1998）计算出当期的国际 R&D 溢出流量：

$$r_{it}^{fdi} = \sum_{l} \frac{M_{it}^{fdi}}{Y_{G7}} R_{t}^{G7} \tag{14}$$

其中，r_{it}^{fdi} 代表 i 国 t 期从 G7 国家获得的国际 R&D 流量，M_{it}^{fdi} 代表 i 国 t 期 FDI 流入量，Y_{G7} 代表 t 期 G7 工业国家 GDP，R_{t}^{G7} 代表 t 期 G7 国家 R&D 支出经费。

第二步，运用永续盘存法计算出最终存量：

$$rf_{it} = r_{it}^{fdi} + (1-\delta) r_{t-1}^{fdi} \tag{15}$$

其中，Rf_{it} 代表 i 国 t 期从 G7 国家获得的国际 R&D 溢出存量，δ 为研发折旧率，通常取5%。

FDI 数据来源于联合国贸发会数据库，G7 国家的研发支出经费来自于 OECD 数据库，GDP 数值来源于世界银行数据库。

（三）制度质量

制度具有协调社会关系、降低交易成本、增加产出等重要功能，因此是一种重要的正式与非正式社会安排。但并非所有制度都具有这些功能，事实上一些制度并不利于，甚至阻碍经济社会的发展，因此制度存在好坏、高效低效之分，而制度质量是衡量制度好坏程度的重要指标。针对制度质量的测量，由于涉及概念众多、范围甚广且量化往往比较主观，因而存在一定难度。为此，目前学者们通常采用国内外权威机构发布的衡量某项制度的测算指数，如美国传统基金会（American Heritage Foundation）和加拿大 FRASER 机构公布的全球经济自由度指数；Kaufmann、Kraay 和 Mastruzzi 等学者受世界银行委托测算的全球政府治理指标（WGI）；透明国际（Transparency International）计算的全球腐败指数；世界各国风险指南（International Country Risk Guide）中的政治风险指标、经济风险指数和金融风险指数等；以及国内学者王小鲁和樊纲开发的中国市场化指数等。基于市场、政府及法治在一国市场技术发展中的重要地位，本研究采用世界银行公布的营商便利化指数（eas）、WGI 中的政府治理效率指数（gov）及法律信心指数（law）三种指数作为制度质量的替代变量。

借鉴已有相关出口技术复杂度的实证研究（Hausmann et al., 2007; Xu, 2010; 戴翔和金碚, 2014），并为增加计量结果的稳健性，本研究还纳入了一国进口开放度（记为 im），即货物与服务进口总额占 GDP 比重、工业增加值占比（ind）、服务增加值占比（ser）和城市化率（urb）作为控制变量。所有数据均来源于世界银行数据库。各变量的统计特征及相关性分析见表1。

表 1 各变量描述性统计及相关关系矩阵

变量	均值	标准误差	最大值	最小值	偏度	峰度	1	2	3	4	5	6	7	8
EXPY	7961.0294	399.1894	51937.1219	157.4381	1.6878	2.9163								
rf	1450.075	2584.070	16972.860	1.645	3.172	14.227	0.178***							
eas	2.002	0.809	3.000	1.000	-0.004	1.530	0.328**	0.090**						
gov	0.492	0.921	2.357	-1.170	0.116	1.824	0.486**	0.253*	0.677**					
law	0.365	0.987	2.000	-1.366	0.111	1.718	0.508*	0.209**	0.662*	0.964				
im	0.495	0.287	2.147	0.113	2.419	11.999	0.249*	0.089***	0.168*	0.262**	0.261**			
ind	0.296	0.077	0.481	0.068	0.002	3.227	-0.089**	0.022**	-0.009	-0.178	-0.201	-0.305		
ser	0.622	0.104	0.931	0.371	0.138	2.942	0.316**	0.177**	0.433**	0.665*	0.661***	0.399***	-0.690	
urb	0.639	0.203	1.000	0.130	-0.347	2.411	0.293***	0.313**	0.396**	0.665*	0.612*	0.191**	-0.116	0.613*

注：***、**、*分别表示在1%、5%和10%显著性水平下通过检验（双尾）。

表 2　OLS 回归估计结果（总体样本）

因变量（lnEXPY）

自变量	(1)	(2)	(3)	(4)	(5)	(6)	(7)	(8)	(9)
lnrf	0.2991***	0.1442***	0.2951***	0.2751***	0.2777***	0.0926	0.2122***	0.1937***	0.2820**
	[0.0290]	[0.0695]	[0.0294]	[0.0299]	[0.0304]	[0.0748]	[0.0333]	[0.0328]	[0.0294]
eas		0.4038*				0.2320			0.5955***
		[0.2397]				[0.2449]			[0.1668]
gov			0.4531***				0.1229		0.3703***
			[0.1973]				[0.2023]		[0.1284]
law				0.2219				-0.1020	0.0491
				[0.1845]				[0.1879]	[0.1385]
lnrf * eas		0.0784***				0.0705***			
		[0.0341]				[0.0357]			
lnrf * gov			0.0185				0.0419		
			[0.0293]				[0.0289]		
lnrf * law				0.0484*				0.0685***	
				[0.0265]				[0.0260]	
im					0.5887***	0.5526***	0.5262***	0.5308***	0.5310***
					[0.1937]	[0.1937]	[0.1918]	[0.1918]	[0.1912]
ind					3.2967***	2.3543**	2.7478**	3.2785***	2.1610**
					[1.0527]	[1.0932]	[1.0818]	[1.0740]	[1.0750]

续表

因变量(lnEXPY)

自变量	(1)	(2)	(3)	(4)	(5)	(6)	(7)	(8)	(9)
ser	3.5973*				3.9781***	2.9117***	3.2849***	3.6608***	2.7524***
	[0.2690]				[1.1035]	[1.1572]	[1.1287]	[1.1225]	[.1.1270]
urb		2.7643***			-1.4830	2.7038***	2.5460***	2.7750***	2.0713***
		[0.5023]			[0.9352]	[0.7525]	[0.7074]	[0.7026]	[0.7114]
C			3.3312	3.5228***	3.5060***	-0.9264	-0.8319	-1.2044	-0.9153
			[0.2342]	[0.2329]	[0.2361]	[1.0601]	[0.9512]	[0.9486]	[0.9709]
Hausman test	1.80	3.17	25.58***	29.77***	33.09***	2.63	11.61	25.58***	12.75
	(0.4069)	(0.5302)	(0.0000)	(0.000)	(0.0000)	(0.9169)	(0.1141)	(0.0000)	(0.0473)
个体效应	随机	随机	随机	固定	固定	随机	随机	随机	固定
时间效应	无	无	无	随机	随机	无	无	无	无
Adj R^2	0.1926	0.4178	0.4869	0.5046	0.4859	0.5660	0.5604	0.5692	0.6136
F-statistic	106.18	138.30	150.21	139.17	129.70	189.49	138.30	194.81	200.88
Group	62	62	62	62	62	62	62	62	62
Obs.	496	496	496	496	496	496	496	496	496

注：***、**、* 分别表示 t 统计量在1%、5%、10%显著性水平下通过检验，方括号内的数值为估计系数的标准误差。

四、实证分析

(一) 总体样本实证结果分析

在进行面板回归之前,必须注意可能存在的多重共线性问题,通过观察相关关系矩阵,发现除少数制度质量变量之间的相关系数绝对值相对较高之外,其他变量之间的相关系数均处于 0.5 水平以下,而且在回归过程中将各制度变量采取分别回归的处理方式,因而从整体上避免了多重共线性的发生。运用 stata12.0 对前述计量模型进行静态面板估计,通常根据 Hausman 检验判断适合固定效应还是随机效应。当模型中只有一个国际 R&D 溢出变量时,模型的解释力只有 0.19,随着制度因素的加入,模型的可决系数得到提高。具体如表 2 所示。

在不施加控制变量的情况下,方程(1)结果表明,国际 R&D 溢出与服务出口技术复杂度呈显著正相关,说明通过 FDI 获得国际 R&D 溢出有利于促进东道国服务出口技术复杂度提高,国际 R&D 溢出每增加 1%,服务出口技术复杂度则提高 29.9%,这进一步证实了 FDI 对东道国具有显著技术溢出效应的结论。但由于模型可决系数偏小,而且常数项估计系数值较大,并通过显著性水平检验,说明还存在其他一些影响服务出口技术复杂度的因素。方程(2)结果表明,营商环境与服务出口技术复杂度显著正相关,营商环境每提升 1%,服务出口技术复杂度则能提高 40%,且营商环境与国际 R&D 溢出的交互项系数(0.0784)也通过显著性水平检验,说明营商环境作为一个重要的制度因素有助于国际 R&D 溢出对服务出口技术复杂度的正向影响,营商环境越好,则越能通过国际 R&D 溢出大大促进服务出口技术复杂度。方程(3)结果表明,政府效率与服务出口技术复杂度呈显著正相关,但国际 R&D 溢出与政府效率的交互项系数虽为正但不显著。说明通过提高政府效率可促进一国服务复杂度的提高,但政府效率越高并不能有助于东道国从国际 R&D 溢出中获得服务出口技术复杂度提升效应。方程(4)表明,法律制度与服务出口技术复杂度之间的估计系数不显著,但国际 R&D 溢出与法律制度的交互项系数为正且通过显著性检验,表明法律制度对服务出口技术复杂度不具备直接效应,但与国际 R&D 溢出一起对服务出口技术复杂度之间具有显著交叉效应。说明法律制度越优良,则越能促进国际 R&D 溢出对服务出口技术复杂度的积极影响,但法律制度的改善并不直接有利于服务出口技术复杂度的提升。

在模型中放入控制变量后,方程(5)显示国际 R&D 溢出的显著性通过检验。然而,如方程(6)、(7)、(8)所示,营商环境、政府效率及法律制度的直接效应变得不显著,可能是模型自变量及它们的交互项之间存在一定自相关干扰所致。于是,方程(9)剔除交互项后再进行检验,发现营商环境与政府效率的直接效应变为显著,而法律制度仍不具有显著直接影响关系。也就是说,当不考虑制度的间接作用时,在控制变量的约束下,营商环境、政府效率对服务出口技术复杂度仍具有直接效应,即通过提高营商环境与政府效率可直接有利于服务复杂度的提高。在间接效应方面,当施加了控制变量之后,国际 R&D 溢出与营商环境、法律制度的交互项均显著正相关,与前述不施加控制变量时的结果保持一致,从而更加证明一国营商环境越好、法律制度越优良,就越能通过国际 R&D 溢出提高一国服务出口技术复杂度水平。

就控制变量来看,一国总进口比重、工业与服务业比重、城市化率均与服务出口技术复杂度呈显著正相关。说明通过进口开放度的扩大、工业化程度的加深、服务业发展及城市化进程加快均可有效地促进服务出口技术水平的提升。但相比而言,进口开放度的作用较工业与服务业比重、城市化率的作用要低,可能是因为服务出口技术的提高需要更好的国内产业发展基础壮大为前提。

对于短面板数据来说,OLS 估计方法很可能受到扰动项自相关问题及有关回归变量并非严格外生反是先决条件变量等问题的困扰。而且,从技术的延续性来看,一国出口企业技术往往与上期技术水平休戚相关,从一国服务出口技术复杂度角度来看,也具有相似特征。因此,对计量模型进一步修正,将服务出口技术复杂度滞后项作为解释变量之一纳入模型,得到:

$$\ln EXPY_{it} = \beta_0 + \beta_1 \ln EXPY_{it-1} + \beta_2 \ln Rf_{it} + \beta_3 \sum \ln ins_{it} + \beta_4 \ln Rf_{it} * ins_{it} + \beta_5 im + \beta_6 ind + \beta_7 ser + \beta_8 urb + \varepsilon_{it}$$

而且由于出口技术复杂度具有很强的内生性(张雨和戴翔,2017),通常的最小二乘法容易导致动态面板估计偏误的不良估计（Roodman，2009）。为此，本研究进一步运用系统 GMM 方法对模型进行估计。基于本研究目的，将国际 R&D 溢出与制度质量及两者交互项视为内生变量，而将其他控制变量视为外生变量。根据模型的检验结果，发现 Ar（2）统计量均不显著，说明通过系统 GMM 方法估计未发现水平方程误差项存在序列自相关问题，而判断工具变量是否过度识别的 Sargan 检验均在不同显著性水平下通过检验，证明工具变量的选择整体上有效。

从表 3 报告的估计结果来看，第一，在所有方程中，作为解释变量的滞后一期服务出口技术复杂度均在 1% 的显著性水平上通过检验，表明上期服务出口技术复杂度对当期值具有显著正影响，这一结果意味着服务出口技术复杂度的确存在"累积性"特征。这在一定程度上表示一国原有的服务生产技术与质量对于当年服务出口技术水平具有非常大的相关性。第二，在未施加控制变量的情况下，系统 GMM 估计结果基本与 OLS 回归结果一致，进一步证实 FDI 渠道下的国际研发溢出对东道国服务出口技术复杂度水平提高具有显著的积极影响。在制度因素的作用方面，营商环境的直接与间接效应也得到验证；政府效率的直接效应获得验证，但其间接效应未通过；法律制度的回归得到一定程度的改善，除间接效应通过统计意义上的检验外，其直接效应也获得通过。第三，加入控制变量后，系统 GMM 结果与 OLS 回归结果基本一致，国际研发溢出的显著性正相关系数又一次获得统计意义上的通过。在制度因素方面，仅营商环境的直接与间接效应通过不同显著性水平检验，再次说明营商环境的改善可直接有助于服务出口技术复杂度的提高，也能在国际研发溢出与服务出口技术复杂度之间起到正向加速作用。而政府效率和法律制度的交互效应未通过检验。但在去除所有交互项后对制度因素进行再次系统 GMM 估计，营商环境与政府效率的直接效应通过检验，与 OLS 回归结果保持一致。说明在直接效应方面，政府效率的提高与营商环境的改善一样具有相同的作用，政府提高办事效率、大力推进行政改革对理顺市场与政府之间的关系具有重要影响，从而可以释放民间科技活力，有助于社会生产技术的提高，最终有利于促进服务出口技术复杂度水平的提升。

表 3　系统 GMM 回归估计结果（总体样本）

自变量	(1)	(2)	(3)	(4)	(5)	(6)	(7)	(8)	(9)
lnEXPY$_{t-1}$	0.2013*	0.7908***	0.7645***	0.8119***	0.5545***	0.7055***	0.4985***	0.5479***	0.6825***
	[0.1205]	[0.0708]	[0.0628]	[0.0570]	[0.0679]	[0.1177]	[0.0704]	[0.0694]	[0.1014]
lnrf	0.1239***	0.1871***	0.1001***	0.0819*	0.0803***	0.1395	0.0836***	0.0742*	0.0898*
	[0.0417]	[0.0843]	[0.0481]	[0.0462]	[0.0330]	[0.1107]	[0.0412]	[0.0386]	[0.0560]
eas		0.5498*				0.3935*			0.0483
		[0.2283]				[0.2214]			[0.0495]
gov			0.3526***				0.0848		0.2139*
			[0.2062]				[0.1813]		[0.1175]
law				0.6521***				0.1045	0.1424
				[0.1982]				[0.2230]	[0.1634]
lnrf * eas		0.0672*				0.0740***			
		[0.0389]				[0.0463]			
lnrf * gov			-0.0151				0.0256		
			[0.3317]				[0.0281]		
lnrf * law				0.0691***				0.0063**	
				[0.0246]				[0.0285]	
im					0.0594	0.0665	0.0333	0.0297	0.0407
					[0.1639]	[0.2181]	[0.1534]	[0.1529]	[0.2049]

续表

因变量（lnEXPY）

自变量	(1)	(2)	(3)	(4)	(5)	(6)	(7)	(8)	(9)
ind	3.7414***				5.6296***	3.5710*	5.0049***	5.3653***	2.6548*
	[0.6447]				[1.0424]	[1.7218]	[1.0127]	[0.9867]	[1.5299]
ser					4.4407***	3.2140*	3.8604***	4.2262***	2.5346***
					[1.1559]	[1.8495]	[1.1177]	[1.1232]	[1.7088]
urb					1.8546**	1.6376*	1.4364***	1.7938***	0.9504***
					[0.8508]	[0.9232]	[0.5329]	[0.5344]	[0.7179]
C		−0.3435	0.8285***	0.3313	−3.7479***	−1.8529	−2.7525***	−1.4193***	−1.7466
		[0.3891]	[0.2425]	[0.2477]	[0.8508]	[1.4887]	[0.8710]	[0.9312]	[1.3981]
Wald-x^2统计量	18.78	1473.23	1176.27	1048.79	911.49	439.45	980.94	716.32	394.76
	(0.0001)	(0.0000)	(0.0000)	(0.000)	(0.0000)	(0.0000)	(0.0000)	(0.0000)	(0.0000)
Sargan检验	14.9123	14.8182	17.0902	16.3092	27.6815	12.0018	27.4271	28.1741	14.2978
	(0.1353)	(0.3907)	(0.2514)	(0.2949)	(0.3743)	(0.3635)	(0.3872)	(0.3499)	(0.4278)
AR(1)检验 P值	0.0231	0.0097	0.0060	0.0028	0.0037	0.0103	0.0053	0.0047	0.0081
AR(2)检验 P值	0.7985	0.2327	0.1056	0.2949	0.9515	0.9795	0.9441	0.9377	0.1580
Group	62	62	62	62	62	62	62	62	62
Obs.	496	496	496	496	496	496	496	496	496

注：***、**、*分别表示 z 统计量在 1%、5%、10% 显著性水平下通过检验，方括号内的数值为估计系数的标准误差。

（二）分样本实证结果分析

相关研究结果表明［如代中强等（2015）］，即使在同一模型框架下不同收入水平的样本也可能表现出不同的估计特征。Helliwell（1996）基于亚洲国家的研究发现，通常情况下，随着收入的增加，一国能获得更有效率的制度；Alonso 和 Garcimartin（2009）也指出，一国制度质量的主要决定因素由人均收入及其分配、税收体系效率及教育水平决定，而处于不同收入组别的国家，在分配、税收及教育等制度上的差距还是比较明显的。因此，由于所处经济发展阶段不同，制度、技术条件、经济基础等各有差异，可能会造成变量之间的影响关系存在不同程度的侧重。为此根据国际货币基金组织标准，将样本划分为发达国家或地区及发展中国家或地区进行分别估计。①

依据判断标准主要看二阶自相关的显著性，发达国家（地区）与发展中国家（地区）两个样本模型的估计结果均显示 Ar（2）统计量都不显著，说明两个样本的系统 GMM 估计均未产生误差项存在序列自相关问题，而通过 Sargan 检验也发现，两个样本检验结果在以因变量滞后项为工具变量的识别上，均在不同显著性水平下通过检验，从而证明工具变量整体上有效。具体结果见表 4。

对发达国家（地区）样本估计结果来看（方程（1）—（4）），发达国家（地区）服务出口技术复杂度存在显著的"延续性"，作为解释变量的滞后一期服务出口技术复杂度通过 1% 显著性水平检验，发达国家（地区）当期服务出口技术复杂度来自上期的影响作用大小在 0.75 左右。国际研发溢出对服务出口技术复杂度具有显著正影响，说明发达国家（地区）通过 FDI 获得国

---

① 依据 IMF 的《World Economic Outlook》（2015）标准，本研究 26 个发达国家（地区）样本包括：澳大利亚、奥地利、比利时、塞浦路斯、捷克、丹麦、爱沙尼亚、芬兰、希腊、中国香港、匈牙利、冰岛、爱尔兰、以色列、拉脱维亚、立陶宛、马耳他、荷兰、新西兰、挪威、葡萄牙、斯洛伐克、斯洛文尼亚、韩国、西班牙、瑞典。36 个发展中国家（地区）样本包括：阿尔巴尼亚、阿根廷、孟加拉国、白俄罗斯、波利维亚、巴西、保加利亚、喀麦隆、智利、中国、哥伦比亚、哥斯达黎加、克罗地亚、埃及、萨尔瓦多、危地马拉、印度、印度尼西亚、牙买加、吉尔吉斯斯坦、马达加斯加、马来西亚、毛里求斯、莫桑比克、巴基斯坦、波兰、罗马尼亚、俄罗斯、塞内加尔、南非、斯威士兰、泰国、突尼斯、乌干达、乌克兰、乌拉圭。

表 4　分样本回归估计结果

自变量	发达国家(地区)			发达国家(地区)			发展中国家(地区)		
	(1)	(2)	(3)	(4)	(5)	(6)	(7)	(8)	(9)
lnEXPY$_{t-1}$	0.5782*	0.7656***	0.8711***	0.7992***	0.6233***	0.6125***	0.5394***	0.5667***	0.5589***
	[0.1202]	[0.0836]	[0.0934]	[0.1380]	[0.0250]	[0.0280]	[0.0393]	[0.0441]	[0.0446]
lnRfdi	0.0065***	0.5982***	0.2942***	0.2399***	0.0722***	0.1103***	0.0913***	0.0737***	0.0822***
	[0.0387]	[0.2170]	[0.0442]	[0.0599]	[0.0164]	[0.0241]	[0.0271]	[0.0292]	[0.0208]
eas		0.9903*				-0.0142			-0.3392***
		[0.2169]							
gov			1.3200***			[0.0096]	-0.8812		0.0319***
			[0.1901]				[0.1815]		[0.0920]
law				0.9247***				-0.3274	0.0876
				[0.2750]				[0.2704]	[0.0861]
lnrf * eas		0.2040***				0.0418***			
		[0.0708]				[0.0098]			
lnrf * gov			0.1968***				0.1901***		
			[0.0273]				[0.0277]		
lnrf * law				0.1427***				0.0827*	
				[0.0341]				[0.0445]	
im	-0.3639	-0.3883*	0.0079	-1.1080	-1.2212***	-1.1900***	-0.7985***	-0.8278***	-0.8631***
	[0.3462]	[0.2252]	[0.1789]	[0.1894]	[0.0164]	[0.2452]	[0.2222]	[0.2220]	[0.2472]

续表

自变量	发达国家(地区)					发展中国家(地区)			
	(1)	(2)	(3)	(4)	(5)	(6)	(7)	(8)	(9)
ind	2.2025***	3.7543***	6.2075***	6.1044***	4.4374***	4.7470*	4.2724***	4.3759***	3.3478***
	[0.9678]	[0.9003]	[0.7663]	[1.1327]	[0.6886]	[0.7001]	[0.7375]	[0.6135]	[1.0199]
ser	1.5259***	2.2631***	3.4908***	3.6202***	4.1905***	4.6689***	4.5371***	3.8316***	2.9288***
	[0.5736]	[0.5344]	[0.5432]	[0.7657]	[0.7028]	[0.7193]	[0.8160]	[0.6894]	[0.9149]
urb	0.8877*	0.9566*	1.2661**	0.9572**	1.1099***	1.3527***	1.6190***	1.4628***	1.6862***
	[0.5806]	[1.0609]	[0.5372]	[0.4764]	[0.3589]	[0.2057]	[0.4795]	[0.4899]	[0.4446]
ex	0.7632***	0.8422***	0.4568***	0.5224***	1.1129***	1.3527***	0.7172***	0.7813***	1.1073***
	[0.3188]	[0.2107]	[0.1754]	[0.1773]	[0.1955]	[0.2057]	[0.1606]	[0.1849]	[0.2273]
C	1.5909***	−3.4198	−2.5547***	−2.2219	−3.0825***	−2.9465	−3.3434***	−2.8469***	−1.5341**
	[1.8323]	[2.0931]	[1.1200]	[1.5300]	[0.5126]	[0.5177]	[0.6912]	[0.6391]	[0.7433]
Wald−x^2统计量	124.12	409.16	521.49	959.43	12363.22	2960.76	44819.87	2578.58	7990.94
	(0.0001)	(0.0000)	(0.0000)	(0.000)	(0.0000)	(0.0000)	(0.0000)	(0.0000)	(0.0000)
Sargan检验	8.4245	14.7488	13.0559	15.1098	28.4315	30.9749	29.3517	31.3931	29.4538
	(0.6748)	(0.4697)	(0.6687)	(0.5166)	(0.3376)	(0.2292)	(0.2953)	(0.2140)	(0.2909)
AR(1)检验 P 值	0.0032	0.0045	0.0044	0.0055	0.0028	0.0048	0.0073	0.0088	0.0123
AR(2)检验 P 值	0.6281	0.5031	0.8047	0.5429	0.8773	0.9133	0.9743	0.8924	0.9975
Group	26	26	26	26	36	36	36	36	36
Obs.	182	182	182	182	252	252	252	252	252

注:***、**、*分别表示 z 统计量在1%、5%、10%显著性水平下通过检验,方括号内的数值为估计系数的标准误差。

际研发溢出有助于服务出口技术的提高。再看制度质量的效应，发达国家（地区）营商环境、政府效率、法律制度这三个制度质量均显示出较强的直接效应和间接效应，即发达国家（地区）的制度质量不仅具有直接促进服务出口技术复杂度的作用，还可以通过促进国际研发溢出间接地促进服务出口技术复杂度。控制变量当中除进口开放度之外，其余均与因变量服务出口技术复杂度呈显著正相关。

对发展中国家（地区）样本估计结果来看（方程（5）—（9）），第一，发展中国家（地区）服务出口技术复杂度也存在显著的"延续性"，作为解释变量的滞后一期服务出口技术复杂度估计系数通过1%水平显著性检验，发展中国家（地区）当期服务出口技术复杂度来自上期的影响作用大小在0.58左右。国际R&D溢出的估计系数均通过5%水平以上的显著性检验，说明通过FDI获得国际研发溢出对发展中国家出口复杂度具有显著促进效应。第二，再看发展中国家（地区）制度质量的检验结果，发现营商环境、政府治理及法律制度均不具有直接促进效应，可能是因为发展中国家的制度质量发展程度还十分有限，不足以支持服务出口技术水平的提高，而且制度因素若要对服务出口技术复杂度的提高产生有利影响可能也需要一个不断积累的发酵过程，而发展中国家（地区）制度质量提升速度过慢可能并不能十分有效地加速这个过程。但又发现制度质量与国际R&D溢出交叉项均对服务出口技术复杂度具有正影响，说明制度质量对服务出口技术复杂度的提高具有间接正效应，制度质量可通过促进国际研发溢出，进而间接正向促进服务出口技术复杂度。第三，在控制变量方面，发展中国家（地区）的进口与服务出口技术复杂度呈显著负相关，可能是因为如果只是单纯进口，甚至被"锁定"进而导致难以实现技术突破，且很多发展中国家（地区）的技术吸收与消化还存在诸多制约，从而导致进口未能转化国内实际生产率因子。多年来发展中国家（地区）对外开放难道就没有任何有利之处？通过在模型中纳入出口变量，发现发展中国家（地区）出口与服务出口技术复杂度呈显著正相关，说明在提升服务出口技术复杂度这个问题上，发展中国家（地区）的出口比进口具有更大的促进作用，可能是因为出口的增加通过竞争机制对国内本土生产力的刺激作用更大。另外，发展中国家（地区）的工业增加值占比、服务业比重、城市化率均与服务出口技术复杂度呈显著正相关。

比较两个分样本的系统 GMM 估计结果，发达国家（地区）和发展中国家（地区）在服务出口技术复杂度的"滞后性"、国际 R&D 溢出对服务出口技术复杂度的影响关系上均具有一致性。然而在具体效应方面存在程度差异，发达国家（地区）上一期服务出口技术复杂度对当期因变量具有更大的累积效应，可能是因为发达国家（地区）技术基础比较雄厚因而能产生较大的延续功能；而发展中国家由于技术基础比较薄弱因而对下一期技术增强的支持也较弱。而且，发达国家（地区）的国际研发溢出效应也比发展中国家（地区）要大，可能是因为发达国家（地区）能吸收到更高技术水平、更高质量的 FDI，因而更能发挥出技术溢出效应；而发展中国家（地区）可能更多地承接了发达国家成熟、欠先进技术的转移因而不会发挥出相当强的技术溢出效应。另外，从制度质量的直接与间接效应来看，无论是营商环境、政府效率及法律制度，发达国家（地区）的估计值均明显优于发展中国家（地区），也就是说，发达国家（地区）的制度质量更加有利于直接促进、或通过促进国际研发溢出效应进而促进服务出口技术复杂度的提高，主要原因是发达国家（地区）的制度质量明显优于发展中国家（地区）。

五、稳健性检验

服务出口技术复杂度可能与经济自变量之间存在互为因果的关系而导致内生性问题，为此需进一步验证前述回归估计结果的稳定性和可靠性。我们参考 Kwan（2002）提出的制成品出口复杂度测算公式，对样本期内各样本国家（地区）的服务出口技术复杂度进行了重新测算，同时作为被解释变量进行稳健性检验，并运用比 OLS 回归具有更好的抗干扰效果的系统 GMM 估计方法。稳健性检验结果表明，服务出口技术复杂度的滞后一期项仍呈显著正相关，从而因变量的"延续性"特征得到进一步确认。国际 R&D 溢出与服务出口技术复杂度两者之间仍保持高度的显著正相关，从而证实了获取国际 R&D 溢出有助于服务出口技术复杂度的提高。从制度质量的影响系数来看，不同样本、不同控制条件下的稳健性检验结果也都与前述回归估计结果基本保持一致，从而进一步验证了相关制度质量的直接与间接效应客观存在性及差异性，以及证实了发达国家（地区）制度质量对服务出口技术复杂度的影响作用要明显优于发展中国家（地区）的分样本估计特征。总之，通过重新构造模型关键变量，所得结果保持了很高的一致性，说明前述估计回归结果的稳健性得到进一步的很好检验。

六、结论与探讨

本研究在理论模型构建基础上，采用国际通行方法测算了服务出口技术复杂度及国际 R&D 溢出存量，并运用动态面板估计方法对制度质量、国际研发溢出及其两者交互项对服务出口技术复杂度的影响进行了实证检验。结果表明：第一，国际 R&D 溢出对服务出口技术复杂度具有显著正向影响，即一国（地区）通过吸收外商直接投资获得的国际研发溢出有利于促进东道国服务出口技术复杂度。第二，在不考虑其他因素的情况下，营商环境便利化、政府治理效率及法律制度均对服务出口技术复杂度具有显著积极影响，即一国（地区）拥有的制度质量越完备就越有利于其服务出口技术复杂度的提升。第三，国际 R&D 溢出与制度质量的交互作用受控制变量的影响而呈现出一定的不稳定性。就系统 GMM 回归结果来看，营商环境的便利化及法律制度的间接效应得到验证，说明营商环境便利化越高、法律制度越完善的国家（地区）越有利于通过国际 R&D 溢出促进服务出口技术复杂度，即在这些国家（地区）进口过程中国际 R&D 溢出对服务出口技术复杂度提高的积极影响就越有利于呈现出来。第四，通过分样本估计，发现发达国家（地区）的制度质量无论是直接还是间接效应均优于发展中国家（地区），由于发达国家（地区）的制度质量整体上大大优于发展中国家（地区），从而进一步证实制度质量的重要性。此外，控制变量如一国工业化率、服务业占比及城市率均对服务出口技术复杂度表现出较强的促进效应，但控制变量的作用因样本经济发展水平差异而表现出一定的区别。

本研究是基于跨国（区）样本面板数据所进行的实证分析，因而其结果具有一定的普适性，这对于新时代我国加快扩大服务业对外开放步伐、提升服务出口的"质"具有重要借鉴意义。第一，通过进一步加快开放型经济体制建设拓宽国际研发溢出阀门。就目前来看，通过国际溢出渠道学习先进技术国家的知识、技术及管理经验仍是一个缓解我国创新不足局面的重要补充。

为此，在保持一定增速前提下，通过高标准开放提高外商直接投资产业与产品结构与质量，这对于提升国际研发溢出水平、进而提高包括服务业在内的整个经济全要素生产都具有重要意义。第二，通过深化我国国内制度建设不断释放制度红利。相对来讲，国际服务产业可能更依赖于制度环境的建设，很多服务产品与技术等无形资产需要完备的知识产权、执法效率及信任制度等才能形成实际生产力。刘志彪（2015）认为，国内服务业发展相对滞后的一个重要原因在于体制机制等制度质量不完善造成的严重束缚。制度质量的改善不仅有利于提高国内服务产业发展水平进而提高服务出口技术水平，而且对国际高技术FDI形成强劲吸引力以及增强本国自身识别、消化、转换及应用能力，从而顺利地将国际研发溢出充分吸收并形成对自主创新很好的支持。另外，在创新驱动背景下，我国企业也不能仅仅模仿国外企业的技术，更要在吸收国外技术的基础上，通过加大研发人力资本积累提升技术吸收效率，以提高本国的产品技术含量。第三，不断夯实服务业发展经济基础、提升国内服务出口技术复杂度的经济条件。服务出口技术水平归根到底还是比较优势形成的国际分工使然，而服务出口技术复杂度并非服务业产业这一经济部门所能独立完成的，必须得到国内其他经济部门的响应和支撑才能很好地实现，因此整个国家层面的宏微经济社会条件就成为基础性发力因素，诸如对外自由度、城市化及信息化及企业组织架构等都是重要方面，提高这些基础性条件有利于扩大现代化服务业规模并带动技术效率的提升。

第八篇　我国如何构建全面开放新格局[*]

孙铭壕

2013—2017 年，我国 GDP 总量从 54 万亿元增至 82.7 万亿元，占世界经济比重从 11.4% 升至 15% 左右，对世界经济的贡献率高达 30%，中国经济的世界影响力不断增强。过去的五年里，我国开放型经济建设取得了突破性进展，对外贸易和投资呈现规模、质量、结构、效益协同发展的良好态势。"一带一路"建设稳步进行，国家间经贸合作不断加深，区域一体化进程加快。我国将在已有成果的基础上，进一步完善开放的层次和深度，以高水平的开放助力中国经济增长。

我国在构建开放型经济上取得了如下阶段性成果：

外贸增长、结构优化与动能转换并进。2017 年，我国外贸一改连续两年负增长的势头，进出口总额增长 14.2%，进出口分别增长 18.7%、10.8%，增速创近 6 年新高。与此同时，贸易结构不断优化：贸易伙伴在原有的美、欧、日等发达国家的基础上逐渐延伸至其余金砖国家和"一带一路"沿线国家；区域贸易发展更加均衡，中西部地区出口增长快于全国平均水平 7.3%；贸易产品结构进一步优化，高技术含量、高附加值的高新技术产品出口增长迅速，占到总出口的 29.4%；贸易手段更加多元化，跨境电子商务、市场采购贸易等新的贸易方式快速推广，成为推动贸易增长的新动能。我国现已成

---

[*] 此文发表于《中国外资》2018 年第 4 期。

为跨境电子商务规模最大的国家，电子商务覆盖世界大多数地区和国家，跨境电子商务有望成为我国外贸增长的最大推手。

对外投资和吸引外资由"量变"积累转向"质变"提升。2017年，我国吸收外资止跌回稳，产业结构持续优化，高科技产业实际利用外资同比增长66.1%，占所有产业的30%左右。由外资出资建设的研发中心多于300家，将充分发挥外资对国内技术进步的溢出效应。国内吸引外资的区域不再局限于东部沿海地区，中部地区利用外资能力提升，实际吸收外资同比增长29%。吸引外资的平台逐渐增多，自贸试验区、国家经济技术开发区、边境经济合作区、跨境经济合作区成为外商投资的实际载体，呈现多面开花、优势各异的良好局面。

对外投资规模下降，非理性投资减少。2017年全年我国新增对外非金融类直接投资1200.8亿美元，较2016年同期下降29.4%。对外投资不再盲目局限于传统的地产、制造、资源类行业，转而流向租赁、商务服务、信息传输、软件、信息技术服务等发展潜力较大的新兴行业，投资领域呈多元化态势。对外工程承包项目带动国家优质资源"走出去"。2017年，新签对外工程项目金额2652.8亿美元，同比增长8.7%，承包项目集中于铁路、港口等交通设施、通信、电力、化工设施领域。对外工程不仅提升了东道国基础设施条件，也带动了我国相关设备、材料等货物贸易的发展及技术、标准、管理经验的输出。

简政放权、放管结合、优化服务改革推动贸易、投资管理体制优化。国际贸易"单一窗口"制在全国推广促使通关效率提升一半以上。各国边境监管机构加强国际合作，推动监管互认，避免企业因重复认证而造成通关效率损失。在提升贸易便利化水平的同时，借鉴国外经验和做法，加快推进出口管制立法，维护出口安全和国家利益。外商投资由审批制转向负面清单管理制度，限制性措施削减60%以上，投资便利度明显提升。对外投资实行"备案为主、核准为辅"的境外投资管理改革，除对敏感国家和地区、敏感产业需上报商务部核准外，其余均实施备案制。此外，核准和备案程序工作时限分别限定在5个和3个工作日内，进一步激发了企业境外投资的积极性和活力。

"一带一路"建设成效显著。我国与"一带一路"沿线国家一道积极落实 WTO《贸易便利化协定》，降低贸易壁垒，减少贸易摩擦。我国与中东欧、阿拉伯、东盟地区共同举办各类综合性展会，为促进沿线各国企业贸易投资交流搭建平台。成功举办"一带一路"国际合作高峰论坛，提出定期举行中国国际进口博览会、提供 600 亿元人民币援助、实施"3 个 100"项目等重大援外举措建议。我国与沿线国家共建自贸区，与东盟、马尔代夫、格鲁吉亚、斯里兰卡、巴基斯坦、以色列、新加坡协商签订或升级现有自贸协定，加快区域一体化进程。建设 75 个对外经贸合作区不仅为我国企业境外投资提供了优质载体，近 3500 家企业入驻也为东道国创造了近 21 万个工作岗位，缴纳税收 22 亿美元。此外，我国积极统筹各项经济资源，向沿线国家提供涉及农业、工业、交通运输、能源电力、信息通讯等领域重大基础设施援建项目近 60 个，破除沿线发展中国家增长短板。

　　维护多边贸易体制，建设开放型世界经济。中国在首届"一带一路"国际合作高峰论坛、亚太经济合作组织领导人非正式会议、二十国集团领导人杭州峰会、金砖国家领导人厦门会晤等重大场合多次申明中国坚定不移地维护多边贸易体系的权威性，并围绕有关农业、反倾销反补贴、渔业补贴、投资便利化、电子商务等 8 个领域提出 18 份中国提案，为多边谈判凝聚了活力。作为世界遭受反倾销、反补贴最多的国家，我国坚决抵制反倾销调查中的"替代国"等歧视性做法，通过政府交涉、法律抗辩、公关游说、产业对话等多种手段，积极探索互利共赢化解摩擦的方式方法，遏制贸易保护主义蔓延，维护自由公平的贸易环境。

　　习近平总书记在党的十九大报告中指出，我国已从经济快速增长阶段步入高质量发展阶段。现阶段我国虽已是经贸大国，但大而不强。要成为经贸强国，需要创新驱动和结构、质量"双优化"。中国在总量上是绝对的经贸大国，在国际舞台扮演着越来越重要的角色，如何承担与自身经贸地位相符的国际责任对中国国际形象的树立至关重要。我国双边贸易规模扩大的同时，与贸易伙伴长期顺差招致双反调查不断，严重影响相关产业出口。此外，自贸谈判协定是我国现阶段推动双边、多边尤其是中国与"一带一路"沿线国家经济合作的重要抓手。

　　综合我国目前经贸发展现状和趋势，本文提出如下建议：

　　坚持创新发展理念，推动贸易五大层次结构优化。从贸易大国向贸易强国的转变关键在于贸易结构的提升：我国应以"一带一路"建设为契机，优化贸易伙伴的国际布局，开拓更多发展中国家市场，构建更广泛的贸易伙伴网络；以中西部国家和地区作为国际产业转移的主要区域，挖掘中西部贸易发展潜力，优化我国对外贸易国内区域布局；加快国内企业管理体制创新，支持中小企业开拓国际市场，促使外贸经营主体从分散的中小企业向龙头企业和跨国公司转变；优化出口商品结构，出口产品重心转向高质量、高技术附加值产品，推动"中国智造""中国品牌"走出去；加大服务贸易质量提升，推动服务贸易、货物贸易协调发展。

以谈判的方式化解矛盾，妥善解决贸易争端。现阶段的贸易争端多数源自我国与贸易伙伴过多的贸易顺差，但我国与贸易伙伴的贸易顺差多数源自结构性需求，短期内无法根本性消除，目前可以采取如下手段：统一双边或多边贸易统计体系。中美贸易统计体系的差异导致美国21%的美国贸易逆差被高估；因此，与贸易伙伴构建统一的贸易统计体系十分迫切；与发达国家就市场准入和安全审查等核心议题进行积极谈判，通过知识产权、贸易、投资管理体制国际化推动发达国家放松对华高技术产品出口限制；通过我国承包发展中国家工程项目，提高发展中国家出口设施水平，进而提升对华出口规模，降低双边贸易赤字。

遵照党的十九大精神，加快推进自贸区网络建设。中国—东盟自贸区在自贸协定实施的6年间，贸易规模扩大了5倍，充分肯定了自贸区建设对贸易的促进作用。因此，未来我国应进一步发挥自贸协定在推动双边、多边贸易往来的积极作用，尤其要加快与"一带一路"沿线国家的自贸谈判进程，构建不同发展水平国家参与的自贸区网络，为各国开展国家贸易及经济合作提供平台。中国是WTO多边贸易体制的倡导者和维护者，我国将通过自贸协定对中国与贸易伙伴产业开放领域进行试验性探索，若试验成果良好、风险可控，可将试验内容在更大的平台上推广，最终促成更大范围的多边贸易协定。

深入推进"一带一路"国际合作，构建开放包容的合作框架。我国将延续"一带一路"外交——举办首届中国国际进口博览会，为"一带一路"沿线及其他地区共120个国家的15万企业搭建经贸合作平台。在我国与沿线国家共同打造的经贸合作区内，将以重大投资合作项目和援外工程项目为示范，提升沿线国家项目建设水平。在提高沿线国家设施水平的同时，发展"丝路电商"，开展大数据、云计算、人工智能等服务，帮助沿线国家融入全球价值链。我国应继续与沿线国家开展贸易、投资便利化合作，实现"一带一路"沿线大通关，提升进出口效率。

承担大国责任，与各国共同构建人类命运共同体。作为WTO多边贸易体制的受益者，我国不仅会继续积极参与粮食储备公共安全、渔业补贴等传统议题的谈判，对电子商务、投资便利化等最新议题也将秉持开放的态度，维护世界贸易的开放性和自由度。此外，我国将国内"精准扶贫"政策与对外援助结合，通过贫困地区对外劳务输出扶贫和边境贸易扶贫，在减少国内贫困人口、带动边境地区对外开放的同时，为我国周边发展中国家经济增长注入动力。在中非十大合作项目平稳进展的同时，将中非项目合作的目的聚焦于非洲经济自主能力建设，着重于青年技术人员能力培养，为年轻人创造就业机会，达到缓解贫困和改善民生的目的。与此同时，加强"一带一路"建设与非洲2063议程的战略对接，实现"一带一路"沿线国家与非盟国家多边、多层次的战略合作。

图书在版编目（CIP）数据

国际服务贸易形势与热点.2019 / 李俊主编.—北京：时事出版社，2019.7
ISBN 978-7-5195-0314-7

Ⅰ.①国⋯ Ⅱ.①李⋯ Ⅲ.①国际贸易—服务贸易—研究 Ⅳ.①F740.47

中国版本图书馆CIP数据核字（2019）第054104号

出 版 发 行：时事出版社
地　　　址：北京市海淀区万寿寺甲2号
邮　　　编：100081
发 行 热 线：（010）88547590　88547591
读者服务部：（010）88547595
传　　　真：（010）88547592
电 子 邮 箱：shishichubanshe@sina.com
网　　　址：www.shishishe.com
印　　　刷：北京旺都印务有限公司

开本：787×1092　1/16　印张：18.75　字数：300千字
2019年7月第1版　2019年7月第1次印刷
定价：98.00元

（如有印装质量问题，请与本社发行部联系调换）